細講中國歷史
弘揚中華文化

本丛书出版得到以下机构资助

上海文化发展基金会

上海市文史研究馆

本丛书是多人合作和集体智慧的结晶，特别得到中国国家博物馆及多个省市博物馆、中国社会科学院考古研究所、复旦大学历史地理研究中心等单位的大力支持，国家测绘地理信息局相关部门对丛书中的历史地图进行了审核，在此一并表示谢意。

丛书中有个别图片因原出处无署名或署名不一，实难确定作者，待明确后再按相关规定支付作者稿酬。

细讲中国历史丛书

主编　李学勤　郭志坤

秦汉史

马孟龙　著

上海人民出版社

秦始皇兵马俑头像集影（引自郭志坤著《秦陵地宫猜想》，上海锦绣文章出版社 2007 年版）

秦始皇陵铜车马（引自郭志坤著《秦始皇大传》，上海人民版社 2012 年版）

东汉击鼓说唱陶俑（四川成都天回山出土，中国国家博物馆藏）

汉代龙纹空心砖（陕西秦宫遗址出土，西安博物院藏）

彩绘云纹漆钫（长沙马王堆一号汉墓出土，湖南省博物馆藏）

塑衣式粉彩拱手俑（西汉景帝阳陵出土）

陶仓

彩绘铜壶

灰骆驼俑

注：封面彩图为秦始皇陵兵马俑。插页彩图未注明出处的均引自林剑鸣著《秦汉史》（上海人民出版社 2003 年版）。

序　一

上海的郭志坤先生是我的多年老友。在十几年前世纪之交的时候，我同郭先生曾经有过一次非常愉快的合作，就是依照他的提议，共同编写了一本通俗讲述中国古代历史的图书，题为《中国古史寻证》，列入上海科技教育出版社“名家与名编——世纪初的对话”丛书出版。当时没有料到，这本书印行后博得相当不错的反响，使郭先生和我都觉得所作的一番努力是值得的。

以这件事为契机，郭志坤先生同我有不少次机会谈起历史学的通俗化问题。我们都认为，有必要组织编写一套系统讲说中国历史，将学术界的丰硕成果推广于大众的图书。郭先生精心拟出规划，并很快约请到多位学养深厚的作者，形成老中青结合的团队，投入了撰写的工作，其成果便是现在这套“细讲中国历史丛书”。

“细讲中国历史丛书”从夏商周三代写起，一直到最末的王朝清朝为止，全套共十二册。这套丛书的编写，贯穿了两条原则：就书的性质和对象来说，是“面向大众”；就书的体裁与风格而言，是“通俗化”。我认为郭志坤先生的这两条提得好，也提得及时。

先说“面向大众”。我近些年在不同场合屡次说过，历史虽不能吃，也不能穿，似乎与国计民生渺不相关，实际却是社会大众的一种不可缺少的精神需求。我们每一个人，不管从事什么职业，处于何种身份，都会自然而然地对历史产生一定的兴趣，这或许可以说是人的天性使然吧。一个人活在世界上，不但要认识现在，也必须回顾过去，这就涉及了历史。我从哪里来，又往哪里去，是每个人都会意识到的问题，. 这也离不开历史。人们不能只想到自己，还总会考虑到我们的国家和民族，这就更应该了解历史。社会大众需要历史，历史学者自当“面向大众”。

抗日战争时期，历史学前辈钱穆先生在西南联大讲授《国史大纲》，所撰讲义一开头便标举：“当相信任何一国之国民，尤其是自称知识在水平线以上之国民，对其本国已往历史，应该略有所知”，“否则最多只算一有知识的人，不能算一有知识的国民。”历史学者的工作任务，不应只限于自身观察历史、探索历史，更有责任把所认识、所了解的历史，原原本本地告诉广大的社会大众，使大家对历史有应有的认识和必要的了解。

特别是在今天，当我们的国家、民族正在走向伟大复兴之际，尤其有必要推动历史学“面向大众”。中国有五千多年的文明历史，我们的先人创造了辉煌而且源远流长的文化，对人类的发展进步做出过丰富卓越的贡献。我们有义务把这样的史实告诉社会大众，提升大家建设祖国、走向世界的凝聚力和自信心，从而为今后人类的发展进步做出更多更新的贡献，这应当成为历史学者的襟怀和抱负。

再谈“通俗化”。“面向大众”与“通俗化”是结合在一起的，要想真正做到“面向大众”，历史著作就必须在语言和结构上力求“通俗化”。

说起“通俗化”，我联想到我国“二十四史”之首《史记》的作者司马迁。司马迁是学究天人的大学者，是“读万卷书、行万里路”的典范，然而他撰著历史，引经据典，还是在通俗上下了很大功夫。比如他论述唐虞以来古史，自然离不开《尚书》，而他本人曾受学于《尚书》博士孔安国，亲得古文《尚书》之学的传授，然而他在引用《尚书》时，对于古奥费解的字词，都采用意义相同的字来代替，这应该说是在“通俗化”方面的重要创意。另外，司马迁还尽力将史事的叙述情节化，使之活现于读者眼前，无愧于历史家的大手笔。这都是后人需要学习的。

必须说明，“通俗化”并不意味着降低历史学著作的学术水准。相反的，编写“通俗化”的历史作品，实际是对作者设立更高的要求，绝不是轻易就能够做到的。在这里，我还想附带说一句，即使是专供学术界专业阅读的论著，其实也应当（而且也能够）写得简明流畅一些。不少著名的前辈学者，例如胡适、郭沫若、冯友兰等先生，他们的著作不都是这样的么？

“细讲中国历史丛书”是“面向大众”的，并且在“通俗化”方向上作了很大的努力。郭志坤先生还说过：“通俗，通俗，只有通然后能俗。”这也很有道理。这十二册书是一个整体，作者们在上下五千年的一个“通”字上花费了不少精力，对于内容的构架和文字作风也下了一番苦功夫，相信这套书的读者都会体认到他们的用心。

李学勤

2014 年 8 月 17 日

序　二

我和李学勤先生在讨论历史学的通俗普及问题的时候，很自然回忆起吴晗先生。二十世纪五十年代末，吴晗以史学界权威和北京市副市长的身份，向学界提出："要求各方面的学者、专家也来写一点通俗文章、通俗读物，把知识普及给民众。"吴晗不仅撰文提倡，向史学界游说，还亲自主编影响很大的"中国历史小丛书"。这段回忆让我们萌发了组织编纂"细讲中国历史丛书"的打算。

当我向李先生提交了编纂方案后，他认为，这对以史鉴今、以史资政、以史励人是极有意义的事，很值得编纂。随后，我们又把多年酝酿的编纂构想作了大致的概括：突破"阶级斗争为纲"和"残酷战争"描写的局限，注重于阶层、民族以及世界各国之间的友好交融和交流的记述；突破"唯帝王将相"和"否帝王将相"两个极端的局限，注重于客观反映领袖人物的历史作用以及"厚生""民本"思想的弘扬；突破长期分裂历史的局限，注重阐述统一始终是主流，分裂无论有多严重，最终都会重新走向统一；突破中原文化中心论的局限，注重全面介绍中华文化形成的多元性和影响力；突破历朝官方（修史）文献的局限，注重正、野史兼用，神话传说等口述历史与文物文献并行；突破单一文字表述的局限，注重图文并茂，以考古文物图表佐证历史。

"细讲中国历史丛书"的编纂重在创新、面向大众和通俗化。李先生认为这一美好的愿望和构想，要付诸实施并非容易的事。他特别强调要组织专业队伍来撰写，并提出"让历史走向民众是史家们义不容辞的责任"。令我欣喜的是，精心撰写这部"丛书"的作者本身就是教师。他们中有的是学殖精深、卓有建树的史学名家，有的是常年立足于三尺讲台的传道、授业、解惑者，有的还是以"滔滔以言"享誉学界的优秀教育工作者，其中多为年轻的历史学博士。由这样一个教师团队来担当编写中国历史读物的重任，当得起，也信得过。

我们把编纂的原则性方案统一后，在同作者商议时遇上了某些疑虑：一是认为这类图书没有多大市场，二是认为通俗作品是小儿科，进不了学术专著之殿堂。经过一番调查分析后，我们取得了共识，一致认为，昨天的历史是创造明天的向导，从中可以汲取最好的营养，好的历史通俗读物是很有市场的，因为青年读者中普遍存在一种历史饥饿感。本套“丛书”的作者深感，编写中国历史通俗读物，历史工作者最有得天独厚的条件和义不容辞的责任。旅外学者得悉我们在编纂这套“丛书”，认为这是很有价值的，也很及时。美国纽约州立大学历史学博士张德文参加撰写并专门来信期待我们早日推出这套丛书。信中说：“在知识大众化、数字化的年代，历史学者不应游离在这个历史进程之外。个人电脑以及智能手机的普及，大大促进了微知识的渴求。在此背景下，历史学者的通俗表述为微知识的传播提供了必要的积淀和范本。”行文虽然不长，但一语中的，说清了普及历史知识的重要性。复旦大学历史地理研究中心邹逸麟教授、华东师大历史系王家范教授等读了“丛书”的文稿后还专门撰文评说，认为这既是一套通俗的、面向大众的历史读物，又是一套严谨而富于科学精神的史著，对于广大读者学习和发扬中华民族的爱国传统、学习和发扬中华民族的奋斗精神，为推动中华民族复兴的中国梦早日实现很有作用。

这一切，让我们得到莫大的鼓舞。作者在通俗方面作了极大的努力，他们中的不少人在写作中进行了刻苦再学习。从史实的查证，到篇章的构架，再到文字的通俗易懂以及图片的遴选，都花费了他们大量的时间和心血。丛书采用章节结构的叙史形式，目的在于从目录中就一目了然书中的大概内容。中国历史悠久，史料浩如烟海，读史者历来有“一部二十四史，不知从何读起”之叹，讲史时“以时间为纲”，即可以从纷繁中理出头绪来，再辅之以“专题为目”，这样在史料取舍上就更加突出主题、把握中心。细讲中注重故事取胜，以真实的历史故事吸引人、感动人、启迪人。图文并茂也是本丛书通俗化的一途。中国历来重视“右文左图”，以文注图，以图佐文。

通俗而雅，也是这套丛书的一大特色。雅者，正也。通俗不是低俗，亦不是庸俗，它是建立在科学和学术的基础上而展开的。把应该让读者知道的历史现象和历史观念用最浅显明白的方式告诉读者，这就是我们所需要并强调的通俗。本套丛书的学者们在撰写时一是力求在语言上的通俗，二是着力于情节中的通俗，继承和发展了太史公司马迁那种“以训诂代经文”的传统，把诘屈聱牙的古文经典用活了。所以说，深入浅出的通俗化工作更是一种学术活动。

为了增加生动性、可读性，作者尽量选择对某些有意义的人和事加以细讲，如对某些重大的出土文物的介绍评说，对悬而未解的疑问加以释惑，对后人误传误解的问题予以纠正，对某些典故加以分析，对某些神话传说进行诠释。在图表上尽量做到随文佐证。在每册图书之后增加附录，旨在增强学术性和通俗性：附录“大事记”，旨在对本段重大历史事件有个大致了解；附录“帝王世系表”，意在对本朝创业、守业和虚位之王的传承有所知晓；附录“历史地图”，在于对本段历史地理形势方位有个立体印象；附录“主要参考书目”，目的在于提供进一步学习本段历史的索引。

意愿和努力是如此，最终的结果如何？诚望读者鉴定。

郭志坤

2014 年 8 月 19 日

目　录

序　一 ………………………………………… 李学勤　1

序　二 ………………………………………… 郭志坤　3

导　语 ………………………………………… 1

第一章　秦朝的建立

第一节　新制度的创立 ………………………… 1

第二节　统一战争的进一步扩大 ……………… 8

第三节　展示帝国实力的伟大工程 …………… 12

第二章　秦朝的灭亡

第一节　帝位更替 ……………………………… 18

第二节　关东的义军 …………………………… 23

第三章　楚汉之争

第一节　项羽集团的崛起 ……………………… 29

第二节　刘邦集团的崛起 ……………………… 33

第三节　楚汉决战 ……………………………… 38

第四章　西汉的建立

第一节　天下秩序的重建 …… 45
第二节　汉朝与周边民族政权的关系 …… 51

第五章　文景之治

第一节　吕氏集团的覆灭与文帝即位 …… 55
第二节　文帝的“宽严兼济” …… 59
第三节　景帝面临的挑战 …… 65

第六章　武帝励精图治与西汉盛世

第一节　初露锋芒 …… 69
第二节　反击匈奴 …… 73
第三节　开疆拓土 …… 77
第四节　经营西域 …… 83
第五节　新的经济、财政政策 …… 89
第六节　强化皇权与统治政策的转变 …… 93
第七节　文化繁荣与宗教改革 …… 97

第七章　武帝末年的统治危机

第一节　全新的帝国 …… 101
第二节　对外征伐的失利 …… 105
第三节　皇室内乱与地方叛乱 …… 108

第八章　霍光专政与宣帝中兴

第一节　昭帝时代的“与民休息”政策 …… 112

第二节 霍光权势的确立 …… 117
第三节 霍氏覆灭与宣帝亲政 …… 122
第四节 边疆秩序的重新安定 …… 125

第九章 儒学治国

第一节 元帝、成帝对儒学的推崇 …… 130
第二节 儒家学术的繁荣 …… 135
第三节 西汉末年的社会危机 …… 140

第十章 王氏专权与短命的“新朝”

第一节 王氏外戚势力的确立 …… 143
第二节 王莽篡汉 …… 148
第三节 新朝：遵循儒家理念构建的理想国家 …… 154
第四节 新朝灭亡 …… 159

第十一章 东汉的建立

第一节 刘秀的发迹 …… 165
第二节 经略河北与刘秀称帝 …… 169
第三节 天下的重新统一 …… 176
第四节 东汉新政 …… 181

第十二章 东汉的复兴

第一节 重塑皇权 …… 185
第二节 儒学的重新定位 …… 189
第三节 中原王朝威望的重建 …… 193

第十三章　东汉的衰落

第一节　外戚、宦官专权 …… 198

第二节　士人集团的形成与党锢之禁 …… 203

第三节　北疆统治秩序的崩溃 …… 207

第十四章　东汉的灭亡

第一节　地方门阀与经学世家的崛起 …… 210

第二节　黄巾起义 …… 214

第三节　群雄纷起与汉室流亡 …… 219

附　录

附录一　秦汉大事记 …… 223

附录二　秦汉皇帝世系表 …… 227

附录三　主要参考书目 …… 230

秦时期形势图 …… 231

西汉时期形势图 …… 232

东汉时期形势图 …… 234

结束语 …… 236

导　语

《秦汉史》所涵盖的历史时期，起自公元前221年的秦灭关东六国最终统一全国，迄于公元220年曹丕废汉献帝、东汉王朝灭亡，期间主要包括秦、西汉、东汉三个王朝，历时凡四百四十年。

这是中国文明发展史上一个极为重要的时期，诸多史事差不多影响了整部中国历史的发展，值得我们认真记取。

这是专制主义中央集权制度创建、健全并得以初步确立的时期。在此前的数百年间，人们饱受社会无序、地域分权之苦。各地诸侯和地方势力为了争夺土地和民众而展开的战争，使数以百万计的平民百姓死于战乱，使更多的民众流离失所、挣扎在生死线上。民心思定，民心思统，民心思安。人们期盼着“男乐其畴，女修其业，事各有序，莫不安所”（《史记·秦始皇本纪》）局面的尽快出现。

于是，随着天下一统王朝的建立，中央集权的局面和体制应运而生。权力高度集中于中央，中央又聚焦于皇权。“天下之事无大小皆决于上”（《史记·秦始皇本纪》），这个所谓的“上”，就是至高无上的皇帝。秦始皇创立了“皇帝”这个名号以后，在中国一直沿用了两千余年，在实际的政治生活中起着举足轻重的作用。与皇帝制度相适应的是一套完整的官僚机构，在中央政府中皇帝以下设丞相、御史、太尉以及诸卿、僚属，地方上设郡县制以及由中央直接任命官吏，从而形成了一套统一而严密的官僚体系，保障了专制主义制度能够有效地实施于全国各地。从社会层面上讲，这种制度又很好地确保了整个社会的相对平稳和统一，一定程度上满足了民众的要求和意愿。

这是一个由文化多元走向文化思想相对统一并确立社会主导思想的时期。秦统一全国以后，有效地实施了“书同文，行同伦”（《礼记·中庸》）。“书同文”标志着在统一王朝有效统治的范围内文字和文化的一定程度上的统一。“行同伦”反映了人的心理素质和思想道德方面的一致。到了汉武帝时期，在统一文化思想上进一步实施了“罢黜百家，独尊儒术”大手笔，以“大一统”观念驾驭整个社会，使“乱国政”之言无所容身。

汉家王者在文化气度上大大超越于秦始皇。秦始皇为了统一思想，实施粗暴的“焚书坑儒”决策，造成了极坏的文化后果，而汉家王者要聪明得多，也洒脱得多。他们采取的是“设五经博士”等教育的手段，对儒家之外的各家名为“罢黜”，实则有效地吸收，法家的“刑”，道家的“无为”思想，都被吸纳进了汉的统治思想之中。早有史家说了，所谓“独尊儒术”，实际上还是霸、王道杂用。

这是一个中华民族大家庭真正形成和得以稳固的伟大时代。这当然是一个漫长的过程。从春秋时期的民族大家庭初步形成，到此时的真正形成，时间之流又淌过了七八百年，在这漫长的岁月中，民族大家庭中的人们进一步融合，这时的“中国”已涵盖了黄河流域、长江流域、长城内外以至粤江地区十分广袤的地域。

这是一个以开放和发展为主题的大时代。汉武派出张骞等通西域，这是件值得大书于竹帛的盛事。史载，“西域”这一名称，始见于汉人的记录，“西域以孝武时始通”(《汉书·西域传》)，可见，中土与西域之间的正式交往起于斯。汉代开通了长安到中亚的丝绸之路，使之成为东西方经济交流的千年不败的桥梁。昭宣时期，西汉王朝在西域设置了“西域都护”，说明当时今天的新疆地区已归属于汉王朝中央政府统辖。汉代的开放也表现在文化上。佛教在东汉明帝时传入了中国，开始融入了中华文化的血脉，白马寺是中国第一佛寺。道教也在东汉时期宣告形成和创建。

秦汉时期为世界认识中国、中国认识世界打开了第一条通道。这期间，有“西风东渐”，也有“东风西渐”。通过当时的“丝绸之路”，芝麻、胡麻、无花果、石榴、绿豆、黄瓜、大葱、大蒜、胡萝卜、番红花等食品源源不断地来到中国，玻璃、海西布（呢绒)、药剂、罗马胶等新奇物品也来到了中华，汉武帝还从大宛引进了数以千万计的良马，大大丰富了中国人民的日常生活。同时，中国的丝绸、钢铁、水利技术也传至了中亚、罗马和其他欧洲地区。据说罗马皇帝穿上中国丝绸制成的袍子，还洋洋自得地接见群臣呢！西方人由此永远记住了中国人。时至今日，世界上不少国家还称中国为“China”，那显然是“秦”的音译，有些国家也将中国人笼统地称为“汉人”。

既然秦汉文明在中华文明发展史上有那样崇高的地位，它又对整个世界影响深远，就让我们意兴盎然地来共同读好这样一段有着离奇曲折故事的历史吧！

第一章　秦朝的建立

第一节　新制度的创立

公元前221年，面对秦国的大兵压境，齐王建选择了投降。秦军兵不血刃地进驻齐国都城临淄，齐国灭亡。在列国纷争的时代，秦国、楚国、齐国被公认为实力最强的三个国家。秦国灭亡楚国的战争，如果算上准备阶段的话，持续了近五十年，而灭亡齐国竟会如此轻易，相信连秦王政也颇感意外。当秦王政初即位时，秦国面对着六个强大的国家。此后二十六年间，六个国家被他逐一消灭。至此，天下已完全被秦国兼并，他实现了历代秦王的夙愿，而自己则成为全天下的主宰。秦王政认为，“王”的称呼已与自己伟大的功绩不相匹配，于是下令群臣，让他们为自己重新制定一个新的称号。

秦始皇兵马俑

几天之后，群臣提交了讨论后的结果，大臣们说典籍里有天皇、地皇、泰皇的记载，其中泰皇最为尊贵，一致提议定称号为泰皇，同时将以前作为“王”所下达的“命”、“令”改称为“制”、“诏”，与“泰皇”新称号相配；而将以往上层社

统一文字表

会通用的自称——“朕”，作为秦皇专用的自称。显然，大臣们并没有完全领会秦王政的用意，他认为自己的功绩已经超越了历史上的任何帝王，所以不愿意沿用旧有的称号，而要制定一个新称号来体现空前的功绩。秦王政下令，将自己的称号定为“皇帝”，大臣其他的提议则被采纳。同时秦王政还下令废除“谥法”，自己死后不称“文帝”、“武帝”，而称“始皇帝”，自己的继任者则称为“二世皇帝”、“三世皇帝”，直至“万世皇帝”。

这样就确立了“皇帝”制度。自此以后，“皇帝”成为中国历代最高统治者的称号，沿用了两千余年，直到 1911 年的辛亥革命才最终废止。从“皇帝制度”确立的过程来看，秦始皇的基本态度是要建立一套全新的称号来诠释自己创立的伟大王朝。史籍中仅仅记载了“皇帝”称号的改易，其实当时新名号的改易还有很多。2002 年，在湖南省龙山县里耶故城遗址的一口古井中，出土了三万余枚秦代的简牍，其中一块木方详细记录了秦王政二十六年朝廷下令更易的各种新名号，可辨识出的就有五十余种。上至“以王令为皇帝诏”、“王命曰制”这样的皇帝名号，下至“毋敢曰猪，曰彘”、“以大车为牛车”这样的日常称号，这次改易新名涉及范围之广，已远远超出了后人的想象。

秦始皇虽然取得了前所未有的功绩，但也面临着前所未有的挑战。在历史上，还没有一个国家能够有效管理如此辽阔的疆域。而秦国地处西方，管理遥远的东方更有鞭长莫及之感。于是秦始皇要求大臣们对国家体制提出建议。丞相王绾认为应当效仿西周，分封皇子为诸侯，让他们去统治东方的领土。王绾的提议得到绝大多数大臣的赞成，但廷尉李斯却竭力反对。李斯为秦国的统

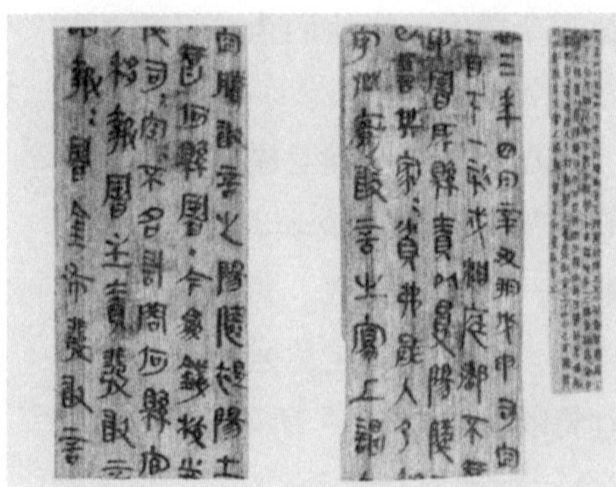

里耶秦简

一战争和多项制度的建立作出了巨大贡献，因此讲话很有分量。李斯说："周文王、武王分封众多子弟，但随着时间推移，诸侯们的关系越来越疏远，到最后几乎成为仇敌，攻伐不止。目前设置郡县的方式已经可以有效管理东方，不需要分封诸侯。"李斯的提议得到了秦始皇的肯定，秦始皇下令以郡县制管理整个国家，并把全国重新规划成三十六个郡，分管近一千个县，郡、县的长官全部由中央派置，定期轮换。秦朝彻底废除了分封制度，这也是中国历史上的首创和一大进步。

半两钱

秦铜权

要想有效管理疆域辽阔的国家还需要整齐划一的行政制度。在战国时代，各国都有各自的一套制度，甚至文字、度量衡、货币的使用也千差万别。秦始皇废除了分封制，推行郡县制，就需要统一全国的各项制度。于是秦始皇接连下令统一文字、度量衡、货币以及各项行政制度。所谓统一，就是把秦国原有的制度和文字、度量衡、货币推行到秦国占领的地区，这其实是秦国军事征服的延续。这些制度很多并不适合当时东方的实际情况，但却极大便利了统一国家的行政管理。

秦量

两诏秦椭量（秦，陕西历史博物馆藏）。秦始皇与秦二世诏文确定为秦标准器。

虽然后来秦国灭亡了，但文字、度量衡、货币却被后来的王朝一直沿用。我们今天使用的汉字就是秦国文字的延续。

秦始皇还采取了一系列措施强化对全国的统治。统一战争结束后，秦始皇下令收缴六国的兵器，将这些兵器铸造成十二个铜人，立在国都咸阳。这既是宣示秦朝的赫赫战功，也是为了防范六国百姓造反。同时，秦始皇还把六国的王族、贵族、富豪十二万户迁徙到咸阳周边，集中管理，防止这些人留在故地图谋作乱。秦始皇还下令修建了贯通全国各地的“驰道”。驰道依照统一的标准修建，政府对驰道有严格的管理。1989年，在湖北省云梦县的龙岗秦墓出土了一些秦代律令，部分律令涉及驰道的日常管理。秦律规定，百姓不得使用驰道，如有违反，百姓会被流放，而牛马车辆一律没收。凭借着畅通无阻的驰道，秦朝的军队能够迅速抵达全国各地，可以有效地镇压任何一场针对新王朝的叛乱。

经过秦始皇一系列大刀阔斧的改革和统一举措，一个全新的庞大帝国逐渐步入正轨，国家运转有序，秦始皇似乎可以高枕无忧了。秦始皇三十四年（前213），皇帝置酒咸阳宫，宴饮群臣，庆祝新帝国国运昌盛。宴席间，大臣们歌功颂德，盛赞始皇帝治国有方。而博士淳于越却说，目前国家采取郡县制，废除了分封制，如果天下有变，将无诸侯相救，国家肯定不能长久。淳于越是齐地的儒士，所以建议依照周礼，重新分封诸侯。“废分封，行郡县”是八年前秦始皇钦定的基本国策，淳于越批评郡县制，无异于批评皇帝，再加上淳于越说国家恐难长久，更是刺痛了秦始皇的神经，因为秦始皇坚信秦王朝可以延续千秋万代。秦始皇的不悦，被李斯察觉。李斯是法家代表，法家主张变革求新，而儒家主张复古。法家学说和儒家学说存在根本对立，再加上“行郡县”是李斯的提议，所以他立刻抓住机会，向秦始皇进言：“儒生们不知变通，只知道一味引据古书批评时政，这些言语不仅不能有益国策，反而惑乱人心。而儒生们办的私学，更是成为百姓散布反政府言论的中心。如果不采取措施，皇帝的威严将无从体现。臣下建议，除了宫廷和中央官署的收藏，民间收藏的诸子典籍一律焚毁。民间凡是有引据诗书批评朝政的，一律处死。”秦始皇批准了李斯的奏议，这就是著名的“挟书令”，即不允许民间收藏书籍，同时下令停办私学。以往，儒生兴办的私学是百姓学习文化的主要场所，传统典籍则是百姓学习文化的“教材”，而自“挟书令”下达以后，百姓要想学习文化就只能跟随政府官吏学习，国家律令被作为教材，这就是秦代特有的“以吏为师”的文化现象。

秦始皇泗水捞鼎图（汉画石刻拓本）

“挟书令”的颁布实际上确立了法家学说在意识形态领域的统治地位，原本在社会上具有广泛影响的儒家学说则被排挤出政治领域。这对于儒家的发展极为不利，必然招致儒生们的仇视。第二年，秦始皇宠信的方士卢生、侯生偷偷逃亡。这意味着秦始皇之前为了求仙所做的种种努力都徒劳无用，而求仙所耗费的巨大钱财也打了水漂。儒生们私下嘲讽秦始皇的求仙行为。秦始皇得知后，极为恼怒，下令廷尉彻查此事。这时的中央官员基本都是法家，于是在调查过程中极力构陷儒生。最后朝廷在咸阳逮捕了四百六十余名方士、儒生，把他们全部活埋。长子扶苏认为这一举措过于残暴，但这时的秦始皇已经听不进任何劝谏，不但没有停止对儒生的迫害，还把扶苏派到上郡（今陕西北部）去监军。

以上就是历史上著名的“焚书坑儒”事件。自汉代以来，秦始皇“焚书坑儒”的行为一直被视作中国文化的灾难，“焚书坑儒”也成为文化劫难的代名词而被后人反复提及。不过，这样的说法并不全面。首先，秦始皇“焚书”并不是烧毁所有的书籍，史籍记载“医药卜筮种树之书”、“秦书”不在焚烧之列。而秦始皇下令焚烧的列国书籍、诸子书籍也仅限于民间藏书，官府和宫廷的书籍不在焚烧之列。秦始皇“焚书”的真正目的是消除民间藏书，让百姓失去从书籍获取知识的渠道，只能从官吏那里学习文化，这样更有利于国家政策的推行。其实这是秦国一直奉行的“愚民”政策的表现。而秦始皇的“坑儒”只是针对咸阳儒生非议皇帝的偶发事件，并非针对全国儒生，而且坑杀的四百六十余人大部分是方士。事实上，“坑儒”之后，咸阳仍然有儒生活动，汉初大儒叔孙通在秦代一直在宫廷服务。而关东的儒生也没有受到追杀，陈胜、吴广起兵之后，关东的儒生们往来奔走于各种反秦势力之间就是很好的证明。

后人之所以夸大秦始皇“焚书坑儒”对中国文化的破坏作用，主要是因为西汉末期以后儒学成为中国的主流国家意识形态。对于儒学在秦代的遭遇，儒生一直耿耿于怀，所以竭力强调秦始皇的残暴，特别是对先秦典籍的灭绝。其实，秦始皇并未灭绝典籍，因为先秦典籍仍然完好地保存在宫廷。当项羽攻入咸阳时，放火焚烧秦的宫殿，宫廷里的藏书也付之一炬。所以灭绝先秦典籍的主要责任人是后起的项羽，秦始皇只负次要责任。而先入咸阳的刘邦，本来有机会挽救典籍，但是小官吏出身的刘邦、萧何等人对典籍文化丝毫没有兴趣，所以他们率先抢走了秦朝政府的地图版籍，而对宫廷藏书置之不理，从而丧失了保存先秦典籍的最后机会。

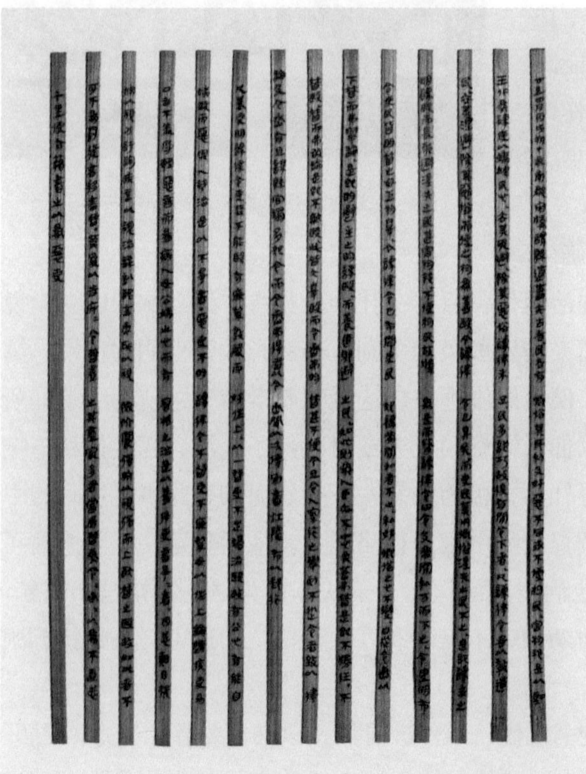

云梦睡虎地秦简之《语书》

“焚书坑儒”事件的产生，有其历史发展的必然性。君主集权是秦国迅速崛

鲁壁。明代为纪念孔鲋藏书而立。

起的重要保障。国家内部的君主高度集权使秦国集中优势力量完成统一战争。而统一战争结束后，制约集权的外部力量消失了。所以统一后的秦国，皇帝的权力进一步集中。

“焚书坑儒”之后，秦朝基本完成了思想文化的统一。秦始皇接下来还有更大的野心：统一风俗。秦朝统治的地域幅员辽阔，各地在战国时代分属不同国家，因而也有不同的风俗习惯。风俗习惯的不同，会给国家的政令下达和行政管理带来不便，所以秦始皇在征服六国的过程中，非常注意对占领地区人文风俗的改造。所谓的改造就是要用秦的风俗去改变六国的风俗，就好像用秦的制度取代六国制度一样。1975 年，湖北省云梦县睡虎地秦墓出土的竹简中，有一份秦王政二十年（前 227）南郡守滕下发的“语书”。南郡（约相当于今湖北省）本来是楚国的国都所在，楚地风俗非常盛行。在“语书”中，滕强调要“去其恶俗”、“去其淫辟”，还申令“举劾不从令者，致以律”。秦始皇三十七年（前 210），皇帝出巡东南，在会稽（今浙江省绍兴市）刻石中留下了“防隔内外，禁止淫佚”等词句。在秦始皇的心目中，一个风俗整齐、思想一致、政治一统的国家，无疑是一个伟大的帝国。

第二节 统一战争的进一步扩大

在秦始皇心目中，“兼有天下”是一个浮动的概念，在建立秦帝国之前，先要消灭关东六国，在建立秦帝国之后，他希望“兼有”更大范围的“天下”，称为“振救黔首，周定四极”“六合之内，皇帝之土”(《史记·秦始皇本纪》)。正是出于这样一种“天下”心态，秦始皇发动了更加弘阔范围的“统一战争”。由此，秦王朝也给后世留下了“穷兵黩武”的印象。要想合理解释这个现象，恐怕还要从秦国的国家体制中寻找原因。

战国时代，商鞅为了使秦国迅速走上富强的道路，进行了全面的变法。变法的核心内容之一，就是打破了原来固化的贵族世袭阶层，将战功作为升迁晋爵的主要依据，建立了二十等级的军功爵。根据这样的改革精神，即使一介庶民，也可以通过累积军功升迁为高等贵族，军功成为秦人改变自身命运最便捷的方式。战国时代的学者荀子曾经描述秦国战士在战场上竞相杀敌、争取军功的场景。久而久之，在秦国形成了一个下至普通百姓、上至公卿的庞大军功阶层。战争的停止，就意味着获取军功的途径不复存在，军功阶层也就失去了升迁的机会。可以想见，当统一战争结束后，秦朝的军功阶层依然渴望着能够继续战争，而下一个征伐的对象只能是秦帝国周边的民族。

秦始皇兵马俑

当时在秦帝国周边，最为强大的民族势力是北方的匈奴。战国末年，匈奴逐渐从蒙古高原崛起，一度成为秦、赵、燕等国的严重边患。秦始皇三十二年（前215)，社会上出现“亡秦者胡也”的谶言，这个谶言或许就是军功阶层为了实现对外战争而编造出来的。而这时的秦始皇，野心不断膨胀，他已经不满足于统治华夏，还希望周边的民族也臣服于自己。于是就在当年，秦始皇命蒙恬率三十万大军出上郡，把匈奴驱逐到黄河以北。第二年蒙恬再次出兵，越过黄河，夺取了阴山以南的土地。秦国原来的北部边界与今天陕西省北界大致相当。而蒙恬的军事征伐，将今天甘肃省兰州地区、宁夏自治区和内蒙古自治区鄂尔多斯地区纳入秦朝的统治范围。为了巩固对这块新领土的控制，秦始皇命令蒙恬沿黄河、阴山修筑边塞，同时从关东地区迁徙了数十万人到新占领的地区，设置了九原郡和三十四个新县。这块新领土，被称为“新秦中”，即秦国新领土的意思。

阳陵虎符

几乎就在蒙恬征伐匈奴的同时，秦始皇又把目光转向了南方的越人。越人广泛分布在中国南方的山地丘陵地带。秦代的越人还没有形成国家组织，而是以部落的形态存在，各部落之间攻伐不绝，故有“粤人之俗好相攻击”的说法。这些部落数量众多，素有“百越”之称。其中势力较大的有位于今浙江省南部的瓯越（又称东越），位于今福建省北部的闽越，位于今江西省南部的于越，位于今广东省的南越，位于今广西壮族自治

石胄

铜盾

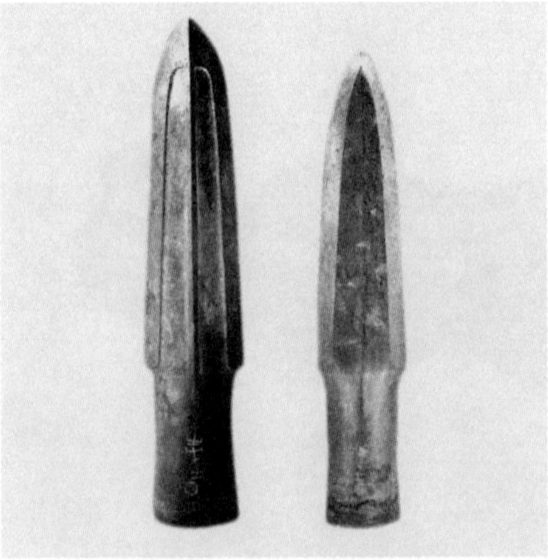

秦代兵器

带钩

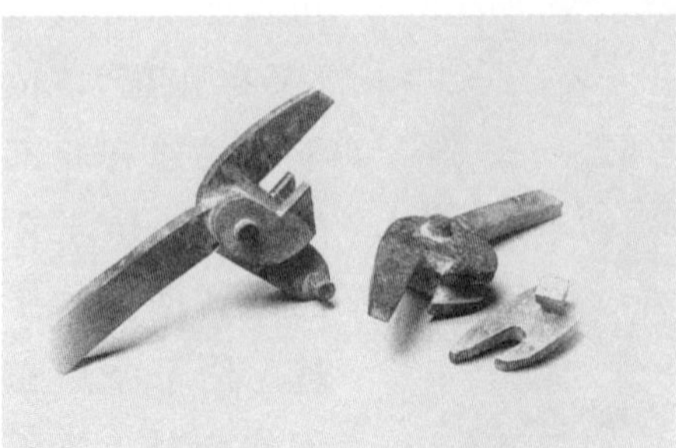

青铜弩机

区和越南北部的雒越（又称西越）。战国时代，越人与控制长江流域的楚国交往密切，很多越人部落臣服于楚国。战国时期的越人墓葬中常见带有楚文化因素的器物，可见楚文化对越人影响之深。秦王政二十五年（前222）秦国灭楚国，秦将王翦借灭楚的余威“南征百越之君”，使原来依附于楚国的越人部落臣服于秦国。但这些部落大多是地处今浙江、安徽、江西、湖南的小部落，那些大部落仍然保持着独立，并不臣属于秦。

秦始皇三十三年（前214），北方匈奴的威胁已基本消除，始皇帝决定征服南方的越人。关于秦国征伐百越的过程，司马迁的《史记》记载非常简略，只是提到该年秦朝征服岭南，设置了桂林、象、南海三郡。所幸西汉淮南王刘安编纂的《淮南子 · 人间训》保留了一些秦朝征伐越人的细节。《淮南子》记载，秦始皇以屠睢为统帅，统领五十万大军，兵分五路。一路从今湖南省西南部翻越都庞岭、越城岭征服雒越，三路分别从今湖南省南部、江西省南部翻越骑田岭、萌渚岭、大庾岭征服南越，一路从今江西省东部翻越武夷山征服闽越。由于秦军装备精良，越人很快被击败，秦国在雒越地区设置了桂林郡、象郡，在南越地区设置了南海郡，在闽越地区设置了闽中郡。不过，骁勇好战的越人并没有彻底臣服，而是躲入山林，与秦军打起了游击。秦军持续数年不停地镇压各地的越人武装，为此也付出了惨重的代价，《淮南子》记载秦军“伏尸流血数十万”。秦始皇还不断下令中原各地征发百姓迁徙岭南，强化对越人地区的控制，直到秦始皇末年才基本稳定了岭南的局势。

青铜箭镞

岭南的局势稳定后，秦始皇命令数万秦军就地驻扎，强化对新领土的控制。军人以男性为主，军人的婚配很快成为棘手的问题。西汉时期，淮南国（今安徽省中部）大臣伍被讲过这样的故事：为了解决岭南秦军的婚配问题，秦始皇从中原征发了一万五千余名妇女，以为士兵缝补衣服的名义派到岭南，让这些妇女嫁给秦军士兵。从此，汉人在岭南地区扎下根来，岭南也逐渐纳入中原王朝的版图。

有学者认为，秦王政二十五年王翦灭楚国后，即发兵占领了岭南地区。这样的看法恐怕很难成立。因为秦王政二十五年，齐国、燕国尚未灭亡，今山西、河北两省北部还存在着赵国残余势力建立的代国。在中原尚未平定的时候，秦王不可能置中原于不顾，倾举国之兵去征伐岭南。秦国大规模征伐百越，必定在完成天下统一之后。至于秦国征伐百越的具体时间，还有秦始皇二十八年、三十年等说法，日后可以做进一步的讨论。

秦汉时期，在今四川、贵州、云南三省境内分布着数十个民族，这些民族语言、族属不同，被中原人笼统称为“西南夷”。战国末年，秦国出兵灭亡了今四川盆地的巴国和蜀国，一些西南夷部落也归附秦国。秦国完成统一以后，继续扩大秦朝在西南地区的影响。为了便利秦朝与西南夷的交通，还开凿了连接蜀地和滇池的“五尺道”。秦朝还不断在归附的西南夷地区设置县、道。汉武帝的时候，蜀人司马相如提到，秦朝的时候曾在与蜀地交通便利的邛、笮、冉、駹等部族设县管理，到了汉初这些县、道都被废弃了。可见秦朝的时候，也曾在西南夷地区进行领土扩张，设置了很多管理机构。但是限于文献记载，具体的情况已经不能确知了。

第三节　展示帝国实力的伟大工程

战国时期，秦国为了能够最大限度地动员全国人力参与国家建设和对外战争，对全国百姓进行编户，建立了完备的户籍制度和徭役征发制度。秦国的徭役分为兵役和劳役，全国凡十七岁至六十岁的成年男子都要服役。服役是义务性质，一个秦国男丁一生至少要在户籍所在地、都城和边境各服兵役一年，临时战争征调不计在内。而每年都要服一个月的劳役（又称“更役”），为官府的工程劳作出力。正是徭役征发制度的建立，使得秦国的兵源和劳动力的征调得到了保证。秦国可以集中人力去进行兼并战争和修建关乎国家发展的重要工程。

统一战争结束以后，秦国对六国的百姓也进行了编户，六国百姓同样成为秦朝征调人力的来源，这使得秦朝可以调动的人力资源成倍增长。秦朝统一以后，能够持续不断进行对外战争，就与兵源充足有关。同样，大量劳役可供调配，也使得秦始皇可以修建规模空前的大型工程。

秦国统一天下之后，首先对都城咸阳进行大规模改建。六国的灭亡，使咸阳由秦国的都城转变成整个天下的都城。秦始皇认为原有的咸阳城已经与新帝国不相匹配，于是对咸阳进行大规模扩建。秦始皇首先把六国贵族富豪十二万人迁徙到咸阳，扩大咸阳居民的人口基数。而秦国在兼并六国的过程中，每灭亡一个国家，就将该国的宫殿拆卸，运到咸阳再重新组装起来，修建在咸阳周边的渭河北岸。很快渭河、泾河之间形成一片庞大的宫殿群。秦始皇还把与咸阳相对的渭河南岸规划成一片庞大的皇家园林——上林苑。上林苑从渭河一直绵延至秦岭，苑内沼泽森林密布，亭台楼阁点缀其间。秦始皇还命令全国各地进献珍禽异兽，放养在上林苑中，供自己观赏游猎。同时，秦始皇还在咸阳周边的骊邑、雍等地广建行宫，并修建了咸阳与这些行宫交通的甬道，只供皇帝本人使用。经过这样一番营建，一个以咸阳为中心，扩散至周边县邑的庞大宫殿群初具规模。

秦始皇三十五年（前212），始皇帝感到秦国原有的宫殿过于狭小，再加上咸阳城内人满为患，而扩建原有宫殿已无可能，于是下令在上林苑中重新选址，修建新宫殿。因为宫殿选址在“阿房”，所以暂称为阿房宫，想等宫殿完工后再定新名。为了体现秦帝国的国威，阿房宫的规划极为宏伟，经考古勘测，阿房宫前殿遗址东西长一千二百七十米，南北宽四百二十六米，面积约五十四万平方米，基址残高七至九米，与史籍“可以坐万人”的记载基本符合。除了阿房宫的主体建筑，秦始皇还修建了一条正殿通往秦岭的大道，将秦岭作为阿房宫的天然门阙，配备了宫殿通往周边县邑的阁道，又特别修建了跨越渭河、连接阿房宫和咸阳旧宫殿的复道，可以使皇帝非常便捷地往来新旧宫殿。这样的规划，暗喻渭河两岸的咸阳宫、阿房宫就是天上银河两侧的天极星和营星。由于阿房宫的工程量过于巨大，直到秦始皇去世，仍未完工。秦二世即位后，为了加快工程进度，把参加秦始皇陵营造的七十万民夫调来进行阿房宫修建。阿房宫的规模如此巨大，秦朝灭亡以后，阿房宫遗址一直矗立在渭河南岸，成为当地的地标，引发后人的无限遐想。唐代文学家杜牧创作的《阿房宫赋》，借助夸张的想象描绘了阿房宫的宏伟壮丽。不过，根据最新的考古探测，阿房宫仅仅完成了宫殿基址的施工，主体建筑并未修建。原来直到秦朝灭亡，阿房宫也未完工。

除了在咸阳修建壮丽的宫殿，秦始皇还在关东六国故地修建了数量庞大的行宫，以方便自己出巡天下。根据司马迁的记载，秦始皇在咸阳附近的关中修建了三百余座宫殿，而在关东则修建了四百余座行宫。近来，在渤海湾北部的辽宁省绥中县、河北省秦皇岛市发现了规模宏大的秦代宫殿群遗址，这些遗址沿着海岸分布，绵延近五十公里，考古工作者相信这些秦代宫殿群就是史籍中著名的“碣

《阿房宫图卷》（局部，明代绢本）。图中依山殿阁、傍水楼台，山水相连。

碣石宫遗址

石宫”。从碣石宫遗址，我们可以窥见秦代行宫的奢华。

秦始皇即位不久，就按照前代秦王的惯例开始修建自己的陵墓。当秦国统一天下后，秦始皇决定进一步扩建自己陵墓。秦汉时期，有“视死如生”的丧葬观念，即地下的陵墓要效仿墓主生前的生活，提供一切必需的生活物品。秦始皇早有规划，要把自己生前奢华的生活完整地搬到地下，以便自己死后继续享用，于是设计了一个超级宏大的陵园。秦始皇陵位于今陕西省西安市临潼区，整个陵园范围达五十六平方公里，其规模为中国古代帝陵之冠。整个陵园以秦始皇陵为中心，四周遍布密集的陪葬坑和地面建筑。秦始皇陵封土长宽各约三百五十米，残高三十五米，如同一座小山。周边密布的陪葬坑则是皇帝生前各种服务机构的缩影。例如，在封土西侧的一个陪葬坑内出土了两辆制作精美的铜车马，这是皇帝日常出行的车队仪仗。而邻近的另一座陪葬坑发现了大量陶罐和动物骨骼，据推测这个陪葬坑代表着负责皇帝饮食的机构。在这

秦始皇陵

两座陪葬坑的西南，还发现有许多陪葬坑，其中分别出土有马骨、禽兽骨，这些陪葬坑代表着皇帝的马厩和动物园。在封土东侧的陪葬坑主要埋藏各类陶俑，如百戏俑（杂技表演者）、文官俑，最著名的则是兵马俑。而更多的陪葬坑尚未发掘，其中一定还有更多令人惊叹的文物。

朝廷为了保障这一宏大陵园的修建，常年征调近七十万的民夫参与陵园工程。秦始皇还从全国迁来三万户居民，在陵园附近设置了“丽邑”，方便日后陵园的维护管理。在秦始皇陵西南的赵背户村发现了数量巨大的修陵民夫墓地，在一些标明死者身份的陶片上，可以看到这些工匠中有人来自遥远的齐地（今山东省）。而史籍记载很多秦末汉初的关东历史人物都有参加秦始皇陵修建的经历。在秦朝短短的十五年统治时期，先后有数百万人劳作于秦始皇陵，这无疑成为了秦朝统治下百姓的沉重负担。

战国末年以来，匈奴逐渐成为北方各国的边患。燕、赵、秦三国为了抵御游牧民族的袭扰，纷纷在边界修建长城。秦始皇三十二年（前 215），秦朝击退匈奴之后，为了防止匈奴的反攻，秦始皇下令蒙恬把战国末年燕、赵、秦三国的长城连成一体，并修缮加固，同时沿黄河修建新的长城，以确保秦朝新占领土地的安全。经过近五年的大规模营建，一条西起临洮（今甘肃省临洮县），东至辽东（今朝鲜人民民主共和国清川江入海口）的长城伫立在帝国北疆。从此，万里长城成

秦铜车马

灵渠

为中华民族的标志。但由于长城地处帝国边陲，人烟稀少，如此大规模的工程营建，需要从内地征调大量民夫。民夫们长途跋涉前往边陲修筑长城，他们中的很多人再也没能回到家乡。据传长城沿线尸骨累累，“长城之役”成为后世许多文学作品的素材，家喻户晓的“孟姜女哭长城”就是其中最著名的故事。秦长城汉代仍被继续沿用，很多地段的长城历经两千余年仍然可以辨识。不过很多报道提到，随着最近经济开发和取土采矿，秦长城遗迹不同程度遭到破坏，这实在是一种遗憾。

蒙恬击退匈奴之后，秦王朝稳固控制了阴山和黄河以南的大片土地。但这块新占领土地与内地的交通十分不便，如果形势有变，从内地调集军队前往，要耗费很多时间。秦始皇三十五年，秦始皇下令修建一条从云阳（今陕西省淳化县）到九原（今内蒙古自治区包头市）的道路。这条道路途经陕西、甘肃、内蒙古，包括了黄土高原、山地、沙漠等地理环境，修筑技术难度很高。为了确保这条道路能够更快捷地通往北方边塞，秦始皇提出了很高的技术要求。据《史记》记载，这条道路采取的修建方法是“堑山堙谷”，即削平山头、填塞谷底，这样可以使道路更为平整。通过考古工作者的实地调查和发掘，基本验证了《史记》记载的正确性。由于这条道路相对平直，故被称作“直道”。“直道”是当时一条修建标准极高的军事高速公路，很多路段直到今天还在使用。秦始皇最后一次出巡时，打算视察帝国北疆的伟大工程——长城和直道。但出乎意料的是，秦始皇暴亡于出巡途中，当装载他尸体的车辆奔驰在直道的时候，秦始

直道

皇已经不能感受到这一伟大交通工程的壮观景象。

秦始皇三十三年（前214），秦朝征服了百越，并在岭南派驻大量军队。供军队消费的庞大物资都需要从内地转运过去，而岭南与内地的交通极为不便。《淮南子·人间训》记载秦始皇派一个名叫禄的官吏“凿渠而通粮道”。禄所开凿的就是著名的灵渠。灵渠地处今广西壮族自治区兴安县，这里有珠江水系的一条支流零水和湘江水系的一条支流海洋水，两者只隔一道分水岭，相距仅1.5公里。秦人利用这里的便利地理形势，合理地选择了分水点，沿分水点开凿了南渠、北渠，将两条河流沟通起来。自此，湘江、珠江两大水系被连接起来，内地的物资可以通过灵渠源源不断地输往岭南。灵渠一直沿用到清代，成为中原沟通岭南的经济、文化桥梁。

左为秦俑一号坑军吏俑，右为将军俑（秦俑博物馆藏）。

秦始皇统一天下后，举全国之力，通过一系列超乎世人想象的庞大工程展示着新帝国的空前实力。秦朝虽然只存在了很短的时间，但是它所兴建的一系列伟大工程却一直矗立在中华大地，它们如同一座座宏伟的纪念碑，见证着这个伟大王朝逝去的荣耀。

第二章　秦朝的灭亡

第一节　帝位更替

秦始皇统一天下之后，便开始大规模的出巡。秦始皇见于史乘的出巡共有五次，其中秦始皇二十七年的出巡，目的地是西北边陲的陇西、北地两郡（今甘肃省东部），沿途所经皆为秦国故地。真正意义上的大规模出巡是从秦始皇二十八年到秦始皇三十七年间的四次出巡，目的地均是关东六国故地。四次出巡，秦始皇几乎踏遍了帝国全境，南至湘水（今湖南省）、会稽（今浙江省绍兴市），东至东海，北至长城沿线，都留下了秦始皇的足迹。关于秦始皇频繁出巡的目的，学界一致认为是向六国臣民耀武扬威，展现秦国的实力，让他们彻底臣服。这固然有一定道理，但不能忽视的是秦始皇出巡的另一个目的——求仙。

秦始皇二十八年出巡的目的主要有两个，一是去泰山封禅，二是巡行六国故地，视察新征服地区的实地情况。在当时人们心目中，封禅名为祭天，实际上是一个帝王功成名就的标志。秦始皇封禅泰山，就是为了向世人展现自己的伟大功绩。据传，秦始皇即将登上泰山的时候，让随从退下，独自一人登上山顶。当秦始皇独自站立在泰山之巅，他的内心究竟在想些什么，永远不会有人知道。秦始皇的这次出巡还有另外一个“收获”，就是结识了一批齐地的方士。战国末年的齐国和燕国方术盛行，有一大批方士号称能与仙人沟通，或是可以帮助常人修炼成仙。秦始皇封禅之后，见到了齐国方士徐市（fú，后人亦称作徐福）。徐市对秦始皇说，在东海之中有蓬莱、方丈、瀛洲三座神山，上有仙人居住，他可以与仙人沟通，把他们请下山与秦始皇相见，传授成仙的秘诀。任何一位帝王，终究要面对死亡，自己生前的种种荣耀，都有终结的一天。秦始皇也不例外，巨大的成功使他更加恐惧死亡，他渴望能够成仙，实现永生。

鎏金嵌料鹰形鐏（秦代，西安市未央宫乡大白杨东村出土）。据有关专家考证，鎏金嵌料鹰形鐏可能是当时仪仗队使用的器物。

史书记载，秦始皇提供给徐市需要的一切物资，让他乘坐巨船携带数千童男童女去海中邀请仙人。第二年，秦始皇再度东巡，目的地是之罘（今山东省烟台市）和琅邪（今山东省青岛市）。显然，秦始皇对与仙人的会面已经迫不及待，他急切地赶到海滨，等待徐市的音信。但是秦始皇并没有如愿，他在之罘和琅邪分别立下歌颂自己伟大功绩的刻石后，无奈地回到了咸阳。

不久，秦始皇又遇到了燕地的方士卢生。卢生说自己能见到羡门高。羡门高是传说中一位得道成仙的燕国人，这又勾起了秦始皇成仙的热情。秦始皇三十二年（前215），秦始皇再度东巡，这次的目的地正是燕国故地。事先秦始皇已经命人在燕地渤海之滨修建了规模宏大的“碣石宫”，就是为了能够招待海上的仙人。秦始皇在碣石宫送别了卢生，期待他能尽早带仙人回来。

卢生虽然没有像徐市一样有去无回，但是他几次出海都没能带回仙人。卢生欺骗秦始皇说，他之所以遇不到仙人，是因为皇帝的身边有恶鬼。要想让仙人来，首先需要去除恶鬼，而且皇帝本人的行踪也不能让别人知道，因为有陌生人在场仙人也不会来。这时的秦始皇已经走火入魔，对卢生的话深信不疑，卢生所说他不仅一一照办，还要求身边的人不许泄露他的行踪，如有违令，一律处死。

卢生知道自己的谎言终有被拆穿的一天，于是在经过一番密谋之后，于秦始皇三十五年偷偷溜走，无影无踪。这时秦始皇才意识到上当受骗，非常恼怒，下令逮捕咸阳的方士，而一些私下嘲讽秦始皇求仙举动的儒生也被牵连，这些方士、儒生被全部坑杀。

秦始皇虽然知道卢生在欺骗自己，但他对仙人的存在还是深信不疑。三十七年，秦始皇的身体状况已十分不佳，他担心自己时日不多，没有机会见到仙人，

十二字瓦当（秦代，阿房宫遗址出土）。刻有“维天降灵，延元万年，天下康宁”十二个篆字。

于是抱病出巡。这次的出巡正是以海滨为目的地。秦始皇首先来到会稽，在这里登船入海，然后沿着海岸，一路向北行驶至琅邪，又从琅邪行驶至山东半岛顶端的荣成山，再从荣成山至之罘，一路都没有遇到仙人。之前有方士欺骗秦始皇，说海中有大鱼，常常阻隔求仙的船队。在沿海岸航行到之罘时，遇到一条大鱼（可能是鲸鱼），秦始皇立刻下令将大鱼射杀。

秦始皇在海上航行数月也没有见到仙人，最后只能回到陆地，乘车返回咸阳。在车队走到平原津（今山东省平原县）的时候，秦始皇病情加重，他预感到死亡即将降临。在临终前，秦始皇下令发信给长子扶苏，让他赶到咸阳参加葬礼并即皇帝位。但这封信却被掌管皇帝玺印的中车府令（皇帝车队负责人）赵高扣留下来，原来赵高有自己的打算。秦始皇的儿子中，有一个名叫胡亥的。赵高曾经做过胡亥的老师，两个人关系很好。这时胡亥也在出巡队伍中，赵高想让胡亥继位。秦始皇病逝后，赵高私下找到丞相李斯，希望得到李斯的帮助。李斯开始坚决不同意，但李斯与大将蒙恬不合。赵高抓住这一点，称蒙恬与扶苏一起在上郡领兵，关系密切，如果扶苏继位，一定会让蒙恬取代李斯的相位。李斯动摇了，同意支持胡亥。于是赵高、李斯篡改了秦始皇的诏书，把诏书的内容改成命令扶苏自杀。两人还隐瞒了秦始皇病逝的真相，秘不发丧，令百官依旧在秦始皇的车驾前奏事。当车队到达九原时，因为天气炎热，秦始皇的尸体开始腐烂，赵高命车队加载一石鲍鱼，来掩盖尸体腐烂的味道。

很快，公子扶苏自杀的消息传来，赵高、李斯等人心中的一块石头总算落地了。回到咸阳后，丞相李斯公布了秦始皇的死讯，同时假传诏书令胡亥即皇帝位。就这样，胡亥意外地成为秦帝国的继任者。作为回报，胡亥确认了李斯的丞相地位，同时任命赵高为郎中令（皇帝卫戍部队负责人），总管内廷事务，于是形成李斯、赵高分别掌控外廷和内廷的权力格局。

胡亥虽然成为了二世皇帝，但是他心里清楚自己的帝位是靠阴谋攫取的，所以总是担心兄弟们会与他争夺帝位。与赵高商量后，二世决定把秦始皇的其他儿子全部杀掉，令人暗地搜集公子们的“罪证”，将“罪证”汇总到赵高那里，让赵高定罪。赵高则全部定为死罪。消息公布后，举国震惊，许多公子上书辩解。他们哪里知道，二世就是想夺他们的性命，而丞相李斯则选择了沉默。数十位公子、公主就这样稀里糊涂地丢了性命。

二世处置了宗室之后，赵高又建言，称蒙恬的弟弟蒙毅还在外领兵，对于哥哥的死，蒙毅一定心存不满，不如早早除掉，以免后患。二世立刻采纳，以莫须有的罪名处死了蒙毅。除掉了蒙毅，赵高仍不满足，对二世说：“陛下年轻，先帝旧臣很难心甘情愿地听命于您，我们应当用重法惩治旧臣，树立陛下的威望。”这时的二世皇帝对赵高已是言听计从，马上执行。一时间，咸阳城内弥漫着恐怖的气氛，很多大臣遭到举报并被诛灭全家，受到牵连的人更是不计其数。利用这种方式，赵高除掉了朝廷内外的所有政敌，朝权实际上已经掌控在他一人手中。

都城的局势已被牢牢掌控，二世接下来考虑的是如何树立自己在百姓面前的权威。经过商议，二世和赵高决定效仿秦始皇出巡关东，这样既可以向全国昭示新皇帝即位，也可以树立新皇帝在地方官员中的威严。二世元年，胡亥带着赵高、李斯出巡关东，几乎是沿着秦始皇最后一次出巡的路线，由咸阳直驰碣石宫，登船入海，沿海岸向南航行至会稽，再逆长江而上，最后经武关（今陕西省商南县）回到咸阳。凡途经秦始皇刻石立碑处，二世都要在秦始皇刻石旁再立一座刻石，表明自己的合法地位。

经过一番血腥的清洗，赵高实际掌控了大权。这时二世反倒成了赵高专权的障碍。赵高找机会对二世说：“陛下太年轻，办事还不成熟，要是被大臣们看见，难免会有轻视之心。不如让大臣们不见皇帝，遇事由臣下传达，您批复后，臣下再转达给大臣。这样大臣们就会敬重您。”二世本来就是一个贪图享乐的人，听说可以不上朝，更是开心，马上批复照办。从此一切国家大事都由赵高、二世两人决定。至于什么样的奏折可以转达给二世，实际都由赵高一人做主。这时候能够对赵高权势构成威胁的只剩下一个人，那就是丞相李斯。

二世元年（前 209）七月，陈胜、吴广在楚地起义，立刻得到各地响应。起义军势力发展迅速，一支数十万人的大军立刻汇集起来，并如同潮水一般冲向秦都咸阳。关东大邑荥阳地处关东地区通往关中的交通要道，当时驻守荥阳的最高长官是三川郡守李由。李由是李斯的长子，当起义军打到荥阳时，李由知道荥阳守军有限，不能与起义军硬拼，于是选择固守荥阳待援。起义军于是绕过荥阳，直扑咸阳。起义军在咸阳城东的戏（今西安市临潼区东）被章邯率领的骊山刑徒击败，退出关中，秦王朝才转危为安。

当关中的局势稍微平定以后，赵高立刻想到借李由不攻击起义军之事构陷李斯，于是暗地派人去荥阳收集李由不抵抗的证据。另一方面，赵高又设计了一套计谋离间二世与李斯的关系。赵高首先去找李斯，说目前天下大乱，二世贪图享乐，李斯身为丞相应当规劝皇帝。李斯表示因为皇帝不上朝，自己无法进言。赵高立刻说可以安排李斯与皇帝见面。之后，赵高每当见到二世玩乐正酣的时候，就让李斯去进言。如是三番，二世对李斯极为反感。赵高见时机成熟，立刻向二世进谗言："李斯早已不满足做丞相，而是想分裂国家，自做君王。臣下有确凿的证据，之前反叛的陈胜、吴广与李斯是同乡，李斯一直在暗中勾结叛军。叛军途经荥阳时，李斯让儿子李由不抵抗，放叛军进关中。"二世听了以后很震惊，本想治李斯的罪，但想到李斯拥立自己即位有功，觉得还是谨慎一些为好，于是派人去调查李由不抵抗的真相。

李斯很快得知二世派人调查李由的消息，他知道这一切的幕后指使一定是赵高，于是决定先下手为强，提前揭发赵高。李斯写信给二世，检举赵高早有谋夺帝位之心。二世收到信后，回信给李斯，说赵高对自己忠心耿耿，希望丞相不要猜疑。二世还把李斯的检举信给赵高看。赵高说："现在能够保护陛下的只有臣下，李斯除掉了臣下，下一个目标就是陛下了。"二世听了以后勃然大怒，立刻下令："让郎中令赵高治李斯的罪！"

李斯刚被投入监狱时，还存有幻想，觉得自己没有谋反，不至于获死罪，还上书皇帝自辩。但李斯哪里知道，这时候朝廷上全部是赵高的人，自己的上书没有送到皇帝手中，反倒是各种证明李斯谋反的证据每天都会提交皇帝。李斯最后被判为腰斩，全家灭族。当李斯被押赴刑场、即将行刑时，他转过身来，对自己的二儿子说："当年我们在家乡一起牵着猎犬打猎，多么快乐。这样的日子再也不会有了。"父子二人相对而泣。

李斯被处死以后，赵高成为丞相，他的权势已无人能够制约。为了检验自己在朝中的地位，赵高命人给皇帝进献一只鹿。赵高当着众大臣的面，指着鹿说是马。二世很奇怪，说这分明是鹿嘛。而众大臣都附和赵高说是马。这就是典故"指鹿为马"的由来。这时的赵高，已经成为秦帝国实际的主宰。

第二节　关东的义军

秦始皇统一天下后，不知体恤百姓，不断征发兵役、劳役。因为秦国实行的是义务徭役，这就意味着每一个成年男子都要参军打仗，或是去咸阳、北部边塞劳作。再加上秦法严苛，而有些秦法并不适合关东地区，是因为军事征服而被强加到六国故地的。派到六国故地的秦国官员，执法严苛，又不尊重当地的风俗，这些早就令关东百姓怀恨在心，他们都渴望能够推翻秦朝的统治。

秦始皇三十六年（前 211），有一颗陨石坠落在东郡（今河南省东部地区），有人在陨石上刻上“始皇帝死而地分”的文字，显露了当地有人期望秦朝灭亡而“地分”而治的心态。秦始皇逝世后，全国百姓都期待新继位的扶苏能够改变秦始皇的高压统治，但是继位者却是胡亥，而且胡亥的施政较之秦始皇可谓有过之而无不及，全国百姓对秦朝的统治已经彻底绝望。

二世元年七月，一支前往北方边塞的屯戍队伍驻扎在蕲县大泽乡（今安徽省宿县东南），队伍中弥漫着悲观的气氛。因为连日大雨、道路不通，这支队伍已经不可能按照规定的时间抵达屯戍目的地渔阳（今北京市密云区）。根据严厉的秦法，如果屯戍的队伍不能按期抵达，所有的人都要被处死。这支队伍中，有两个叫陈胜和吴广的屯长，两人关系很好，私下商量：“与其长途跋涉去边境送死，还不如起兵造反，拼出一条活路。”两人商定寻找机会共同起事，事成以后由陈胜领导队伍。

吴广在屯戍队伍中人缘很好，当计划商定以后，便私下散布陈胜命数不凡、有王者气象的舆论。一天晚上，负责押送屯戍队伍的军官酒醉，吴广认为机会来了，他故意去找军官说想逃亡。军官大怒，立刻召集众人，当着众人鞭打吴广，还拔剑扬言要杀掉吴广。这时人群已是群情激奋，吴广见时机成熟，夺下剑，将军官斩杀。陈胜则率领众人杀掉了押队的其他军人。陈胜、吴广把大家召集起来，号召一起造反，得到了所有人的响应。因为担心出师无名，陈胜、吴广诈称自己是扶苏和项燕的队伍，并随即率领队伍攻下蕲县，然后分别派人去攻打周围的县邑，一下攻下了十几座县城。陈胜的队伍一到，当地的百姓就杀掉秦朝派驻的官

秦俑一号坑将军俑

员，短短几日，起义队伍就从数百人壮大到数万人，战车百余辆。很快，起义队伍攻打到陈县（今河南省淮阳县），陈县是淮阳郡的治所，驻有大量秦军。起义队伍一鼓作气攻入陈县，杀掉秦朝的官吏，成功占领了陈县。陈县的陷落，意味着秦朝在淮阳郡的统治终结了。秦军逃走后，陈县的百姓出来犒劳起义队伍，百姓们都说陈胜反抗暴秦，解救了当地百姓，共同推举陈胜为王。于是陈胜自立为王，建立新政权，号“张楚”，定都陈县。这时的陈胜意识到，“反秦”已成为最有号召力的旗帜，而不需要再借助扶苏和项燕的名号了。

陈胜是阳城人（今河南省周口市境内），阳城地处淮阳郡。当他控制了淮阳郡后，就不再继续率军，而是留在陈县兴建宫殿，封官赐爵，安安心心地做大王，享受衣锦还乡的荣耀。陈胜封吴广为假王，让吴广率领队伍继续西进。这时候，周边郡县的百姓听说陈胜建立反秦政权的消息，都纷纷集合起来，杀秦吏，加入起义的队伍。吴广率领的“西征军”很快壮大到数十万人。与此同时，陈胜还命令自己的属下去招降六国故地，但出乎意料的是，这些属下到了六国故地却被当地豪杰拥立为王，如武臣到了赵地被拥立为赵王，韩广到了燕地被拥立为燕王。周市到了魏地，魏人也要立周市为王。周市认为自己资历不够，拒不接受，最后找到了魏国遗族“咎”，让他做了魏王，自己则做魏国丞相。而齐国人田儋听说陈胜起义的消息后，拉起一支队伍，杀掉了秦朝的官吏，自己做了齐王。一时间，关东六国除韩国以外，全部复国。

陈胜本来是让自己的属下去招降六国故地，扩大自己的地盘，却不想属下们纷纷自立为王，成了与自己平起平坐的诸侯。陈胜非常恼怒，想杀掉这些属下的家人，派兵去攻打他们，结果被柱国（战国时期楚国称丞相为柱国）蔡赐劝阻了。蔡赐说，现在的当务之急是尽快消灭秦国，如果这些诸侯与秦国联合，楚国必亡无疑。陈胜听从了蔡赐的建议，释放了这些人的家属，承认了他们的政权，敦促他们派兵去攻打秦国。这时候的关东，基本形成了以张楚政权为核心的第一反秦联盟。1973 年，长沙马王堆汉墓出土的帛书《五星占》记载了秦末至汉初的纪年，其中没有秦二世的纪年，取而代之的是张楚纪年，说明直到汉初，人们仍然认为张楚是当时关东的核心政权。

吴广率领的西征军一路势如破竹，直驱咸阳，只在荥阳遭遇了李由的顽强抵抗。吴广见无法攻下荥阳，便率领少量部队围困荥阳，而命周文率大军继续向咸阳开进。当西征军开进关中时，秦国的主力部队都在边疆驻守，实在抽不出兵力抵抗。这时候少府（皇室财政主管）章邯说，在骊山还有七十万修建皇陵的刑徒，不如赦免他们，将他们组建成军队以作抵抗。章邯的策略起到了奇效，周文等人认为秦国已经没有军队可以调动，放松了警惕，结果在戏县遭遇了章邯率领的七十万刑徒军队的袭击，西征军大败，一路溃逃。周文率残军撤退到曹阳（今河南省灵宝县），花了二三个月的时间去收集残兵，重新集结部队。结果队伍刚刚集结整齐，章邯大军已经赶到，又击溃了西征军。周文撤退至黾池再战，再度失利，周文无路可退，自杀，西征军主力覆灭。

西征军余部在吴广的率领下围困荥阳。吴广的部下田臧认为，部队围着荥阳，一旦章邯的军队赶来，里外夹击，起义军必败无疑，于是主张放弃荥阳，集中兵力对抗章邯。但田臧的意见没有被吴广采纳，田臧索性杀掉了吴广，将吴广首级送给陈胜。陈胜为了稳定西征军的军心，接受了既成事实，派人封田臧为将军，统率西征军。田臧于是弃荥阳，与章邯在敖仓决战，结果战败，田臧战死，西征军全部覆灭。

秦俑一号坑战袍俑

章邯与固守荥阳的李由会合以后，率军继续东进。西征军的灭亡，使得张楚政权无力对抗秦军。章邯不费吹灰之力消灭了驻扎在郏（今河南省郏县）和许（今河南省许昌市）的两支部队。至此，张楚政权的国都陈县彻底暴露在秦军兵锋之下。

章邯不给张楚政权任何喘息之机，在肃清了陈县外围之后，继续向陈县挺进。这时陈胜已经无兵可调，诸侯们则持观望态度，不肯出兵相救。陈胜于是亲自率领军队去迎击章邯，又被章邯击败。陈

秦俑一号坑战车马队列

胜退出陈县，一路且战且退，在退至下城父（今安徽省涡阳县）的时候，他的车御（驾车人）庄贾杀掉了陈胜，载着陈胜的尸体投降秦军。至此，仅仅建立了六个月的张楚政权灭亡了。

章邯把陈胜的首级悬挂在陈县，警示当地百姓。不久，陈胜的部将吕臣率部重新攻下陈县，杀死了庄贾。吕臣把陈胜的尸体埋葬在砀山（今安徽省砀县）。陈胜虽然战死，但正是因为他与吴广在大泽乡的振臂一呼导致了秦朝的灭亡。后来刘邦平定天下，迁三十户百姓到陈胜冢附近，让这些人为陈胜守冢，定期祭祀，世代不绝。

陈胜战死后，楚地仍有很多反秦武装，其中势力最强大的是项梁。项梁听说陈胜战死，在民间找到了战国时期楚怀王的孙子熊心，立为楚王，也叫他“怀王”。这时的项梁从江东一路打到梁地，势头很猛。特别是在东郡的东阿、濮阳、定陶接连击败章邯统率的秦军主力，还斩杀了李斯的长子李由。当时的章邯几乎没有吃过败仗，项梁接连击败章邯，未免有些骄傲。然而项梁万万没有想到，秦朝已经把王离统领的三十万抵御匈奴的军队调集过来。章邯得到王离军队的补充，实力大增。章邯趁项梁在定陶立足未稳，立刻组织反攻，大破项梁的部队，项梁战死，这使楚国的势力受到沉重打击。

章邯击败项梁后，认为楚地的形势已不足担忧，率领大军渡黄河去攻打赵国。原本被赵地豪杰拥立的陈胜属下赵王武臣，在赵国的内乱中被杀。这时的赵王是赵国遗族赵歇，辅佐他的是名士张耳、陈余。当章邯攻打张楚时，与陈胜不合的张耳、陈余选择了袖手旁观，这时轮到赵国受到秦军的攻击了。秦军把张耳和赵王围困在巨鹿城，陈余在巨鹿城外组织了几次解围，均以失败而告终。赵王发信给各路诸侯，请求救援。诸侯们虽然派兵增援，可谁也不敢出战，而是在巨鹿城外观望。章邯对诸侯的各怀鬼胎看得非常清楚，他知道诸侯们为了保存实力是不会与秦军交战的，于是放心地和王离攻打巨鹿城。然而，章邯的计划被一个叫项羽的人打乱了。

楚国原本派宋义率军去救援赵国。与其他诸侯一样，宋义也主张静观秦赵相争，坐收渔利。而他的属下项羽却不同意，项羽认为现在秦赵相争，如果赵、楚两国联合，就有机会击败秦军，如果秦军灭掉赵国，诸侯们更不敢对抗秦军。项羽的意见被宋义否决，还号令军中若有轻言出战者，一律斩首。项羽见计谋不被采纳，索性杀掉宋义，命人将宋义首级送给楚怀王，楚怀王只能承认项羽对军队的领导权。项羽在控制军队后，立刻率军渡过黄河，去解救被围困在巨鹿城中的赵军。

项羽率大军渡过黄河后，下令沉掉渡船，砸毁饭锅，表明决战的信念。这就是典故“破釜沉舟”的由来。楚军见没有退路，迸发出巨大的战斗力，将士们奋勇杀敌，以一当十。当时围困巨鹿的王离完全没有想到楚军敢主动出战，急忙抽调军队去堵截楚军，但楚军的战斗力超出了王离的估计。秦军九战九败，王离被生擒，副将涉间自杀，巨鹿城解围，这就是历史上著名的“巨鹿之战”。

巨鹿之战奠定了项羽在诸侯中的声望。司马迁《史记》记载，巨鹿之战结束后，各诸侯军队的将领去拜见项羽。将领们一进军营大门，就跪倒在地，匍匐爬入军帐，没有人敢抬头仰视项羽的。项羽被各诸侯将领尊奉为诸侯上将军，诸侯的军队项羽可以随意调遣。自此，项羽所代表的楚国成为了反秦的核心，第二反秦联盟形成。

巨鹿之战的失利，使章邯不敢贸然出击。章邯知道以目前秦军的实力，已无法平定诸侯，于是率军退守漳河。这时的二世皇帝一直在等待平定关东的消息，结果喜讯没有等到，却听到章邯退守漳河。二世派人去责问，章邯让长史司马欣去解释自己的处境。司马欣到了咸阳以后，赵高和二世皇帝都不见他。司马欣返回军营，对章邯说：“目前赵高专权，将军即使平定关东，赵高妒贤嫉能，一定会加害将军。如

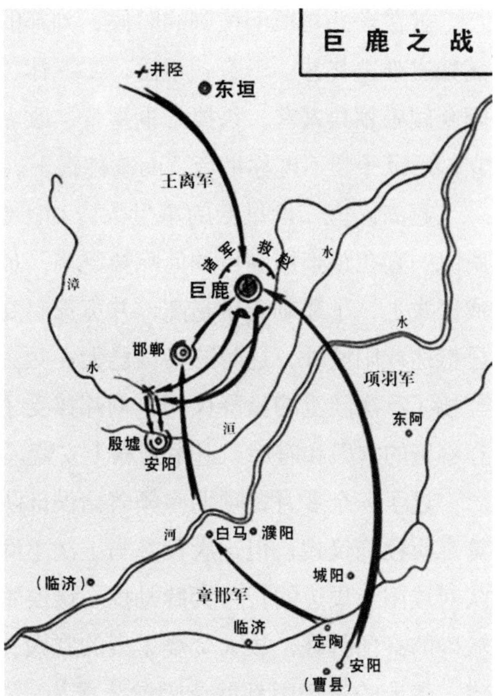

巨鹿之战示意图

果将军不能平定关东，赵高也会设法治您的罪。不如早想出路。”这时候，赵将陈余也写信给章邯，历数秦国历史上战功显赫却不得善终的将领，希望章邯不要重蹈覆辙。章邯有一些动摇，开始暗地派人联络项羽，试探谈判的可能。项羽得知章邯意志动摇，决定施加军事压力，逼迫章邯就范。项羽率军渡过漳河，突破秦军的漳河防线，又在汙水击败秦军增援部队。章邯苦心经营的漳河防线彻底崩溃。

漳河一战，使章邯失去了抵抗的决心，连忙派人去与项羽谈判。最后，谈判协议达成，项羽封章邯为雍王，也就是秦王。章邯与项羽约定在洹水南岸的殷墟（就是今天的河南省安阳市殷墟）会盟，秦军主力全部归降项羽。项羽收编了章邯的秦军主力，继续向关中进发。秦始皇在位时期，滥征民力，诸侯军队中的人几乎都有到关中服役的经历，而秦人对六国人非常粗暴。秦军投降以后，诸侯军队时常虐待秦军官兵，以发泄私怨。秦军非常痛恨诸侯军队，有人把这个情况告诉了项羽。诸侯将领们觉得，秦军迟早会造反，不如趁早解决。当大军走到新安县（今河南省渑池县）时，项羽下令把二十万秦军全部坑杀。秦国最后的武装力量也被消灭了。

就在章邯与项羽谈判的时候，刘邦的部队已经突破了武关，向关中进发。赵高知道难逃其咎，干脆一不做，二不休，干掉皇帝。于是赵高授意自己的女婿咸阳令阎乐领兵入宫，杀掉二世皇帝，改立二世的侄子子婴。这时关东六国皆已复立，所以子婴不再称皇帝，而改称秦王。

赵高谋害二世皇帝的事世人皆知。秦王子婴知道，赵高迟早也会谋害自己，所以一直在跟亲信商讨如何除掉赵高。最后，子婴选择亲自动手，在即位前的斋戒仪式上，子婴刺死了赵高，并夷灭赵高全家。子婴除掉赵高，而刘邦的部队也已抵达咸阳城外。这时的秦国已无一兵一卒可以调动，子婴只能向刘邦请降。子婴搞了一次隆重的投降仪式，刘邦接受了子婴的投降，还安抚子婴，然后命人封存秦国的宫殿和府库，退军到霸上安营，等待关东诸侯的军队。

过了一个多月，项羽率领着诸侯部队浩浩荡荡地开进咸阳。秦王子婴又搞了第二次投降仪式，但这次投降与上次不同，项羽下令杀掉子婴，然后放纵诸侯部队对咸阳及周边的行宫大肆劫掠。诸侯军队官兵非常痛恨秦朝，他们屠杀了咸阳城内的秦国百姓，放火焚烧了秦的宫殿、行宫和秦始皇陵，瓜分了咸阳的金银财宝。伟大的秦帝国都城咸阳就此成为一片废墟。秦国以暴力的手段灭掉了六国，而最终又被六国的暴力毁灭，历史自此走了一个轮回。

第三章　楚汉之争

第一节　项羽集团的崛起

前面提到，在巨鹿之战中涌现出一位英雄人物——项羽，并最终成为反秦联盟的领袖。

在战国末年，楚国有一个项氏家族，这个家族世世代代在楚国军队中出任将领，被楚王分封在项城（今河南省项城县），族人便以“项”作为姓氏。在秦国兼并楚国的战争中，项氏家族的项燕指挥军队成功击败李信、蒙恬统领的二十万秦军，这是秦始皇在进行统一战争过程中遭遇的唯一一次重大失利。楚国灭亡以后，项氏家族遭到秦国的迫害，族人纷纷出逃。项燕的儿子项梁带着侄子项羽逃亡至江东的会稽郡（今江苏省南部、浙江省大部分）避难。史书记载，项羽从小就不喜欢读书、学剑，而唯独对兵法感兴趣。项梁觉得项羽是一个可塑的将才，常常向项羽传授家传的兵法。

会稽郡为楚国故地，因为项氏家族在楚地很有影响，所以项梁在会稽郡受到很多士人的拥戴，成为地方豪杰，很多人投靠到项梁门下做宾客。而项梁则按照军队的管理方式去管理宾客，实际形成一支私人武装。由于项梁在当地颇有威望，会稽郡的官员也很敬重他，每当郡中有劳役征发，常常委托项梁出面去办。项梁也借这个机会扩大在会稽郡的影响。据说秦始皇最后一次出巡，途经会稽郡，地方长官需要征发百姓去给皇帝出巡队伍服务，项梁、项羽叔侄也在其中，项羽看到秦始皇豪华、壮观的出巡队伍，颇为自信地说：“有一天我可以取而代之。”这

跪射俑（秦俑博物馆藏）

令项梁深感意外，觉得这个孩子志向远大，将来或许可以成就一番事业。

秦二世元年（前209），陈胜、吴广在大泽乡起义反秦，楚地纷纷响应，地处东南的会稽郡与朝廷失去了联系，这令会稽郡太守非常恐慌。太守决定顺应形势，起兵反秦，于是想到去找项梁帮忙。这时的项梁早就在策划反秦，听说太守召见他，感到机不可失，便带着项羽一起去见太守，趁机杀掉太守，控制了郡府。项梁以代理太守的名义告知各县将起兵反秦，各属县官员都表示效忠。项梁把郡中的军队收编起来，共有八千余人，任命宾客为各级军官，组建了一支绝对效忠自己的军队。与此同时，陈胜的属下召平正在江北招抚当地武装，听说项梁已经控制了江东，于是渡江去见项梁，假传陈胜的旨意，征调项梁渡江抗秦。项梁于是带着项羽，率领着八千江东子弟，奔赴抗秦前线。

与会稽郡隔江相对的是东阳郡（今江苏省江淮之间），之前东阳城内的百姓已经杀掉了秦朝派驻的东阳太守，拥立原东阳令史陈婴为领袖，拥有一支二万人的武装。当地豪杰本来要推举陈婴做王，陈婴担心称王目标太大，日后事败，必遭诛杀。听说项梁率领着会稽郡子弟渡江，便动员当地豪杰接受项梁的领导。项氏家族在楚地本来就有很高声望，当地豪杰都乐于服从项梁。陈婴于是率领部队去归附项梁，一支八千人的武装竟然收编了一支二万余人的武装，这完全出乎项梁的预料。

项梁率兵渡过淮河，已经控制九江郡（今安徽省江淮之间）、庐江郡（今安徽省江南地区）的英布和蒲将军率军渡过淮河，与项梁会合，英布和蒲将军也愿意接受项梁的领导。项梁于是统领会稽、东阳、九江、庐江四郡武装，共六七万人，驻扎在东海郡（今江苏省淮北地区）的下邳（今江苏省下邳市）。

当时控制东海郡、泗川郡（今安徽省淮北地区）的是秦嘉，秦嘉起兵以后，拒绝接受陈胜的领导，在当地拥立楚国遗族景驹为楚王。当项梁的部队渡过淮河的时候，秦嘉派军去阻击。这时的项梁名义上接受陈胜的领导，于是便打着陈胜的旗号，剿灭了秦嘉。项梁率军乘胜挺进薛郡（今山东省西南部），当地的武装都服从项梁的领导。项梁在薛城（今山东省滕州市南）大会各路武装头目，在这里，项梁、项羽第一次见到沛县地方武装首领刘邦。

在薛城召开各路武装集会的时候，陈胜战死的消息已经得到确认。项梁征询其他武装首领的意见，居巢（今安徽省枞阳县北）人范增提议另立楚王，得到大家一致认可。于是大家推举楚怀王的孙子熊心为楚王，因为楚地的人民很怀念怀王，因此项梁所立的新楚王仍叫“楚怀王”。项梁自任为最高军事统帅，陈婴为最高行政长官，新政权定都盱眙，一个全新的楚国政权建立起来。

在薛城建立政权后，项梁继续率军队向西进入梁地，与秦军主力章邯的部队遭遇。这时的项梁统领楚地七郡武装，势力很大，与秦军几次交锋都占上风。秦军且战且退，完全失去了剿灭张楚政权的威风，秦军将领李由也在定陶之战中被项梁斩杀。项梁自起兵以来，可谓一帆风顺，早已不把秦军放在眼里。

就在项梁春风得意的时候，章邯已经得到王离率领的三十万秦军补充。章邯趁楚军立足未稳，立刻展开反击。这时的项梁刚刚占领定陶，完全没有预料到秦军会大举反扑，被秦军彻底击溃，项梁战死，其统领的楚军也几乎全军覆灭。项梁的战败使楚国受到沉重打击。楚怀王离开盱眙，亲赴彭城（今徐州市）督战，并把项羽、刘邦、武臣等武装全部调集到彭城附近，准备应对章邯的进攻。而这时的章邯却认为楚地不足担忧，调转兵锋，去攻打赵国了。

前文已述，秦军转入赵地作战，赵国很快坚持不住，急忙向诸侯们求救。楚怀王决定出兵相救，于是任命宋义为最高军事统帅，项羽为副帅，率领楚国精锐部队去救援赵国。宋义率领楚军开进到安阳便驻兵不前，想静观秦赵相争，坐收渔利。宋义的做法遭到了项羽的反对。自项氏起兵以来，项羽一直是项梁的副手，宋义根本没有把这个年轻人放在眼里。他粗暴地拒绝了项羽的提议，还号令全军不得言战。不久，宋义护送自己的儿子去齐国，项羽趁机召集诸位将领，驳斥了宋义“坐收渔利”的战略，还对宋义不体恤将士的行为进行了谴责，得到军中将领的响应。第二天，宋义返回军营，项羽直接斩杀了宋义。楚怀王只能承认既成事实，拜项羽为上将军，项羽成为楚军的最高统帅。

项羽掌控军权以后，率军渡河救赵，在巨鹿之战中大获全胜，被各诸侯将领推举为联军领袖。项羽又率领诸侯军队重创章邯，逼迫章邯投降联军。最后项羽率领着数十万诸侯军队浩浩荡荡地开赴关中，一路上没有遭到任何抵抗。直到开进到函谷关（今河南省灵宝县境），才发现关门紧闭，而驻守函谷关的竟是刘邦的部队。项羽认为刘邦想独霸咸阳的财富，非常恼怒，率军攻破函谷关，直奔咸阳。项羽本来打算彻底消灭刘邦，后经项伯、张良等人调停，才打消了念头。虽然军中很多谋士都劝项羽抓住机会，杀掉刘邦，以免后患。但这时候项羽的心思已经不在刘邦身上了，他关心的是如何瓜分咸阳的财富，如何瓜分天下的土地。

项羽进入咸阳以后，先是杀掉投降的秦王子婴，然后诛杀秦国宗室、大臣，放火焚烧了秦国的宫殿、行宫，将咸阳夷为平地，然后放纵诸侯军队在关中大肆劫掠。在关中的财富抢夺殆尽后，项羽召集各诸侯将领举行分封大会，所谓分封大会其实就是分赃大会。在会上，项羽以盟主的身份，把天下分作十八个国家。项羽的分封，其精神就是厚待跟随他入关的诸侯将领，而原来那些陈胜分封的诸侯王因为与项羽没有关系而受到排挤。如燕王韩广派臧荼领军跟随项羽入关中，在分封大会上，臧荼被封为燕王，而韩广则被改封为辽东王。赵王赵歇派司马印、张耳领军跟随项羽入关中，在分封大会上，张耳被封为常山王（领有赵地）、司马印为殷王，而赵歇则被改封为代王。齐将田都、田安被分封为齐王、济北王，跟随项羽征战多年的英布、吴芮、共敖分别做了九江王、衡山王、临江王。对于秦国故地的瓜分，项羽颇费了一番脑筋。楚怀王原与诸将领有“先入关中者王之”的约定，而刘邦先入关中，理应做秦王。项羽不想让刘邦独占秦地，于是玩起了文字游戏，说巴蜀也属于关中，封刘邦为汉王。为了防止刘邦反攻秦地，项羽把秦国旧将领章邯、司马欣、董翳分封为雍王、塞王、翟王，让他们占据关中，堵住刘邦返回中原的道路。剩下的梁楚九郡之地全部成为项羽的封地。这样一来，楚国全部成了项羽的领地，那个当年项梁立起来的楚怀王实际上被架空了。项羽表面上尊奉楚怀王为义帝（名义上的皇帝），却把楚怀王迁到郴县（今湖南省郴州市），又暗地安排英布半路截杀楚怀王。楚怀王死后，项羽已经成为天下实际的领袖，他自封为“西楚霸王”，终于实现了年轻时“彼可取而代也”的理想。

第二节　刘邦集团的崛起

在反秦战争中，崛起了另外一支武装力量，那就是刘邦集团。刘邦出生于沛县丰邑一个底层家庭，这从刘邦当年的名字就可以看出。“刘邦”是平定天下后重新起的名字，刘邦原名刘季。秦汉时期，底层百姓因为没有文化，生了孩子就以伯、仲、叔、季排行来作为名字。刘季也就是“刘四”，从这个名字不难知道刘邦的出身是低微的。刘邦是家中最小的儿子，可能是受到父母宠爱的缘故，从小就不好劳作，整日游手好闲，四处赌博赊酒，欠了一身债，他的父母拿他也没有办法。

刘邦虽然游手好闲，但却喜好交际，跟沛县的小官吏们关系很好。后来沛县的官吏们联合举荐刘邦做泗水亭长（相当于今天的派出所所长），这是刘邦第一份正式工作，刘邦非常高兴。每当有沛县的官员外出办公途经泗水亭时，刘邦都要宴请他们。不过刘邦没有钱，连债都没有还清，哪里有能力请客吃喝。所以每次有官员、朋友造访，刘邦就带着大家去大哥刘伯家蹭饭。大嫂很讨厌这个好吃懒做的小叔子。一次，刘邦又领着一群朋友来蹭饭，一进院就喊：“大嫂！来客人了！快上酒菜呀！”当时刘伯正好不在家，大嫂就用饭勺把锅刮得哗哗响，回答道：“没饭了！到别处吃去吧！”这让刘邦非常没有面子，等把客人送走，刘邦回到大哥家，看到厨房还有酒菜，心里非常生气。后来刘邦做了皇帝，分封兄弟做王侯，唯独不封刘伯的儿子。刘邦的父亲说：“你大哥死得早，你大嫂侄子孤儿寡母的，多不容易，你干嘛不封他们。”刘邦碍于老父亲的面子，最后封大哥的儿子为列侯，但是定封号为“羹颉侯”，就是剩饭侯的

府谷县境内的秦长城烽火台

意思，当了皇帝还在发泄心中的怨气。

刘邦一身无赖习气，好冲动，后来做了小官，仍然积习难改。一次好朋友夏侯婴来看望刘邦，两人聊天话不投机，刘邦竟然拔剑砍伤了夏侯婴。这时夏侯婴正在县里做官，同僚有人知道了这件事，向上司汇报，幸得夏侯婴极力辩解，才使刘邦免于官司。还有一次，沛县县令宴请好友吕公，县中大小官吏都前往庆贺。因为去庆贺的官吏太多，屋子里坐不下，主吏萧何定了一条规矩，凡是交礼金不满一千的，就坐在院子里。刘邦身无分文，又想凑热闹，干脆耍起了无赖，他假称带了一万礼金，然后就大摇大摆地进了屋子，坐到上座，入席以后毫不见外，跟宾客们有说有笑，交杯换盏。主吏萧何跟刘邦关系不错，知道刘邦拿不出钱，急忙替刘邦向吕公赔罪，说刘邦这个人好讲大话，千万别见怪。谁知道吕公毫不介意，还说刘邦面相不凡，将来一定富贵，然后说要把女儿嫁给刘邦。刘邦耍无赖不但没有受到惩罚，还得了一个老婆，他自己都想不到。吕夫人得知这件事，非常生气，埋怨吕公。吕公笑道：“你不懂。”吕公没有看错，后来吕氏家族正是因为刘邦，差一点拥有了整个天下。

秦代亭长的职责之一是押送刑徒赴咸阳服役。最后刘邦也轮派到这个差事。当时秦朝的统治不得人心，刘邦押送的刑徒队伍刚出沛县，刑徒就逃亡了一半。刘邦心想：“照这势头，等到了咸阳，就剩下我一个人了，那不是去送死吗，干脆落草为寇吧。”于是刘邦召集剩下的刑徒说：“这个亭长我不做了，大家都逃亡去吧。”有十几个刑徒愿意跟随刘邦，刘邦带着这十几个人在沛县城外的芒砀山打起了游击。

二世元年，陈胜、吴广起义的消息传来，各地百姓都纷纷斩杀秦朝派驻的官吏，起兵响应。沛令十分恐慌，也想领兵反叛，召来属下萧何、曹参商量。萧、曹二人说：“您是秦人，号令本地人恐怕有困难，不如把城外打游击的刘邦找来号令大家。”沛令同意了，派樊哙去找刘邦。这时候刘邦率领的反政府武装已有百余人。刘邦拉着队伍回到沛县，沛令见到这么多人，有些后悔，下令关闭城门，搜捕萧何、曹参。萧、曹二人见事情不妙，急忙出城投奔刘邦。刘邦把沛县围住，传信入城，号召父老一齐反秦。沛县百姓早已痛恨秦朝的统治，立刻响应，杀掉沛令，开门迎接刘邦入城。

刘邦入城后，沛县父老推举他做领袖。刘邦觉得自己以前只是一个亭长，论资历应该由萧何、曹参做领袖。而萧、曹二人另有打算，他们觉得叛乱未必成功，如果叛乱平定，当头目的人必死无疑，于是都不接受，极力推荐刘邦。最后刘邦在众人的推举下做了沛公（楚人对县令的称呼），统领沛县子弟。刘邦集合了手下和沛县的子弟，拉起了一支两千余人的队伍，然后打下沛县周边的方与、胡陵两县（今山东省鱼台县境），成为当地颇有势力的武装力量。

刘邦反叛不久，秦朝的泗川郡守就率兵来镇压，刘邦击败了秦军，还杀死了泗川郡守。这时刘邦想到薛郡去发展，就让同乡雍齿守丰邑，自己率军北上。没想到，刘邦刚走，雍齿就投靠了周市建立的魏国。刘邦急忙率军回来围攻丰邑，雍齿顽强抵抗，刘邦攻城不成，退守沛县。雍齿的倒戈对刘邦势力的发展影响很大，刘邦发誓夺回丰邑。这时刘邦听说秦嘉已经控制了泗川、东海两郡，而且拥立景驹为楚王，于是率军去投靠秦嘉，想借兵回攻丰邑。

刘邦刚刚投靠秦嘉，已经消灭张楚政权的章邯率军进入泗川郡。秦嘉命刘邦去阻击秦军，经过几场恶战，刘邦攻下了砀县。砀县是一个大县，刘邦收编了五千余人的军队，实力大增。这时正值项梁消灭了秦嘉，在薛城召开各路武装集会，刘邦得到消息也去参会。在会上，项梁调拨给刘邦五千余人，连同此前在砀县收编的五千余人，刘邦拥有了一支万余人的队伍。他率军回攻丰邑，雍齿出逃，刘邦终于得偿所愿。

薛城大会后，项梁率领楚军进入梁地，刘邦和项羽各率领一支人马，作为策应部队，深入梁地，并一直打到梁地西部的重镇陈留（今河南省开封市境内）。就在刘邦、项羽围攻陈留的时候，传来项梁全军覆灭的消息，楚怀王急忙把刘邦、项羽从前线调回来，让他们与吕臣集合残存的军队护卫彭城。

章邯率军击败项梁以后，并没有继续向楚地进发，而是北上攻打赵国。招架不住的赵国急忙派人向楚怀王求援。这时楚军意见分为两派，一派认为应该与诸侯联合救援赵国，消灭秦军主力。另一派认为应该趁着秦军主力北上，后方空虚，直捣秦国老巢咸阳。最后楚怀王采取了折中方案，让宋义、项羽率领楚军主力北上救赵，让刘邦率领所属部队去攻打关中。最初，楚怀王在考虑进军关中的人选时，曾想起用项羽，项羽也主动请缨。但项羽过于残暴，常常屠城或杀害投降的秦军，大家觉得刘邦为人宽厚，去征讨秦地更为合适。楚怀王最终选择刘邦，还立下了“先入关中者王之”的誓言。

刘邦的西征并不顺利，大军进入梁地后遭到秦军的顽强抵抗。刘邦且战且进，在攻打到洛阳后无法继续前进了。这时有人建议刘邦避实击虚，绕开函谷关大道，经南阳郡从武关入关中。刘邦采纳了这个建议，率军南下，去攻打南阳郡。刘邦的军队进入南阳郡后，很快包围了郡治宛城（今河南省南阳市）。宛城城墙坚固，

“汉并天下”瓦当（西汉，陕西栎阳遗址出土）。有专家认为可能是汉高祖建造宫殿时的建材。

很难攻克，刘邦急着入关中，就想绕过宛城，继续前进。谋臣张良劝刘邦说，宛城里还有很多秦军，如果放弃宛城，将来秦军前后夹击，形势必然危急。刘邦急忙回军继续围攻宛城。南阳郡守见无路可逃，派人与刘邦谈判。最后谈判成功，刘邦封南阳郡守为侯，郡守则将南阳郡军队交给刘邦指挥。刘邦率领军队继续前进，沿途秦朝官吏听说南阳郡守受到优待，都纷纷投降，刘邦顺利地进抵武关。

刘邦陈兵武关，准备强攻。张良劝刘邦再度采取谈判策略争取守关秦将投降。刘邦派人去与秦将谈判，这时章邯投降项羽的消息已经传来，秦将知道秦朝大势已去，便与刘邦约定，一起率军去咸阳瓜分财宝。协议达成，刘邦率军进入武关，张良提醒刘邦，投降的只是秦将本人，秦军士兵未必答应，应趁机解除秦军武装。刘邦立刻率军围攻秦军，解除了他们的武装。通过武关，刘邦仅在蓝田遭遇小股抵抗，很快便来到咸阳城下。

秦王子婴这时已无兵可调，只能搞了一场隆重的投降仪式，向刘邦投降。刘邦进入咸阳，看到宫殿里金银财宝、美女宝马，完全惊呆了，如此奢华的生活远远超出了这个平民出身之人的想象。刘邦想搬进宫殿居住，遭到萧何、张良等人的反对，他们认为留在咸阳享乐，一定会激怒项羽，更重要的会脱离民众，丧失民望。刘邦再次接受了建议，命人封存宫殿、府库，退驻霸上。

刘邦的军队攻入关中，秦地的百姓都非常害怕，他们担心楚人会报复秦人。而刘邦召集当地百姓，对他们说：“怀王与诸侯有约，先入关中者做秦王，以后我就是你们的王了，你们不用担心。秦法严苛，一律废除，我军只执行三条纪律：杀人偿命，伤人受罚，偷盗受罚。”这就是历史上著名的“约法三章”。秦人听了非常高兴，都主动来犒劳军队，盼着刘邦能做秦王。

刘邦驻扎在霸上，有人献策：“听说项羽封章邯为雍王，雍王就是秦王，显然项羽到了关中，不会让您做秦王的。不如趁项羽还没入关，派兵守住函谷关，不要让诸侯进入关中。”听到这个建议，刘邦也觉得有道理，马上派出一支队伍去防守函谷关。萧何、张良等人得知后，连连责怪刘邦行事鲁莽，项羽统领数十万大军，刘邦哪里是对手。这时候刘邦才意识到犯下大错，赶紧派人去追回命令，但为时已晚，项羽已经率领着诸侯军队攻破了函谷关，气势汹汹地来找刘邦算账了。

项羽率领诸侯的军队在刘邦军营的对面安营扎寨，号令全军：“明天早早开饭，用一天时间消灭刘邦。”项羽有一位叔叔叫项伯，跟张良是好朋友。项伯不愿意看到好友白白送死，连夜骑马来到刘邦的军营，劝张良赶快逃亡。张良得知消息，立刻通报刘邦。刘邦不知所措，急忙问张良如何是好。张良说目前唯一的办法是让项伯出面劝说项羽。刘邦立刻请项伯入帐，拜项伯为兄，恳求项伯出面调解。项伯同意调停，临走前告诫刘邦，明天一早一定要亲自来项羽军营谢罪。

第二天一大早，刘邦率领着一百多人马到项羽的军营谢罪。经过项伯一夜的劝解，项羽的怒气已经消了大半。跟刘邦交谈了一会儿，就在鸿门摆下酒宴，宴请刘邦。赴宴前，被称为“亚父”的谋士范增告诫项羽：“刘邦本来是一个无赖，当年在关东贪财好色，现在进了咸阳，财宝美女丝毫未取，可见有夺取天下的野心。此次宴会正是除掉后患的良机。”酒宴开始以后，项羽与刘邦谈笑风生，毫无要动手的意思。范增心急如焚，几次给项羽使眼色，项羽都装作没看见。范增见项羽不忍下手，急忙出帐，叫来项庄，让项庄以舞剑为名，伺机刺杀刘邦。项庄入帐，说要舞剑助兴，然后挥舞着剑逼近刘邦。项伯看出项庄是来者不善，也说要舞剑助兴，操起剑与项庄对舞，暗中掩护刘邦。张良知道久留项羽军中凶多吉少，劝刘邦赶快脱身。刘邦借上厕所之机，带着四五个亲信，也来不及叫上大队人马，从马车上随便解下来一匹马，上马就逃，四五个亲信则跟着他一路小跑。张良见刘邦走远了，回到军中，说刘邦身体不适，先走了，自己则贡献礼品谢罪。范增见刘邦逃脱，气得捶胸顿足，高喊：“夺项王天下者，必沛公也！”

刘邦在鸿门宴能够逃脱一死，首先要归功于项伯。刘邦对此牢记于心，后来做了皇帝，特地找到项伯，封他做列侯，世代享受荣华富贵。项羽虽然放过了刘邦，但是对刘邦还是心存戒心，他把刘邦分封到巴蜀去做汉王，还让秦国旧将把守关中，堵住刘邦重返中原的道路。刘邦心里知道项羽这么做是公然违背怀王之约，但自知没有实力对抗，只能接受现实，率领着人马去巴蜀就封了。至此，刘邦完成了从一介草民到诸侯的身份转变。

第三节 楚汉决战

关中分封大会结束以后，刘邦率领着部众去巴蜀就封。大军从秦岭中的栈道穿行，刘邦担心项羽反悔，派军队追杀自己，命令大军通行之后烧毁栈道，这样既可防止他人追击，也可表明自己无意返回中原。项羽觉得刘邦不可能返回中原，便带着部队回关东去了。

刘邦在巴蜀的主要工作是对部队进行改编。刘邦的部队大多是起兵之后收编的各路人马，来源非常复杂，各部队之间存在矛盾，而且执行的军制也各不相同。刘邦把各部队统一改编，把原来采用的楚式军制改变为秦式军制。封地的政治制度也采取秦制，这主要是为了适应当地百姓的风俗习惯。刘邦对秦制也不是完全照搬，而是根据现实需要做了一些修改。史籍记载，萧何在巴蜀期间重新编定秦法，定为律令九章。刘邦在巴蜀的制度改革影响深远，汉帝国建立以后很多制度的渊源都可追溯到刘邦入巴蜀时期。

刘邦在对部众进行改编的过程中，还发现了一些人才，韩信就是其中之一。韩信是楚人，很有军事才能，原本投靠项羽，多次献策都没有被采纳。韩信觉得得不到重用，在关中分封大会之后，便离开项羽，跟随刘邦去了巴蜀。韩信在巴蜀结识了刘邦的亲信夏侯婴，夏侯婴很赏识韩信，把他推荐给刘邦。刘邦并没有重视，只是给了韩信一个治粟都尉（军粮总管）的官职。韩信觉得自己的才能在刘邦这里也得不到施展，于是弃官逃亡了。刘邦军队中大部分是关东人，很多关东人因思念家乡而逃亡，丞相萧何早已见怪不怪，但当萧何得知韩信逃亡的消息时，非常吃惊。萧何之前跟韩信交谈过几次，知道韩信是不可多得的军事人才，得知韩信逃亡的消息，骑马就去追。有人不明情况，告诉刘邦说丞相逃跑了，刘邦惊慌失措。过了两天，萧何回来了，刘邦又惊又喜，责备萧何为何逃亡。萧何说去追韩信了，这才让刘邦重视起韩信。刘邦把韩信叫来，相谈甚欢，当即拜韩信为大将军，就是汉国最高军事统领。当拜将的仪式举行时，大家看到新任大将军是韩信，都非常吃惊。

韩信出任大将军，做的第一件事就是力劝刘邦出兵关中。韩信分析形势说，

汉代鎏金“中国大宁”神兽纹铜镜（长沙市出土）。有“中国大宁，子孙益昌”铭文，表达了对和平兴旺的渴求。

军中将士以关东人居多，他们都渴望能早日回到家乡。目前占据秦地的章邯、司马欣、董翳对于二十万秦军被坑杀负有责任，秦地百姓恨之入骨。大王之前初入关中时，秋毫不犯，与当地百姓约法三章，秦地百姓都渴望大王做秦王。汉军如果顺应本军将领和秦地百姓的意愿，一定马到成功。刘邦听了非常高兴，立刻集结部队准备反攻关中。

对于汉军如何返回关中，韩信也出了一条奇谋。他让刘邦派少量部队去修栈道，做出一副要通过栈道反攻关中的架势，而主力部队则从嘉陵江河谷偷偷翻越秦岭。这就是著名的“明修栈道，暗度陈仓”的故事。章邯、司马欣、董翳等人得知汉军重修栈道，都笑刘邦愚蠢。秦岭山高谷深，栈道没有三年五载根本修不成。就在三人自认为高枕无忧的时候，前方传来汉军已翻越秦岭，陈兵陈仓（今陕西省宝鸡市）的消息。汉军反攻关中距离刘邦入巴蜀，仅仅才过了四个月的时间。

章邯听说刘邦已经进入自己的地界，立刻率军沿渭河布防，结果被刘邦击败。章邯撤出陈仓后，试图组织反攻，但秦地百姓都不肯为他卖命，纷纷投奔汉军。章邯见无力反击，率残部固守都城废丘（今陕西省兴平县），派人去找项羽求援。项羽分封的雍、塞、翟三国，以章邯的雍国疆域最大，约有秦代的内史西部、北地、陇西三郡之地。刘邦仅用了不到两个月时间就平定了雍地，司马欣、董翳以及项羽分封的河南王申阳自知不是刘邦的对手，纷纷投降。而在刘邦平定关中的同时，他还命部将率领一支部队出武关，攻打南阳郡。南阳郡的很多官员在当年受到刘邦优待，听到刘邦的军队来了，马上归附。刘邦几乎不费吹灰之力就控制了南阳郡。南阳郡的东面是项羽自领的淮阳郡，项羽听说刘邦平定了南阳郡，立刻派兵去增援淮阳郡。刘邦则命令部队停止东进，因为他不希望与项羽直接交锋。

刘邦反攻关中的军事行动完全验证了韩信的预测。不到一年的时间，刘邦就控制了关中，还控制了关外的河南、南阳两郡，故秦地已完全被刘邦收入囊中。

在刘邦反攻关中的时候，章邯、司马欣、董翳不断派人向项羽求救，而项羽始终没有派兵增援。并非项羽不想搭救三人，而是项羽正忙着与齐国的战争，实在无力西顾。另外，刘邦出兵关中后，张良写信给项羽，解释刘邦出兵关中是为了兑现怀王“先入关中者王之”的诺言，没有回关东争霸的打算。项羽觉得，齐国比汉国的威胁更大，所以全力投入对齐国的战争。

刘邦能够顺利平定关中，项羽没有进行军事干涉是重要原因，而项羽没有出兵干涉是因为忙着与齐国打仗。那么楚国与齐国又是如何交恶的呢？当初陈胜起兵反秦的时候，齐人田儋也起兵响应，自立为齐王。后来章邯率秦兵攻打周市建立的魏国，田儋亲率大军救援，结果被章邯击败，田儋战死。齐人听说田儋已死，就另立田假为齐王。田儋的弟弟田荣非常生气，认为齐人忘恩负义，于是起兵推翻了田假，另立田儋的儿子田市为齐王，田假则逃奔项梁。项梁与章邯作战，要田荣出兵相助。田荣以交出田假为条件，被项梁拒绝，田荣于是拒不出兵。项梁最后战败身死，项羽认为田荣要负责任，双方由此结下私仇。后来项羽在巨鹿一战成名，成为诸侯将领推举的盟军领袖。田荣不想得罪项羽，派部下田都率领部队跟随项羽入关灭秦。但项羽在关中召开分封大会时，公报私怨，分封田都做齐王，还封了一个曾经帮助过项羽的齐国遗族田安为济北王，让田荣辅佐田市去做胶东王。本来田荣控制了整个齐国，现在齐国竟被项羽瓜分为三国，田荣大怒，拒不执行盟约，出兵杀掉了田安，赶走了田都。田市因为畏惧项羽，抗楚意志不坚决，也被叔叔田荣杀掉，田荣自己做了齐王。田荣重新控制了齐国，与项羽公开决裂。他出兵辅佐陈余赶走了项羽分封的常山王张耳，还怂恿梁地的武装头目彭越反楚，实际上形成了以田荣为核心的反楚联盟。

田荣公然挑战自己的霸权，项羽自然不答应，马上出兵攻打田荣。项羽兵势很盛，在城阳（今山东省临沂市）击败田荣。田荣兵败，逃亡途中被地方豪杰杀死，项羽占据了齐地。但是楚军纪律太差，如同在咸阳一样，所到之处烧杀抢掠。齐人很快聚众反叛，其中田荣的弟弟田横势力最大，项羽率领大军忙着在齐地四处平叛，对西方无暇顾及。

刘邦控制了秦地，并没有停止东进的脚步。汉军首先渡过黄河，进入河东（今山西省）。控制河东的魏王魏豹立刻归附。随后刘邦又灭亡了殷国，活捉了殷王司马卬，设置河内郡。当刘邦率军进入洛阳的时候，获知了义帝熊心被项羽谋害的消息，于是公开为义帝发丧，号称要讨伐项羽，为义帝报仇。这时候项羽正陷于齐地剧烈的战事之中，不能自拔。刘邦认为这正是一举击溃项羽的良机，他动员了秦地所有的军队，率领着魏豹、司马欣、申阳、董翳、司马卬五位降王，浩浩荡荡地向楚国开进，轻松地占领了楚国的都城彭城。

刘邦率领六十万联军占领彭城后，认为项羽的退路已被截断，楚国大势已去，于是效仿项羽当年在咸阳的做法，在彭城举行分赃大会，日夜饮酒庆祝。项羽得知刘邦占领彭城，留下部将与田横等人签约谈和，亲率三万精兵直奔彭城。刘邦根本没有想到项羽会马上杀回来，还在彭城宴饮，听说项羽已经攻占了彭城西部的萧县，大惊失色，急忙调集军队，但为时已晚，项羽已经攻入彭城。彭城内的汉军阵脚大乱，慌乱地向城北跑。彭城北是谷水、泗水，汉军一时无法渡河，被楚军追上，在河边乱作一团，被楚军杀掉十余万人。剩下的数十万汉军又往城南跑，在撤退到睢水河畔时又被楚军追上，汉军顾不得反击，拼命渡河，在河水里前推后挤，相互踩踏，又死了十余万人，睢水的河道都被汉军堆积如山的尸体堵塞了。刘邦虽然侥幸渡河，却被追击的楚军团团围住。就在刘邦认为死期已到的时候，突然天色骤变、狂风大起。刘邦趁乱率领着骑兵数十人逃脱出来，一路向西狂奔。刘邦在逃经丰邑老家时，不忘带上父母妻子，结果刚出丰邑，就被楚军追上。刘邦与家人走散，为了方便逃跑，几次丢下儿女，幸得夏侯婴保护，才使他们免于沦落楚军，而他的妻子和父亲则做了楚军的俘虏。

刘邦一路失魂落魄，逃到下邑（今安徽砀山县北）遇到小舅子吕泽率领的部队才暂时脱离危险。等到刘邦退回荥阳，他率领的六十万联军，只剩下不到一万人了。刘邦的六十万大军被项羽率领的三万人全部消灭，这令刘邦威严扫地，项羽则重振威名。跟随刘邦出征的降王司马欣、申阳、董翳、司马卬，在阵前直接投降了项羽。魏豹虽然跟随刘邦逃回荥阳，但也对刘邦失去了信心，他借口回国探望老母，一回国就下令封锁津关，叛汉降楚。就连之前跟楚国交恶的齐国、赵国也归附了楚国。

彭城一战，汉军主力尽失，已经无力抵抗楚军的进攻。在此危难之时，谋士起到了关键作用。谋士随何自告奋勇，成功说服九江王英布叛楚归汉。项羽听说英布反叛，急忙调集主力去攻打九江国。英布不是项羽的对手，很快亡国归汉，虽然反楚失败，但英布还是为刘邦赢得了几个月休整的时间。

刘邦返回关中重整部队，为了消除后患，他集中兵力攻破了废丘城，章邯自杀。可怜章邯固守孤城近一年，到死也没有等到项羽的救兵。刘邦重整旗鼓，再度出关，在荥阳与项羽对峙，另派大将韩信去攻打魏豹。韩信的出征异常顺利，因为魏豹轻视韩信，很快兵败被俘。韩信平定了魏地，北上攻代，代国也很快平

秦俑坑战车俑的各种神态

定了。随后韩信偕张耳下太行山攻赵。赵王赵歇、陈余则聚兵井陉口，迎战韩信。陈余未能吸取魏豹的教训，也没把韩信放在眼里。两军交战时，见韩信背水布阵，连连嘲笑韩信连打仗的基本道理都不懂，犯了兵家大忌。陈余哪里知道，这是韩信有意为之。韩信此前早在赵军军营附近安排了伏兵。汉赵两军正式交战后，汉军假装战败后撤，赵军见汉军败退，倾巢出动，争相抢夺战利品。韩信安排的伏兵这时出击，占领了赵军大营，拔掉赵的旗帜，插上汉的旗帜。赵军见大营被占领，一下乱了阵脚，汉军则因为退到水边，无路可退，反而越战越勇。两路汉军夹攻，赵军全军覆灭，陈余被斩杀，赵歇被活捉。这就是著名的“背水一战”。

韩信平定了赵地，向刘邦申请封张耳为赵王镇抚赵地，得到批准。韩信则率领大军在赵地休整。“背水一战”使韩信威名远扬，燕国派来使者表示愿意听从韩信调遣。韩信在河东、赵地进军一帆风顺，而刘邦的日子却不好过。刘邦在荥阳与项羽对峙，几次出击没有成效，反而被楚军团团围住，不能脱身。眼看荥阳城里的军粮消耗殆尽，刘邦命将军纪信装扮成自己，出东门诈降。楚军听说刘邦投降，都跑到东门看热闹，刘邦趁乱带着骑兵数十人出西门一路跑回关中。刘邦回到关中，再整军队，出武关，驻兵南阳郡。这时彭越等人在梁地反楚，经常切断项羽大军的粮道，项羽回军击溃彭越，刘邦则北上进驻成皋（今河南省巩义市东北）。项羽击溃彭越后，立刻追击刘邦，攻克荥阳，又把刘邦围困在成皋。刘邦再度使出金蝉脱壳的计策，与夏侯婴两人驾车出城渡黄河，奔赴修武（今河南省获嘉县）的韩信军营，夺取了韩信的精兵，然后驻兵黄河北岸，不断派兵渡河，配合彭越接连攻取了梁地数十座县城。

刘邦收夺韩信精兵，让韩信率领剩余的部队去攻打齐国。刘邦除了派韩信武力征讨，还派谋士郦食其去劝降。郦食其成功说服齐王田广归附汉国。齐王下令边境的部队不再设防，并在临淄宴请郦食其。韩信率军来到齐国边境，听说郦食其已经劝降齐国，准备撤军。军中谋士蒯通对韩信说：“将军领军在外，风餐露宿，无功而返。而郦食其一介书生，占得头功。不如我们趁机攻齐，抢回功劳。”韩信听从了蒯通的建议，率军攻入齐国，齐军毫无防备，被韩信消灭。田广、田横大怒，烹杀了郦食其，率残部退守高密，派人向楚国求救。

项羽深知，如果齐国灭亡，楚国将孤立无援，于是命大将龙且率领十余万楚军精锐去救齐国。龙且在高密与田广会合，有人建议龙且固守，待汉军疲敝再出击。而龙且却说：“韩信以前是我的属下，胆小怕事，我亲率大军，他必不敢迎战，何必防守。”而这时的韩信早在潍水设下圈套。韩信之前派人在河流上游用沙袋筑成水坝蓄水，然后下令大军渡河攻打龙且。汉军刚与楚军接触就佯装败下阵来，龙且率军渡河追击，大军正在渡河，韩信命人拆掉水坝。河水奔泻而下，把楚军冲散，然后韩信率军反击，攻下高密，杀死龙且，活捉齐王，率军一路追击到城阳，十几万楚军大多做了汉军的俘虏。

这时的刘邦还在荥阳一线与项羽对峙，听说韩信平定了齐地，盼着韩信尽快率兵南下，结果只等到韩信派来的一个使者。使者对刘邦说，韩信认为齐地百姓难以顺服，希望让他做齐王。刘邦知韩信坐拥数十万大军已有叛心，只能顺水推舟封韩信做齐王。

韩信平定了齐地，还未率军南下。项羽知道这时天下局势如何发展，完全取决于韩信一人，于是接连派了几批使者劝韩信脱离刘邦，三分天下。韩信感念刘邦对他的重用，坚持不反，项羽只能扼腕叹息。

项羽眼见各路诸侯，或是被刘邦消灭，或是归附刘邦，楚国孤立无援，已无重取天下的可能，于是派人去与刘邦谈判。最后双方约定以鸿沟为界，平分天下。项羽把刘邦的父亲妻子归还，率大军回国了。刘邦也想率军回关中，张良、陈平连忙阻止，说此时楚军疲敝，诸侯又都听命于汉，正是消灭楚国的好机会，等日后楚军恢复元气，就再也没有这样的机会了。刘邦听从了劝告，立刻发兵追击楚军。项羽完全没有想到刘邦会出尔反尔，被汉军围困在阳夏（今河南省太康县）。这时的楚军还具有很强的实力，汉军几次攻打都没有成效。刘邦征调彭越、韩信来增援，两人却按兵不动。楚军开始反攻，反而把刘邦围困。刘邦无奈，听从张良的建议，传令分封彭越为梁王，把淮阳、泗水、东海三郡赐给韩信。韩信、彭越得令立刻发兵。项羽闻讯，自知无法抗衡，马上撤军东逃。这时楚国后方的大司马周殷反叛，率军北渡淮河，把项羽截击在垓下（今安徽省灵璧县东南）。刘

陶俑身上的陶文。从陶文中可知秦始皇陵的建造与兵马俑的塑造所使用的技术人员是从各地征调而来的。

邦率领彭越、韩信也赶到，把项羽团团围住。

项羽被汉军团团围困在垓下，无法脱身，随军携带的粮食也消耗殆尽。刘邦为了彻底击垮楚军的斗志，命全军高唱楚歌。项羽和属下听到四面楚歌非常惊讶，以为楚地已经全部沦陷，全军士气低迷。项羽知道久困在垓下是死路一条，于是挑选了八百名精锐骑兵，与自己喜爱的虞姬告别，决心突围。

一日深夜，项羽率八百骑兵冲出军营，突破汉军防线，向南方突击。直到第二天清晨，刘邦才知道项羽突围，立刻命令大将灌婴率领五千骑兵追击，这时项羽已经渡过淮河。但事有不巧，项羽在阴陵（今安徽省定远县）一带的沼泽中迷失了方向。等项羽一行从沼泽中出来，已经被汉军追上。项羽且战且撤，退到东城（今安徽省滁州市）时，身边只剩下二十八名骑兵。项羽不甘失败，重整旗鼓，将二十八名骑兵分成四队，向四面突围。数千汉军竟毫无招架之力，被楚军杀伤数百人。待项羽率领部下突出东城时，只损失了两名骑兵。

项羽一行来到长江，乌江亭长正在江岸边泊舟等待。亭长劝项羽赶快上船，项羽却仰天长叹："我当年率八千会稽郡子弟过江反秦，今日孤身一人返回，有何面目复见江东父老。"项羽决心战死，辞别了亭长，命仅存的二十余位将士下马持剑，返身重新与汉军厮杀。项羽一人斩杀汉军百余人，自己也身受重伤。项羽无力再战，望着将他团团围住却不敢靠前的汉军士兵，突然看到自己当年的部下吕马童。他对吕马童说："听说刘邦以封侯来换取我的人头，今天成全了你吧。"项羽自刎而死，汉军士兵争相抢夺项羽尸体，最后有五个人各抢到一块尸首，五人后来全部被刘邦封为列侯。楚汉决战最后以项羽败亡而告终，而刘邦终于实现了自己的夙愿，取代项羽，成为主宰天下的领袖。

第四章　西汉的建立

第一节　天下秩序的重建

项羽的败亡使刘邦无可争议地成为天下共主。在刘邦率军西返的途中，部将和诸侯王们不断上书，请刘邦称帝。刘邦假意推辞了几次后，在汜水河畔举行了登基仪式，即皇帝位，宣布定都洛阳。刘邦成为继秦始皇、秦二世之后，中国历史上的第三位皇帝。

刘邦虽然称皇帝，但他这个皇帝与秦始皇还是有所不同。秦始皇以暴力消灭六国，六国故地全部处于皇帝的实际控制之下。而刘邦是被各国诸侯推举为皇帝的，只能控制自己的领地，并不能对诸侯领地实行管理，所以这个时候刘邦这个皇帝只能算是盟主，与项羽自称的“霸王”没有什么差别。

作为回报，刘邦又搞了一次分封大会，确认了诸侯们的地位。刘邦分封彭越为梁王，改封齐王韩信为楚王，封张耳之子张敖为赵王，改封项羽所封衡山王吴芮为长沙王，封英布为淮南王，项羽所封的燕王臧荼因主动归附而继续做燕王。不过对于臧荼，刘邦仍然不放心，不久率兵攻灭了燕国，改封亲信卢绾为燕王。

天下平定以后，刘邦认为该是休养生息的时候了，于是接连下发命令。命令大意是要求各路诸侯罢兵归国；赦免天下的奴婢为庶民；赦免天下刑徒和盗贼的罪行，允许他们重回家乡生产。对于汉军士兵，除了允许返回故乡生产，还给予一系列优惠措施，如赐爵、免除徭役赋税等，奖励他们为汉国所作的贡献。对于家乡在诸侯境内却在汉军服役的士兵，则鼓励他们留在汉国。

“千秋万岁”瓦当（西汉，陕西兴平茂陵博物馆藏）。

经过一系列分封和颁政，刘邦认为天下大局已定，于是在洛阳接连设宴，饮酒狂欢，还让大臣们归纳总结自己夺取天下的经验，可谓志得意满。对于刘邦的盲目乐观，娄敬有较为清醒的认识，他提醒刘邦说：“当今关东诸侯并立，洛阳地处关东，若天下有变，难以自存。关中四塞险固，居关中可以扼制关东，应当定都关中。”刘邦的手下都是关东人，反对迁都关中，刘邦特地去征询张良的意见。张良认为娄敬的意见可取，刘邦于是下令迁都关中，在渭河南岸营建新的都城。因为都城营建尚需时日，所以刘邦仍然居住在洛阳。

汉朝刚刚建立，还有许多制度需要完善。先来说说礼制。刘邦起于平民，再加上多年戎马征程，初时军中没有多少礼数。诸将领又大多是刘邦的同乡，平日与刘邦同吃同住，没有什么尊卑概念。刘邦在洛阳大会宴饮时，就像乡村篝火晚会一样，乱作一团。群臣有耍酒疯的，有大呼乱叫的，有连唱带跳的，还有拔剑击柱的。刘邦看了，觉得实在不成体统。儒士叔孙通建议刘邦建立礼法，刘邦就让他去设计。叔孙通在秦代的宫廷中做过博士，对宫廷礼法较为熟悉，于是在秦礼的基础上加以改定，建立了一套新礼法。刘邦让群臣试行叔孙通编定的礼法，叔孙通对群臣进行严格培训。高帝七年（前 200），长安长乐宫完工，刘邦在新落成的宫殿举行朝会，试行叔孙通制定的礼法。只见殿堂之上仪仗威严，群臣入堂、登殿、就座皆有秩序，诸侯大臣依次奉贺，莫不庄严肃穆。皇帝赐酒食，群臣按尊卑敬酒，无人醉酒喧哗。刘邦见此场景，感叹道：“我今天才真正尝到做皇帝的滋味。”

刘邦在争夺天下时，为了让群臣能够为他出生入死，许诺功臣在天下平定后可以裂地分疆为诸侯。刘邦称帝后，要兑现他的诺言。由于秦朝废除了分封，没有现成的制度可以借鉴，刘邦于是对秦代的军功爵制度进行改造。秦代为了鼓励百姓获取军功，设立了二十级的军功爵，最高一级叫列侯。刘邦赐功勋卓著的将领以列侯爵，先后分封了一百余个列侯，还为每一位列侯配备了一块封地。这种封地叫侯国，是汉代特有的封建形态。列侯是侯国内的最高统治者，侯国可以世代承袭。著名先秦史学者杨宽曾根据秦代设有列侯，称秦代并没有废除分封，这种说法并不正确。因为秦代的列侯与汉代的列侯不同，秦代的列侯只有食邑，所谓食邑是指皇帝把某一块地域内百姓的租税赏赐给列侯，列侯并不能统治这些百姓，而且食邑不能世袭，食邑跟封国不是一回事。杨宽没有区分食邑与侯国的差别，所以才会误认为秦代仍然有分封制度。

刘邦虽然坐上了皇位，但他觉得皇位不牢靠，因为关东还有很多诸侯。诸侯拥兵自重，实力强大。刘邦深知，项羽就是被自己联合诸侯消灭的。有朝一日，这些诸侯完全有可能联合起来，像消灭项羽一样消灭自己，所以刘邦一心想着要除掉这些诸侯。诸侯中，最让他猜忌的就是韩信，韩信军事才能突出，而且在楚汉决战末期已经显露出难以驾驭的趋势。现在韩信做楚王，领有项羽故国，怎么看都有可能成为第二个项羽。

高帝六年（前 201），有人告发韩信谋反。刘邦决定除掉韩信，并准备集结军队征讨。陈平认为韩信善于用兵，如果进行武力征讨，汉军必然伤亡惨重，最好智取。陈平献计刘邦，让刘邦假称去云梦泽游猎，然后途经陈县，陈县是韩信的领地，韩信必然去接驾，届时可以寻机捉捕。一切如陈平所料，刘邦抵达陈县后，宣布要在陈县大会诸侯。韩信不知有诈，前往赴会，结果被刘邦当场扣押，带回洛阳，贬为列侯。

以楚王韩信的废除为契机，刘邦对天下又进行了一次重新划分。刘邦把楚国一分为二，北部分封弟弟刘交为楚王，南部分封同宗刘贾为荆王。同时分封自己

“日月同光”字纹砖（西汉，西安市建章宫旧址出土）。篆铭“延年益寿，与天相侍，日月同光”，反映当时人们的渴求和愿望。

叠鼓形战争场面盖铜贮贝器（西汉，云南晋宁县石寨山出土）

的长子刘肥为齐王，分封自己的哥哥刘仲为代王。刘邦此举，首开分封同姓诸侯王的先河，打破以往以军功封王的原则。

高帝七年，匈奴大举出兵，围攻韩国、代国，韩王信投降，代王刘仲则弃国逃回洛阳。刘邦亲征匈奴，平定了韩国故地和代地，刘邦改封自己的儿子刘如意为代王，韩国则被废为太原郡，由汉廷直辖。异姓诸侯韩国被消灭。刘邦在从代国返回洛阳的途中，经过赵国。赵王张敖娶了刘邦的女儿鲁元公主，所以执女婿之礼，对刘邦非常恭敬，亲自奉食请安，而刘邦则没有把张敖放在眼里，呼来唤去。赵国丞相贯高看不过去，要刺杀刘邦。张敖闻讯大惊，急忙阻止。贯高认为张敖胆子太小，决心单干。第二年，刘邦率军出征北疆，返京途中又路过赵地。贯高在刘邦必经之地柏人（今河北省内丘县）布下刺客。一旦刘邦住下，便在宿地行刺。皇帝车队正准备留宿，刘邦听到“柏人”这个地名，觉得不吉利，命车队继续前进，贯高的计划没有得逞。高帝九年，贯高的仇家把其图谋行刺之事报告给刘邦。刘邦大怒，下令逮捕张敖、贯高，废张敖为列侯，改封代王刘如意为赵王，赵国被从异姓诸侯手中取回。

高帝十年（前197），代国相国陈豨反叛，一时兵锋很盛，占据了代、赵两国之地，刘邦再度亲征。刘邦通告梁王彭越领军助战，彭越称病不去。刘邦由此怀恨彭越，决心除掉他。正巧梁国官员举报彭越有谋反之心，刘邦派使者去见彭越，当场将其逮捕，押送回洛阳治罪。彭越最后被判流放。彭越在被押往巴蜀的途中，遇到了吕后，便向吕后求情。吕后把彭越带回洛阳，对刘邦说：“彭越是一个壮士，不如杀掉以免后患。”刘邦下令把彭越剁成肉酱，还把肉酱分发给诸侯，异姓诸侯国梁国也被消灭。

就在刘邦逮捕彭越的同时，韩信也被处死了。原来自从被废为列侯，韩信心中一直不满。高帝十年，刘邦出征代地，韩信想趁机联合家奴释放长安刑徒，捕杀吕后、太子。不巧家奴走漏了风声，吕后闻讯，不知如何是好，征询相国萧何的意见。萧何谋划诈称刘邦平叛归来，让列侯入贺。韩信不知是计，刚入宫，就被卫士逮捕斩杀。当年韩信能够得到刘邦重用，乃是仰仗萧何的举荐，而最终又被萧何设计处死，这就是成语“成也萧何，败也萧何”的由来。

彭越、韩信都被处死，淮南王英布知道，下一个目标必然是自己。淮南国的大臣们对此也心知肚明。淮南国中大夫与英布关系不和，潜逃到长安告发英布谋反。英布知道自己难逃一死，索性发兵反叛。

英布也是一个将才，为了消除后患，他先发兵攻灭了荆国，杀死了荆王刘贾，又出兵攻打楚国，想一统楚地。楚王刘交也不是英布的对手，被围困在彭城。好在刘邦率大军及时赶到，在蕲县击败了英布。英布率残部投奔自己的小舅子长沙王吴臣，被吴臣设计斩杀。异姓淮南国也被消灭了。英布死了以后，异姓诸侯王就只剩下燕王卢绾和长沙王吴臣了，这时很多人都告发卢绾谋反，刘邦征召卢绾到长安来。卢绾担心落得与彭越、英布同样的下场，只能逃亡匈奴。卢绾本想等刘邦怒气消除之后，入京谢罪，但不久却听到刘邦驾崩的消息。卢绾再也不敢返回中原，最后终老于匈奴。

在消灭梁国、淮南国、燕国的同时，刘邦陆续分封自己的儿子刘恢为梁王、刘友为淮阳王、刘长为淮南王、刘建为燕王。既然刘邦深知诸侯对帝位构成威胁，为何不效仿秦始皇，废封建，行郡县呢？原来秦朝灭亡以后，大家总结秦朝灭亡的经验，都认为不搞分封是秦朝迅速瓦解的原因，所以项羽灭亡了秦朝，就立刻恢复分封。这在刘邦的思想中也是根深蒂固的，所以他从来没有想过要把整个天下纳入汉廷直辖，他所能想到最理想的方法，就是效仿西周，把自己的子弟分封为诸侯，通过血缘来维系诸侯与朝廷的关系。到了最后，除了长沙王以外，所有的诸侯王都是刘姓子弟，刘邦的构想已经基本实现。

钺盾武士斗兽画像石（汉代，陕西米脂县官庄出土）。画面有虎豹熊罴与张弓执钺、举盾猎射的武士组成的拼搏场面，表现了汉人的尚武精神。

高帝十二年，刘邦与朝臣在宗庙杀白马、立盟誓，立下“非刘氏而王，天下共击之”的誓约，确立了汉代同姓封王的基本国策。

早在秦始皇统一天下，考虑国家体制时，李斯曾以西周末年同姓诸侯反叛的历史教训告诫秦始皇分封同姓并不可靠。刘邦也有类似的担忧，于是又推出了一系列旨在压制关东诸侯王国的政策。刘邦的这些政策，当时被称作“孽诸侯”政策。“孽”有为害、压制之意，所谓“孽诸侯”就是打压诸侯。就目前的研究来看，“孽诸侯”政策包括多项内容。如人口迁徙政策，刘邦规定关东六国遗族、富商大贾、在朝中任官的高级官员一律迁徙到关中，这是为了防止关东豪强拥立诸侯反叛；如关津制度，刘邦恢复了战国末年秦国的关津，利用对关津的严格管控，防止关西人口、战略物资（特别是马匹）流入关东诸侯王国；如侯国分封政策，刘邦在关东诸侯王国境内分封了大量侯国。侯国享有完全独立的地位，在王国境内分封侯国，就意味着削夺王国领土。像齐王刘肥原本封有七十二城，但刘邦陆续在齐国境内分封了二十余个侯国，齐王等于流失了三分之一的封地。

与异姓诸侯相比，汉廷对同姓诸侯的控制也加强了。原本异姓诸侯可以根据本国的实际情况去制定适合国情的法律，也可以采取不同的制度。但刘邦规定同姓诸侯国必须施行汉制，这样便利于汉廷政策的下达。同姓诸侯还要定期去长安朝见皇帝。同姓诸侯王的丞相必须由皇帝委派，这样王国丞相就成为汉廷利益的代表。虽然刘邦采取了一系列强化控制的措施，但诸侯王国的独立性还是得到保护，王国基本上还是独立的国家，诸侯王可以任命国内除丞相以外的所有官员，也可以调动王国军队，王国百姓只为诸侯王纳税服役，无需对汉廷尽义务。二十世纪八十年代，在湖北省荆州市张家山汉墓出土了一批竹简，这批竹简以法律文书为主，其中有很多防范诸侯王国的条文。学者最初认为这些竹简写成于战国时代，随着内容的逐渐公布，大家才意识到这是西汉初年的法律。这些法律反映了西汉初年汉廷与诸侯国基本是对等的国与国的关系，而非中央和地方的关系，这大大突破了学界以往对汉代历史的认识。

为了防止关东诸侯凭借天然山川割据，刘邦还对诸侯王国的边界进行调整，使诸侯王国边界相互交错，当时叫作“犬牙相入”，这样诸侯王国就无法利用天然山川割据。经过刘邦的一系列规划，形成了以汉国为核心，以关东同姓诸侯为屏障，诸侯王国与汉廷通过血缘维系宗主关系的天下格局。一个全新的天下秩序建立起来了。

第二节　汉朝与周边民族政权的关系

刘邦称帝以后，构建了全新的天下秩序。但当时人们心目中的天下，除了中原华夏地区，还包括中原周边民族建立的各种政权。在秦代，王朝对周边民族政权采取军事征服的态度。而在汉初，由于刚刚经历内战，新建立的王朝无力控制民族政权，于是采取较为温和的态度，承认这些民族政权的独立地位，与他们开展和平外交，对他们的要求仅仅是承认汉帝的天子地位，并定期入贡纳献而已。这一节就来讲讲新建立的汉朝与周边民族政权之间的关系。

汉代对中原王朝影响最大的民族政权是北方游牧民族——匈奴。匈奴大约崛起于战国末年，很快成为中原各国的北部边患。秦代的匈奴虽然有较强实力，但是匈奴东方的东胡和西方的月氏都是很强大的部族。匈奴在秦、东胡、月氏的挤压下，生存较为艰难。特别是秦始皇命蒙恬率数十万大军夺取河南地，使匈奴丧失了大片草场。秦末天下大乱，秦朝的戍边部队都被调到中原平叛，边疆空虚，匈奴趁机夺回河南地，重新控制战国故塞之外的土地。

就在刘邦集团在中原逐渐壮大并夺取天下的时候，匈奴也在首领冒顿单于的率领下开始了统一北方草原的军事进程。冒顿是一个铁腕人物，他从小作为匈奴的人质被送到月氏，吃尽了苦头，但也磨练了他的意志。冒顿后来逃回匈奴，杀掉自己的父亲头曼单于，成为新单于。冒顿卧薪尝胆，表面上对东胡、月氏委曲求全，暗地里却在积蓄力量，伺机反攻。

彩绘持盾俑及指挥俑（西汉，咸阳市杨家湾汉墓出土）

冒顿单于最后终于一举攻灭了东胡，赶走了月氏，统一北方草原各游牧部落，一时控有精兵三十万。

匈奴统一了北方草原，开始向中原渗透，北方的韩国、代国因为与之紧邻，遭受的打击最为严重。韩王信被迫投降匈奴，代王刘仲弃国逃回洛阳。高帝七年，刘邦决定与匈奴开战，亲率四十万大军征讨。刘邦率领军队很快收复被匈奴占据的韩国故地，继续向代国挺进。这时的冒顿单于采取诱敌深入的策略，命令部下主动撤退，还故意向汉朝使者展示老弱病残，伪装自己实力不济。刘邦没有把匈奴放在眼里，虽然谋士娄敬看出其中有诈，不断提醒，但刘邦根本不相信，依然轻敌冒进，最后被匈奴引诱到平城白登山（今山西省大同市）包围。刘邦指挥大军数次突围都没有成功，又逢北方气温突降，大军冻伤惨重，一连被匈奴围困七天，没有任何逃脱的希望。刘邦只好派智囊陈平去跟冒顿单于谈判，世传陈平与单于达成秘密协议，单于最后撤围，刘邦才狼狈逃回中原。

关于陈平与匈奴达成的“秘计”，史籍没有记载。后来小说家者流传一种说法，但显然不合情理。从后来汉朝与匈奴的交往来看，陈平与匈奴达成的秘密协议应该主要包括三项内容：一是刘邦与冒顿单于结成兄弟；二是刘邦把自己的女儿嫁给单于；三是每年奉送大量金银财宝，换取与匈奴的和平关系。秘密协议的达成，使汉朝与匈奴达成形式上的和平。之所以说是形式上的，是因为匈奴对和约的执行并不认真，时常袭扰汉朝边疆，还暗地支持中原反叛势力。刘邦在位末年，陈豨、卢绾反叛都得到匈奴的支持，对此汉朝也没有办法。刘邦去世以后，冒顿单于写信给吕后，极为荒唐地表示想与已经当了祖母的吕后成亲。冒顿的做法被满朝大臣视为奇耻大辱，但当时汉朝实在无力与匈奴对抗，吕后只能婉言回绝，厚赐财宝了事。直到汉武帝之前，匈奴与汉朝的基本关系就是如此，汉朝与每一位单于和亲，并定期奉送财宝，但换取的只是一时的和平，匈

甘肃安西县西部二号烽燧

奴对汉朝的袭扰从来没有停止过。

汉朝的对外关系，常常是“胡”、“越”并举，“胡”指的是北方的匈奴，“越”指的是南方的百越。秦代，秦始皇通过军事征服，基本降服了百越，并在百越地区设立郡县。秦末天下大乱，朝廷在越地设置的郡县基本都处于失控状态。东越首领摇和闽越首领无诸先后起兵反秦，杀掉秦朝派驻的官员，还率领军队进入中原，参与了灭秦战争。秦朝灭亡后，项羽分封天下，摇和无诸希望项羽能分封自己做王，但项羽没有理会。摇和无诸因此怨恨项羽，楚汉相争时，两人转而支持刘邦。刘邦平定天下，满足了两人的愿望，分封无诸做闽越王，摇为东海王，让他们统领自己的部众，建立独立的国家。东海国和闽越国与汉朝的关系较为融洽，没有发生较大的冲突。汉初，东海国和闽越国分别与吴国、淮南国接壤，双方人员、贸易往来频繁，吴、淮南两国境内还有很多越人定居。

在汉朝与百越各政权的关系中，最重要、也是最特殊的是与南越国的关系。秦代，秦始皇出兵灭亡了南越，派数十万大军驻守当地。秦末天下大乱，二世皇帝征调南越的边防军北上中原，参与平叛。南海郡尉任嚣没有执行命令，而是把属下赵佗叫来，嘱咐道：“目前中原大乱，群雄并立，未来不可预知。我计划聚兵自守，静观其变。现在我重病在身，时日不长，希望足下能接替我，保护驻守在南越的数十万中原人。”任嚣任命赵佗代理南海郡尉。不久，任嚣病逝，赵佗下令封锁南越与中原的道路，同时发兵控制了桂林、象郡，据有整个岭南。秦朝灭亡的消息传来后，赵佗自立为南越王，对境内的越人部落则称大长老。赵佗采取从俗而治的方略，对中原人采取秦法，对越人则采取越人的法律。

与其他的越人王国不同，南越国是以中原人为主体建立的。再加上南越国继承了秦国的数十万大军，军事实力很强，所以刘邦非常重视与南越国的关系。高帝十一年（前196），刘邦命谋臣陆贾出使南越国。司马迁记述，赵佗最初没有把汉朝放在眼里，初见陆贾时，穿着越人的服装，言语非常不恭敬。陆贾则镇定自若，向赵佗历数刘邦起兵后的武功，还警告赵佗，如果不臣服，汉朝将调集数十万大军攻灭南越。这招果然奏效，赵佗马上向陆贾道歉赔罪，表示愿意归附汉朝。陆贾最后代表汉廷册封赵佗为南越王，与赵佗约定互不侵犯。

南越国与汉廷的关系是比较宽松的，南越国只是在名义上承认汉帝的天子地位，对汉朝不承担任何义务。吕后执政时期，南越国与长沙国发生边境纠纷，吕后下令断绝同南越国的贸易，还派兵屯驻长沙国南境，摆出要攻打南越国的架势，这时赵佗与汉朝彻底断绝关系，自称武帝，还不断出兵袭扰长沙国边境。文帝即

贡纳场面贮贝器（汉代，云南晋宁县石寨山出土）。器上有人像十七个，按服饰形态可分七组，明显是七个不同民族。

位以后，再次派陆贾出使南越国，修复与赵佗的关系。双方约定恢复高帝时代的两国关系，汉朝解除对南越国的经济封锁，赵佗则去帝号，名义上归附汉朝。

汉代，在今天朝鲜半岛北部，有一个名叫“朝鲜”的政权迅速崛起。朝鲜本来是东北夷人建立的一个政权，据传周代曾向周天子纳贡，愿做周朝的诸侯。战国末年，燕国在东北开疆拓土，朝鲜归附燕国。秦国灭燕国以后，朝鲜又归附秦朝。秦末天下大乱，很多中原人为躲避战乱，迁到朝鲜国定居，很快朝鲜国境内聚居了数万中原人。

刘邦出兵讨伐卢绾，卢绾逃入匈奴，卢绾属下卫满则逃亡到朝鲜。卫满来到朝鲜，得到朝鲜国王的重用，朝鲜国王封卫满为诸侯，把朝鲜国西部与汉朝接壤的地方作为他的封地，还让他管理从中原迁徙来的数万汉人。卫满在朝鲜国站稳脚跟后，率汉人推翻了朝鲜国王，自立为朝鲜王，在朝鲜半岛建立了一个上层以汉人为主、底层以朝鲜人为主的地方政权。卫满还出兵降服了周边的真番、临屯、秽貉等部族，成为东北最有影响的政权。惠帝、吕后在位期间，卫满派人与辽东太守联系，与汉朝正式建立臣属关系。双方约定互不侵犯，如果有东北蛮夷想朝见天子，朝鲜不能阻拦，而且会适当提供帮助。

经过高帝、惠帝、吕后几代帝王的努力，汉朝与周边民族政权的关系稳定下来。这些环绕在汉朝控制地域范围之外的政权，除匈奴以外，名义上都归附汉天子的领导，成为当时天下秩序的重要一环。

第五章　文景之治

第一节　吕氏集团的覆灭与文帝即位

高帝十二年（前195），刘邦在征讨英布时，受了箭伤。坚信天命的刘邦拒绝医治，结果伤情日益严重，很快病入膏肓。吕后担心太子年轻，难以独撑政局，向刘邦询问谁可以辅政。刘邦依次提及曹参、王陵、陈平、周勃，特别提到周勃可以稳定汉家江山。

同年四月，刘邦去世，太子刘盈即位，后世称汉惠帝。刘盈登上帝位的道路并不顺利。刘盈虽然是嫡长子，但他生性懦弱，无赖出身的刘邦很不欣赏这个儿子，觉得自己与戚夫人所生的刘如意倒是性格直爽。刘邦常常对人夸奖，说刘如意很像自己，多次萌生改立太子的念头。为了保住刘盈的地位，吕后煞费心机，私下常常与张良、叔孙通等人沟通，也正是依靠这些开国功臣的保护，刘盈才勉强保住了太子的地位。

刘盈即位以后，因为年纪还轻，暂时由吕后辅政。吕后知道戚夫人时常鼓动刘邦改易太子，所以立刻对戚夫人实施报复。吕后首先把刘如意骗到长安，下药毒死，然后把戚夫人抓起来，剁掉手脚，挖掉眼睛，然后丢到厕所里，称戚夫人为“人彘”（人猪的意思），还让惠帝来参观。据说惠帝看了以后，深受刺激，自此不能上朝，朝政都交给吕后处理。

吕后性格强硬，年轻时跟随刘邦南征北战，政治手腕非同寻常。吕后把持朝政后，一个很重要的政治目标就是要为惠帝扫清帝位的威胁。当时对惠帝威胁最大的是赵王刘如意和齐王刘肥。在成功骗杀刘如意之后，吕后想用同样的方法除掉刘肥。惠帝二年（前193），刘肥入长安朝见惠帝，吕后派人在朝拜宴会上设下毒酒，结果毒酒被惠帝拿走，吕后急忙把惠帝酒杯打翻，暴露了意图，把刘肥吓得整晚不敢饮酒。刘肥回到府邸，自知难逃一死，幸得谋士出谋划策，献上齐国城阳郡作吕后女儿鲁元公主的汤沐邑，也就是当地赋税等财政收入都归鲁元公主。吕后闻讯大悦，才放刘肥回到齐国。

惠帝自幼身体孱弱，再加上精神受到刺激，在位仅仅七年就病逝了。吕后立惠帝幼子为皇帝，并以太皇太后的身份直接居朝执政，成为实际的最高统治者，朝廷的一切法令都由吕后签发。因为担心朝臣反对，吕后开始重用吕氏族人，让吕氏掌握兵权、政权，还想封吕氏为王。因为有“白马之盟”的约束，吕后的建议遭到丞相王陵的反对。吕氏罢免了王陵，让陈平任丞相。陈平当然清楚吕后的用意，主动提出可以封吕氏为王，吕后非常高兴，封侄子吕台做吕王。吕后执政时期，基本政策是压制刘氏，不断提高吕氏的政治影响。吕后还把吕氏女子许配给诸侯王做王后，想强化吕氏在王国的影响力。赵王刘友与吕氏王后不合，吕氏王后直接向吕后告发赵王谋反，吕后把赵王召到长安，围困在府邸，活活饿死。梁王刘恢也与吕氏王后不合，但又不敢怠慢吕氏王后，终日抑郁不乐，最后自杀而死。

吕后在位时期，吕氏家族的势力不断膨胀，吕氏已经不满足于建立一个吕氏诸侯王国。到了高后七年，刘氏诸侯王陆续被杀害，许多封国空缺出来，吕后开始用吕氏填补，先把吕产徙封为梁王，封吕太为吕王。第二年，吕后又封吕禄为赵王、吕通为燕王。吕氏诸侯王国由一个增加到四个。到了高后八年，吕氏在朝内把持着大权，在朝外又控制着四个诸侯王国，权势达到极盛，很多人都坚信，吕氏夺取刘氏天下只是时间问题。

彩绘乐舞杂技俑群（西汉，济南市市郊无影山出土）。陶盘上塑造二十一人，生动描绘了汉代乐舞场面。

高后八年（前180），吕后在外出祭祀时，被野狗咬伤，患上狂犬病。[①]吕后知道自己时日不多，召来诸吕告诫他们一定要牢牢控制兵权，提防大臣们串通谋反，还当场宣布任命吕产为相国，吕禄为上将军，让二人分别掌控政权和兵权。

吕后驾崩了。正如吕后所预料的，她刚刚入葬，刘氏就开始向吕氏发难。当时的齐王是刘肥的儿子刘襄，刘襄的弟弟刘章在朝中任职，刘章的妻子是上将军吕禄的女儿，对吕氏的情况较为清楚。刘章从妻子那里获知吕氏要独揽朝权，私下派人通报刘襄，让他起兵入关，两人里应外合。刘襄早已不满吕氏的统治，杀掉吕氏派任的齐国丞相，调集齐国的军队，向长安进军，还通告其他刘氏诸侯王，以安定刘氏天下、诛杀诸吕为名，号召他们一同起兵。吕产闻知齐王起兵，命灌婴发兵平叛。灌婴抵达荥阳后，驻兵不前，私下与齐王联络，约定双方互不发兵，静待朝中变化。

灌婴与齐王密谋，驻兵不前，这让吕产意识到刘邦旧臣不满吕氏专权，所以决心用武力除掉所有刘邦旧臣。功臣们也陆续获知了消息，但是他们手无兵权，都非常着急。太尉周勃虽然名义上是汉朝最高军事统帅，但这时已被架空，兵权被上将军吕禄牢牢掌控。周勃与陈平密商，派人劫持了曲周侯郦商。原来郦商的儿子郦寄与吕禄私交甚深，周勃劫持了郦商，胁迫郦寄诱骗吕禄交出兵权。郦寄面见吕禄，劝说吕禄交出兵权，去封国做诸侯王。吕禄没有想到郦寄会害自己，同意交出兵权。当吕禄的姑姑吕媭得知消息，气得让家人把家中的金银珠宝都丢到外面，说："我们不用替别人保存这些财宝了。"

八月庚申，吕氏与功臣最后决战的时候到了。这一天，郎中令（皇帝警卫部队长官）贾寿出使齐国归来，把朝中功臣与齐王沟通的事情汇报给吕产，催促吕产立刻发兵诛灭功臣。正巧御史大夫曹窋（曹参之子）在相国府办事，获知了这个消息，马上派人通知丞相陈平和太尉周勃。周勃立刻赶往北军（长安城卫戍部队）。这时周勃虽然从吕禄那里骗到将军大印，但军营长官因为没有接到将军的命令而拒绝周勃入营。所幸襄平侯纪通掌管着皇帝的符节，他假传皇帝符节，以皇帝的名义让周勃进入北军。周勃进入兵营后，立刻对将士们喊道："愿意为刘氏效劳的袒露左臂，愿意为吕氏效劳的袒露右臂。"所有的将士都袒露左臂。周勃立刻命刘章率领一队人马奔赴皇宫，抢先控制皇帝。

吕产并不知道周勃已经控制了北军，他的设想是先进入皇宫，挟持皇帝，再假传皇帝的旨意诛杀功臣。当吕产刚刚进入未央宫大殿，刘章已率军赶到，当场将吕产斩杀，控制了皇宫。周勃随后率军进入长安城搜捕吕氏，无论老少一律诛杀。仅仅几天的时间，吕氏一族就被全部剿灭。周勃随后派人奔赴关东，让齐王退兵，同时把驻守荥阳的灌婴召回长安。

剿灭了吕氏，功臣接下来商讨让谁来做皇帝。当时作为高帝嫡长孙的刘襄，因为最早起兵，朝中又有刘章推举，一时呼声很高。但刘襄也有劣势，因为汉代的继承原则是“实子继承”制。所谓“实子继承”是指，只有儿子有继承权，孙子是没有继承权的。[②]因为刘邦还有两个儿子在世，大臣们排除了刘襄，而集中讨论代王刘恒、淮南王刘长。之前吕氏专权给大臣们留下惨痛的教训，所以对两人的抉择，首先考虑的是外戚的人品。刘长的舅舅赵兼早有恶名，而刘恒的母亲薄氏向来谦虚恭谨，几经商讨，大臣一致决定拥立代王刘恒为皇帝。

薄氏原为魏王魏豹宗室，刘邦消灭魏国，薄氏罚没为奴，在织室（官办纺织厂）做织工。一次刘邦去织室，看到薄氏颇有姿色，命人将薄氏带回后宫。但是后宫像薄氏这样的女人实在太多了，刘邦很快就把薄氏忘得一干二净。薄氏独处后宫的时候，与管夫人、赵夫人关系很好，三个女人约定，以后不管谁富贵，都不要忘记对方。后来管夫人、赵夫人先后得到刘邦宠爱，一天管夫人、赵夫人在一起聊天，庆幸她们没有像薄氏一样埋没无闻，正巧被刘邦听到了。刘邦动了怜悯之心，找来薄氏，当晚就让薄氏陪宿。刘邦与薄氏毕竟没有感情，很快又把薄氏忘了，以后再也没有临幸薄氏。不过，就是那一夜陪宿，让薄氏怀上身孕，日后生下了刘恒。薄氏对刘邦究竟怀有怎样的情感，我们不得而知，总之这个女人一生都与自己的儿子相依为命。薄氏临死时，提出不与刘邦同葬，而是选择葬在刘恒陵园的旁边，永远陪伴她的儿子。

刘邦去世以后，吕后疯狂报复那些曾被刘邦宠爱的女人，而与刘邦只有“一夜情”的薄氏，实在无法触发吕后的嫉妒心。吕后放过薄氏，让薄氏跟她的儿子去代国就封。吕后执政时期，刘恒和薄氏一直谨小慎微，尽量不去触怒吕后。吕后杀死赵王以后，曾下令征召代王刘恒为赵王，刘恒上书，说自己愿意永远待在代国，替汉朝抵御匈奴。这样的回答，令吕后非常满意。

当功臣做出拥立刘恒的决议后，立刻派人去代国，请刘恒到长安即位。长安刚刚经历一场残酷的宫廷政变，地方流传着各种谣言，代国大臣们大多不同意刘恒赴京，主张观望一段时间。而刘恒却表现出惊人的魄力，他一边准备入京，一边派舅舅薄昭去长安与功臣接触，探察虚实。待得到薄昭的确切回报后，刘恒率领亲信六人疾驰长安即皇帝位，是为汉文帝。在经过一场血雨腥风之后，汉朝终于实现了帝位的平稳过渡。

第二节　文帝的“宽严兼济”

刘恒虽然当上了皇帝，但他知道帝位并不牢固，因为他至少面临着三方面的威胁。一是关东诸侯王。与惠帝不同，文帝是以诸侯王的身份继承帝位的，当年那些与自己平起平坐的诸侯王是否愿意听命于自己，还是未知数。二是朝中功臣。旧臣们同功一体，历经三朝，是朝廷最具影响的政治力量，吕氏集团被功臣们数日内剿灭就是明证。三是匈奴。匈奴盘踞塞北，一直对中原虎视眈眈，汉朝刚经历一场政治风暴，匈奴难免会有趁火打劫的想法。

为了缓解威胁，文帝即位伊始，便向各方示好。首先对平定诸吕的功臣进行封赏。接下来，文帝又对诸侯王施惠，下令归还吕氏侵夺的诸侯土地，还封齐王、淮南王的舅舅为列侯。最后，文帝分别遣使匈奴、南越，修复双方关系，落实和亲事宜。

待朝中局势平稳，文帝开始着手解除这三项威胁。先来看看文帝如何对付功臣集团。文帝二年（前178），刘恒突然下了一道诏书，大意是说，古代的诸侯都守土治民，今天的列侯也是诸侯，但是大多居住在长安，这与古训不合，所以要求列侯们都回到封国。第二年，文帝又重申了这一政策，还要求丞相周勃带头，长安的功臣集团很快被拆散。功臣们从中央被遣散到地方，再也无法在朝中发挥影响力，反而受到地方官员的监控，实际沦为任皇帝宰割的羔羊。

周勃回到封国仅仅一年多，就被人检举谋反，文帝立刻下令逮捕周勃，让廷尉调查。周勃被关入监狱，日日受到狱吏的虐待，不堪忍受，命家人送重金贿赂狱吏。狱吏收了钱，暗示周勃可以找薄太后求情。周勃又安排家人送钱给薄昭，薄昭把周勃关在监狱的事告诉了薄太后。薄太后大怒，召来文帝，痛斥说周勃是挽救汉家天下的功臣，怎么会有反心。文帝碍于太后的情面，宣布赦免周勃。周勃出狱的时候，感慨道：“我曾统领数十万大军，今天才知道狱吏的厉害。”周勃虽然逃过一劫，但受此惊吓，回到封国后谨小慎微，仅仅过了八年就去世了。功勋卓著的周勃都受到如此迫害，这令其他功臣非常恐惧，他们噤若寒蝉。功臣集团的威胁被成功解除。

诛灭诸吕图（明代插图）

接下来再看看文帝如何对待关东诸侯王。关东诸侯王中，对刘恒帝位威胁最大的是淮南王刘长和齐王刘襄，他们都曾是功臣考虑过的皇帝候选人。文帝元年，刘襄病逝，这让文帝松了一口气。文帝随即下令拆分齐国为三国，除了让刘襄的儿子刘则继续做齐王，另分封刘章做城阳王，分封刘兴居做济北王。齐国本来是关东第一大藩国，被文帝拆分，实力大大削弱。济北王刘兴居在平定诸吕时立过大功，据说刘兴居与功臣集团曾有封梁王的密约。文帝即位后，没有承认密约，而是分封刘兴居做济北王。刘兴居之前得到的许诺没有兑现，而自己父王所封的齐国又被拆成三个国家，心里十分不满。文帝三年（前177），刘恒巡幸代国，刘兴居认为长安空虚，举兵反叛。没想到文帝反应十分迅速，命将军柴武率十万大军平叛，很快取得胜利，刘兴居自杀。文帝十四年，齐王刘则去世，刘则没有儿子，文帝于是把济北国故地、齐国故地拆分成齐、济北、济南、菑川、胶东、胶西六国，连同此前分封的城阳国，齐国被拆分成七个国家，实力更加衰微，无法与汉廷抗衡了。

淮南王刘长的下场也很凄惨。文帝即位时，刘长刚刚成年。刘长是刘邦外出作战时，与赵国女子一夜情的“结晶”。刘长的母亲怀孕后，前往长安寻找皇帝。吕后出于内心的嫉妒，命大臣审食其隐瞒此事。刘长的母亲非常气愤，生下刘长后，就自杀了。刘邦得知此事，让吕后收养刘长。因为刘长是吕后带大的，所以在吕后执政时没有受到迫害，反而允许去封国就封。刘长成年后，舅舅赵兼告诉了他身世，刘长非常怨恨审食其。文帝二年，刘长去长安朝见文帝，刺死审食其，随后面见文帝负荆请罪。文帝刚刚即位，不好对亲弟弟下手，这件事不了了之。

刘长从小娇生惯养，再加上文帝的纵容，非常跋扈，在国内说一不二。文帝派置的丞相多次规劝，刘长不但不听，还赶走了丞相，自己任命新丞相。刘长此举，公然破坏了高帝立下的规矩，但是文帝仍然不怪罪，还特批刘长可以自行任免丞相。文帝的这些举动，使刘长更为放纵，后来连汉法也不放在眼里，公然招纳汉地的逃犯和流民，效仿天子的仪仗，还自己制定法令。

文帝六年，长安男子启章和棘蒲侯太子柴奇欲勾结匈奴入攻长安，阴谋败露。

启章潜逃淮南国。文帝派人去淮南国搜捕启章，还命令淮南王到长安来交代此事。刘长最初没重视这件事，以为解释清楚就可以了。没想到一到长安，就被拘禁起来。随后大臣呈上了一份早已拟好的奏章，列举了刘长的种种罪行，还请求皇帝处死刘长。文帝最后虽未处死刘长，但废除了他的王位，把他流放到巴蜀。刘长没想到文帝会下此重手，心里非常气愤，开始绝食，还没被押到巴蜀，就饿死在路上。文帝闻讯，痛哭流涕，下令处死沿途负责接待的官员，过了几年又分封刘长的三个儿子为诸侯王。不过这些都是故作姿态而已，刘长死了，文帝的目的也就达到了。

最后再来看看文帝对待匈奴的态度。文帝即位之初，马上派使者去见匈奴，与匈奴再度和亲。匈奴心里很清楚，文帝刚刚即位，国内局势还不稳定，这正是向汉朝施加压力、捞取更多利益的好时机。文帝三年，冒顿单于率部大举入侵，攻破北地郡、上郡。文帝决定强硬回应，命灌婴率领八万大军迎击，文帝亲自前往上郡督战；但不久刘兴居反叛，文帝只好派使者再与匈奴和亲，这反而使匈奴更加骄横。冒顿单于死后，继任者是老上单于，新单于希望尽快树立自己的权威。文帝十四年，新单于率部又大举入侵，攻破北地郡，掠夺百姓牲畜，前锋一直打到京畿，还放火焚烧了皇帝的行宫。文帝将此视为奇耻大辱，要御驾亲征，被大臣阻止。文帝只能与匈奴复言和亲，用更多的贡献换取匈奴的退兵。

与功臣和诸侯王不同，文帝一生没能解决匈奴问题。对待匈奴，文帝只能采取一边和亲、一边防御的策略。文帝非常喜欢读战国时代赵将廉颇、李牧的故事，时常感叹“我要是有廉颇、李牧，匈奴何足担忧”。匈奴肆虐无疑是文帝平生最大的遗憾。

文帝对威胁自己帝位的势力可谓毫不留情，只要机会成熟，就会采取强硬手段果断解决。不过文帝心里很清楚，要想稳固帝位，仅仅依靠严厉的手段是

错金银鸟篆文铜壶（西汉，河北满城县中山靖王刘胜墓出土）。篆文图案反映了墓主人生前幻想长生不老的思想。

春秋战国金文“孝”字（兮仲钟铭文）

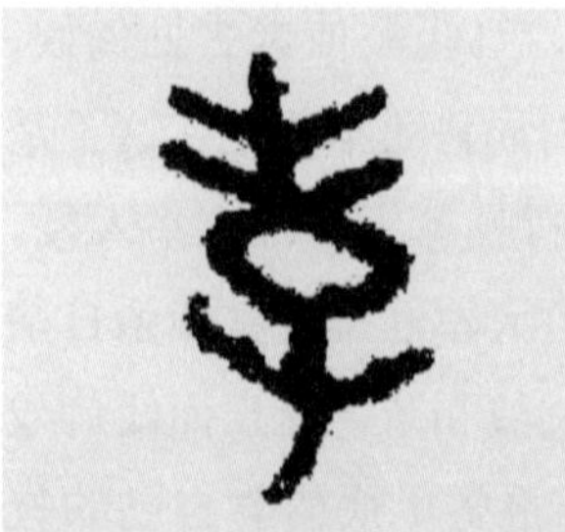

西周金文“孝”字（散氏盘铭文）

小篆秦代李斯书“孝”字

汉代隶书“孝”字（张迁碑）

不行的，同时也要辅之以宽仁的施政。刘恒成为皇帝后，为了博得天下百姓的拥护，不断施惠于民。在刘恒即帝位的第一年里，就先后三次下令赐民爵、米、肉、酒和布匹，其中赐民爵的意义尤为重要。汉初对爵位十分看重，每一级爵位都有相匹配的政治、经济待遇。赐民爵就意味着普遍提高百姓的社会待遇。惠帝、吕后在位时期，都只实行过一次赐民爵，而文帝在位时期每逢重要庆典都会赐民爵。另外，文帝在位时期还多次下令减免赋税和徭役。文帝还提倡社会尊敬老人，并给予高龄老人种种优惠待遇，还以身作则，对薄太后极尽孝道。从文帝开始，汉朝确立了“以孝治天下”的理念之后，汉代每一位帝王去世后，都要在谥号前加一个“孝”字，如孝文帝、孝景帝、孝武帝等等，以标榜每一位皇帝都是实践孝道的楷模。

此外，文帝还对刑法进行修订，减轻了量刑标准，这样百姓如触犯法律，不致遭受过于严重的刑罚。这之中最具深远意义的是废除肉刑。汉朝初年的法律基本继承秦代，秦代的肉刑也被继承下来。所谓肉刑，是以残害身体的方式对违法者进行惩罚，如砍掉手脚、膝盖，挖掉鼻子，破坏生殖器等等。关于文帝废除肉刑，还有一个故事。据说齐国有一个叫淳于公的官员触犯了法律，被判以肉刑。他的女儿缇萦亲自去长安，上书文帝，说身体受到伤残便不能恢复，自己愿意做官奴，换取父亲不受肉刑。缇萦赴京救父的做法正好符合文帝提倡的“以孝治天下”理念，文帝大为感动，不仅赦免了淳于公，还下令废除肉刑。在文帝宣布废除肉刑的同时，还对刑法做了一项重要改革。秦代至汉初执行的是无期刑罚，百姓一旦犯法，终身服刑，而文帝宣布以后根据违法轻重制定刑期，只要服刑期满就恢复为庶民，这在古代法制史发展上具有重要意义。③

文帝在位时期，躬行节俭，做出表率。例如文帝下令把皇家多余的马匹交拨给各地驿站，这样政府就可以节省下购买驿马的费用；还遣散了养在宫中的先帝美人，让她们可以出嫁民间；还赦免大量官奴婢，裁撤宫廷郎官。这些举措使得政府开支大大缩减。另外，文帝在位时期尽量不大兴土木，有官员建议增建宫殿，文帝称自己住在先帝的宫殿尚诚惶诚恐，不必新建宫殿。高帝、惠帝曾修建了宏伟的陵园，陪葬大量财宝，从关东迁徙富户豪强守陵。文帝下令在山体中开挖自己的陵墓，这样就不用征发劳工另起封土，同时还要求陪葬品以陶器为主，不陪葬金银财宝，也不再从关东迁民。为了倡导政府官员勤俭，文帝以身作则，朝服从不以华丽的锦帛制作，摆设酒席也尽量避免铺张浪费。在文帝的倡导下，社会风气为之一变。

尊贤养老图（汉代画像砖）

文帝的施政无疑是成功的，其“宽严相济”的施政风格，成功解除了威胁帝位的政治势力，还获得了全国官员百姓的拥戴。到了文帝十二年，刘恒已经牢牢坐稳帝位，朝廷大臣们都听命于皇帝，关东的诸侯们与汉廷的关系也十分融洽。刘恒认为天下太平，下令解除关禁，关中、关东百姓可以任意往来，也放弃了在诸侯王国境内安插侯国和迁徙富户豪强的政策，后人赞扬文帝“不孽诸侯”，可见文帝放弃了高帝以来打压诸侯的政策。

文帝的施政行事能够收到显著的效果，离不开一位政治精英的辅佐，那就是贾谊。贾谊是洛阳人，十八岁便以博学多才而闻名。河南郡太守吴公听说贾谊名声，把他征召到府中做幕僚。吴公在贾谊的辅佐下，把河南郡治理得井井有条。文帝听说吴公政绩显著，升调吴公为廷尉，向他请教施政的经验。吴公把贾谊推荐给文帝，文帝召见贾谊，感慨他是难得的人才，把他留在身边做博士。文帝每次上朝问政，贾谊都把问题分析得井井有条，文帝大为赏识，不到一年时间就提拔贾谊为太中大夫（负责政策制定的最高官员）。文帝初年对律令的修订和令列

T形帛画（西汉，长沙马王堆一号墓出土）

侯就国的政策都出自贾谊之手。当时贾谊认为对皇帝威胁最大的是关东诸侯王，所以上呈一系列旨在强化中央实力、削弱诸侯王国的建议。这引起诸侯王的不满，诸侯王联合朝廷妒忌贾谊的大臣，一起攻击贾谊。文帝不想与功臣、诸侯王的关系搞得过于紧张，只好贬贾谊去做长沙王的老师。贾谊虽然离开了长安，但他的建言对文帝影响很深，后来文帝推行的“以亲制疏”、“众建诸侯”等削弱诸侯王的政策，其实都出自贾谊疏奏。

汉代的长沙国地处江南，气候潮湿，被认为是不适于人居的地方。贾谊在渡汨罗江的时候，想到战国末年被楚怀王流放到江南的屈原，他觉得自己的境遇与屈原是多么相似，于是写作了《吊屈原赋》，借凭吊屈原抒发对自己遭遇的感叹。在长沙府邸的时候，曾有一只服鸟（猫头鹰）飞到屋中，在当地人心目中服鸟是招人魂魄的，贾谊认为自己恐怕活不长了，于是又作了《服鸟赋》哀叹人生。《吊屈原赋》和《服鸟赋》被公认为是汉赋中的优秀作品，对于汉赋这一文学体裁的发展具有重要意义。

贾谊在长沙国待了不到一年，又被文帝召回长安。贾谊认为将受重用，非常兴奋。到了长安，文帝迫不及待地召见贾谊，两人聊得非常开心，从鬼神聊到政治，不知不觉聊到深夜，最后文帝感叹：“我好久不见贾生，原以为我的学识超过了他，现在才知道还是远远不及。”令贾谊失望的是，文帝并没有重用他的打算，而是派他去做梁王的老师。后来梁王出游坠马身亡，贾谊非常自责，终日痛哭，不到一年就去世了，时年三十三岁。贾谊的个人境遇是凄惨的，但文帝却在他的辅佐下取得了巨大的政治成绩，对贾谊来说这究竟是幸，还是不幸，恐怕没有人能说得清。

第三节　景帝面临的挑战

文帝执政二十二年后，撒手人寰，太子刘启即位，是为景帝。景帝刚刚即位，便立刻起用了一位重要的政治家——晁错。

晁错是颍川郡人，从小勤奋好学，因为文章写得好，被太常（主管皇家礼仪的官员）征召为属吏。文帝时期，重要的典籍《尚书》已无人传授，濒临失传。当时齐地有一位九十多岁的伏生还能背诵《尚书》，文帝下令抢救《尚书》，太常派晁错去齐地，向伏生学习。晁错学成回朝后，时常被文帝召见讲读《尚书》。文帝发现晁错是一个很有政治才干的人，而晁错也借机进献了很多政策，其中最主要的是削弱诸侯王。文帝觉得汉廷与诸侯王的关系已经很融洽了，无需进一步削弱，便没有采纳晁错的建议。但文帝觉得晁错是一个不可多得的人才，也许对太子会有帮助，便任命晁错为太子家令（太子内务最高长官）。太子见了晁错，非常赏识，常常向晁错问策，称他为“智囊”，几乎是言听计从。

景帝即位之后，立刻任命晁错为内史（京畿最高行政长官）。晁错向景帝上奏的奏议，几乎都是马上批准，立刻执行。晁错的显贵，让朝中旧臣非常嫉恨。一次，晁错为了出行方便，在内史府南墙开了两个门。内史府与太上皇庙共用一墙，晁错在墙上开门，相当于破坏了太上皇庙。丞相申屠嘉得知，想借机奏请皇帝，诛杀晁错。晁错得到风声，连夜入宫向景帝请罪。第二天上朝，申屠嘉奏明此事，景帝说这件事已得到批准。申屠嘉无话可说，回家后连连感叹：“我应当先杀了晁错再奏报此事。”

很快景帝提升晁错为御史大夫，这是朝廷中仅次于丞相的官职。晁错认为削弱诸侯王的时机已经成熟，接连向景帝进策，要求取消律令中对诸侯王的优待条款，削夺诸侯王领地。诸侯王闻讯都非常恐慌。在关东诸侯王中，吴王刘濞与朝廷的关系一直不好。刘濞是刘邦哥哥刘仲的儿子，刘邦平定英布后，分封刘濞为吴王。惠帝、高后在位时期，刘濞对汉廷十分恭谨。文帝即位后，刘濞在关东诸侯王中辈分最高，文帝对刘濞十分敬重，这使得刘濞逐渐变得骄横起来。一次吴王太子去长安入朝，与皇太子刘启下棋，两人起了争执，刘启操起棋盘砸向吴太

彩绘陶俑（西汉，西汉景帝阳陵陪葬墓出土）

子，结果把吴太子砸死了。文帝命人把吴太子的尸体妥善处理，送回吴国。刘濞气愤地说："天下一家，死在哪里就葬在哪里。"让人又把吴太子的尸体送回长安。从此刘濞不再入朝，实际上公开了与汉廷的矛盾，文帝也没有办法，只好说吴王年事已高，允许他不再来朝。

刘启即位为皇帝，刘濞更是不入朝了。晁错主张削藩，建议先拿吴国开刀。刘濞听到消息，私下与关东诸侯串通，相互商讨应对之策。景帝三年（前154），朝廷下令，削夺吴国的鄣、会稽两郡。消息传来，吴王立刻起兵反叛。在此之前，胶西王、楚王也因过失被汉廷削夺了大量领土，吴王早已与他们私下结盟。听说吴国反叛，楚国、胶西国也起兵响应，之后临淄、胶东、济南、赵四国也陆续反叛，关东局势完全失控。

景帝没有想到诸侯王们会反叛，现在诸侯王不仅反叛，而且竟有七国之多，景帝一下子没了主意，急忙询问大臣们如何是好。大臣们都说是晁错主张削藩，惹怒了诸侯，杀掉晁错，诸侯自然退兵。景帝听从了大臣们的建议，决定杀掉晁错，向诸侯们谢罪。景帝下令召晁错，晁错还以为景帝要找自己议事，穿戴好朝服出门，结果被直接拉到东市，斩首示众。景帝命大臣袁盎去见吴王，通报诛杀晁错的消息，让吴王退兵。吴王见了袁盎，笑道："我已经称帝，不可能退兵。"

景帝见和议不成，只能积极备战。文帝临死前，曾对刘启说，周勃的儿子周亚夫是一个难得的将才，如果你日后需要用兵，可以重用他。景帝遵照先帝遗训，任命周亚夫为太尉，让他统领军队平叛。

话说七国联合反叛，叛军主力是吴国和楚国。吴楚联军首先攻入梁国。梁王刘武是景帝的亲弟弟，闻知叛军入境，殊死抵抗，但吴楚兵锋很盛，梁国的抵抗部队被叛军逐一击破，梁王最后只能困守都城睢阳。这时周亚夫率领的汉军已经抵达梁国境内的昌邑（今山东省巨野县境），刘武数次派使者向周亚夫求救，但周亚夫按兵不动。原来周亚夫的战略方针是让梁国消耗吴楚叛军，待吴楚叛军疲惫时再出击。果然，吴楚叛军久攻睢阳不下，士气低落，而后方粮道又被周亚夫切断。吴楚军队军粮耗尽，无心恋战，周亚夫见时机成熟，率汉军主力全线反攻，吴楚叛军大败。楚王自杀，吴王逃奔东越国。东越国王怕汉廷追究，杀死了吴王。吴国、楚国失败，其他五国也失去抵抗的信心，或投降，或被汉军击破。声势浩大的七国之乱不到四个月就彻底平息。景帝顺利地度过了执政以来遇到的最大政治危机。

“七国之乱”平息后，景帝很快又遇到第二个政治危机——继承人的选定。景帝在即位后的第四年立长子刘荣为太子。刘荣的母亲栗姬是一个心胸狭隘的女人。景帝的姐姐刘嫖常常给景帝推荐妃子，栗姬因此十分怨恨刘嫖。刘荣做了太子，刘嫖想把女儿嫁给刘荣，被栗姬断然拒绝，从此两人结下怨仇。一次景帝病重，担心自己时日不多，就叫来栗姬，嘱托她善待其他皇子，不要重蹈吕后残害刘邦诸子的悲剧。栗姬不但没有应允，反而出言不逊，令景帝心里十分不快。景帝病愈，刘嫖看出景帝怨恨栗姬，一有机会就说栗姬的坏话。景帝七年，大臣建议立栗姬为皇后，景帝听了勃然大怒，认为是栗姬着急做皇后，便下令囚禁栗姬，废掉刘荣。栗姬很快抑郁而死，刘荣被废为临江王，不久也被景帝逼死了。

刘荣被废，皇储之位空缺。景帝的母亲窦太后希望让自己的小儿子、景帝的亲弟弟梁王刘武做皇储。刘武到长安朝见，窦太后把想法告诉刘武，刘武自然求之不得。在景帝招待梁王的宴席上，窦太后突然对景帝说：“皇储的人选还没有选定，不如让刘武做皇储吧。”景帝完全没有心理准备，又不敢当面拒绝窦太后，非常尴尬。这时袁盎站出来，对窦太后说，汉家皇帝为子继父位，从没有弟继兄位的先例。窦太后听了，也不好再说什么。此事让景帝意识到，如果不早早确定太子，可能还会有人觊觎帝位。这时王夫人的儿子刘彻娶了刘嫖的女儿，刘嫖极力推荐，景帝最后宣布立刘彻为太子，断了窦太后和刘武的念头。为了庆祝新太子的确立，景帝下令于第二年改元，重新纪年具有“万象更新”的含义。

袁盎虽然为景帝解了围，却得罪了刘武。刘武回国后，愤愤不平，雇用刺客杀死了袁盎。景帝闻讯非常气愤，派人去梁国调查。刘武担心景帝治罪，急忙联络长公主刘嫖和窦太后。长公主、太后先后为刘武说情，刘武也跑到长安负荆请罪，景帝才表示不追究梁王的责任。但兄弟二人的关系再也恢复不到以前了。

刘武谋求皇储的事件对景帝冲击很大，景帝意识到诸侯王的权力太大，难免会有政治野心。景帝不禁又想起当年晁错一系列限制诸侯王权力的主张。景帝下

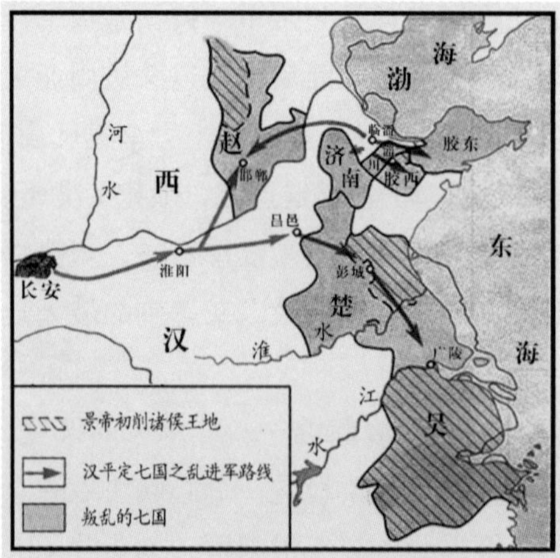

七国之乱形势图

定决心，要从体制上彻底解决诸侯王问题。于是从中元年开始，景帝着手对封国制度进行改革。

七国之乱结束后，景帝想到限制诸侯王的方式是缩小王国领地，对封国制度并未触及。而从中元三年开始，景帝开始改革王国制度。景帝对王国制度的改革体现在三方面。一是撤销了大量王国官员。二是全面收回王国官员的任免权。三是压低王国官员的等级。经过改革，诸侯王被剥夺了政治权力，只能收取部分王国租税去过奢华的生活，王国独立地位彻底丧失。

就在景帝改革王国体制的同时，对侯国制度也进行了改革。改革主旨与王国制度相当，侯国行政官员由汉廷派置，列侯只能收取侯国租税而不能治国。另外，景帝还规定，以后侯国只能分封在汉郡中，不能分封在王国中。这样侯国便受到汉郡的监控，杜绝了列侯与诸侯王串通的可能。

经过景帝的改革，一个全新的国家体制建立起来。王国和侯国不再是与汉国平起平坐的独立国家，而成为与郡县相当的地方行政组织。中元七年，景帝再度下令重新纪年，在景帝看来，一个全新的时代已经开启，他成功解决了来自关东诸侯的挑战。

注释：

① 阎爱民：《吕后“病犬祸而崩”新说——从医疗史的视角对吕后之死史料的解释》，《南开学报（哲学社会科学版）》2007 年第 2 期。

②［日］牧野巽：《中国家族研究》，生活社 1944 年版；阎爱民：《汉晋家族研究》，上海人民出版社 2006 年版。

③［日］富谷至：《汉代的两座刑徒墓》，收入《日本中青年学者论中国史·上古秦汉卷》，上海古籍出版社 1995 年版。

第六章　武帝励精图治与西汉盛世

第一节　初露锋芒

公元前141年，景帝驾崩，太子刘彻即位，是为武帝。武帝即位时年仅十六岁，他的奶奶窦太后、母亲王太后皆居宫摄政。窦太后年事已高，希望能找一个窦家人在朝中执政。窦太后的侄子窦婴在窦氏中名望较高，窦太后于是找借口罢免了丞相卫绾，让窦婴做丞相，同时为了兼顾王太后的权势，让王太后同母异父的弟弟田蚡做太尉。

“长生无极”瓦当（西汉，陕西兴平茂陵博物馆藏）

当武帝还是太子时，他的老师王臧是儒生。武帝即位后，让王臧做郎中令，让王臧的同门赵绾做御史大夫。王臧和赵绾常在武帝面前讲授儒学。因为儒学主张积极入世，很符合年轻武帝的想法。武帝就把两人的老师申公从鲁国召来。申公向武帝宣传儒家学说，还建议武帝依照儒家经典修建明堂。

武帝重用儒生的举动引起了窦太后的不满。窦太后信奉黄老之术，主张无为而治，与儒家学说恰恰相反。建元二年（前 139），赵绾建议武帝国家大事不必奏请窦太后。窦太后闻知，勃然大怒，将赵绾、王臧投入监狱，逼迫他们自杀，还把申公赶回了鲁国；窦婴、田蚡身为丞相、太尉，不能很好地教导皇帝，也被免职。这时的武帝还没有掌握实权，对于窦太后的命令不敢违抗。

武帝在窦太后的阴影下度过了四年。建元六年，窦太后崩，武帝终于可以亲政。但王太后仍然对朝政有很大影响，她效仿窦太后，任用田蚡为丞相。大臣们都清楚田蚡在朝中的地位，纷纷投靠田蚡。重要官职的人事任免都由田蚡一人做主。一次武帝忍无可忍，对田蚡说："您安排了那么多的官员，我可以安排几个吗？"元光四年（前 131），田蚡要治窦婴好友灌夫的罪，窦婴救灌夫心切，在朝廷上与田蚡争辩，最后相互揭发对方的违法行为。武帝大怒，令大臣们评判。王太后听说这件事，立刻召来武帝，要武帝支持田蚡。武帝不敢违抗王太后，最后下令处死窦婴。就在同一年，田蚡也患病身亡。对于田蚡的违法行为，武帝心里十分清楚，但碍于王太后，不敢惩治。元朔三年（前 126），王太后驾崩，武帝愤恨地说："倘若田蚡在世，我一定诛杀他全家。"就在同一年，田蚡的儿子田恬因为一点小过失，被武帝削夺了爵位，这显然是武帝借机发泄对田蚡的愤恨。武帝执政最初的十年，朝政实际控制在两宫太后手中，武帝吃尽了外戚专权的苦头。在以后的执政生涯中，武帝一直很注意抑制外戚势力。武帝亲政以后再也没有发生外戚专制朝政的现象。

窦太后去世时，武帝已经二十二岁，虽然朝政还控制在田蚡手中，但武帝也掌握了一些权力，并开始利用手中的权力去实现自己的政治理想。武帝首先提高儒学的地位。武帝即位之初，就很欣赏儒学，但碍于窦太后，无法推行。建元五年，当窦太后病重，无法干预朝政时，武帝下令置五经博士。所谓"五经"，是

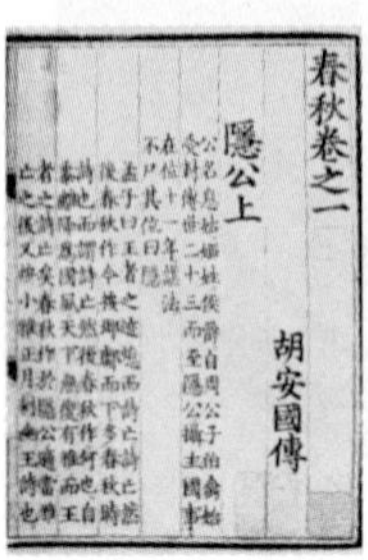

《春秋》书影

《诗经》书影

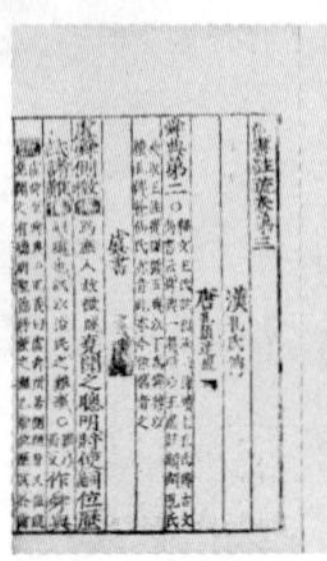

《尚书》书影

《周礼》书影

《易经》书影

黄釉陶仓（汉，陕西茂陵油库出土）。此明器（即冥器）仓形，正反映了当时粮仓的标准式样。

指《春秋》、《诗》、《尚书》、《礼》、《易》五部儒家典籍。秦至汉初的博士，是皇家学术官，每位博士专修某一门学问，供皇帝顾问。以前宫廷只有儒学博士，文帝时增设了《诗》学博士，景帝增设《春秋》、《尚书》学博士，武帝又增设《礼》、《易》两门博士，使五部儒家经典皆有学官研习，大大抬高了儒学的地位。元光元年，窦太后刚刚去世，武帝开始重用儒臣。这时申公已经去世，武帝先后选拔申公弟子十余人为博士，其中七人才能卓著，出任郡守、诸侯相，儒生公孙弘更是位列丞相。大量儒生出任中央、地方要职，是武帝时期才开始出现的现象。儒家学说自此在宫廷中逐渐占据主导地位。

武帝亲政后做的另外一件事是改革选官方法。汉初官员的选任主要有两个途径，一是从功臣列侯中挑选，二是从皇帝身边的郎官调任。由于郎官主要由豪强子弟充任，所以朝廷高级官员基本出自显贵，下层士人很难有机会担任。元光元年，武帝下令让郡、国推荐人才，由皇帝当面考核，考核优异者直接派任朝廷官职。该项官员选拔制度被后人称为"察举制"。察举制推行之初，郡国长官执行并不认真，常有某郡累年也不举荐一人的现象。元朔元年，武帝再度下诏要求贯彻察举制，凡是不推荐人才的郡国长官一律罢免。自此，察举制逐渐成为官员选任的主要途径，甚至很多丞相也是通过察举制被推选上来的。

田蚡去世以后，武帝独揽朝权，使其拥有更大的空间去展示自己的执政能力。武帝首先对丞相权力进行限制和对诸侯势力进行打击。汉朝初年，丞相均由开国功臣担任，对朝政影响很大，甚至可以直接否决皇帝的决策，所以汉初常常发生皇权和相权的冲突。如吕后与王陵，文帝与周勃，景帝与周亚夫之间的冲突都属于这种情况。武帝亲政以后，决定彻底解除丞相对皇权的干预，武帝的做法是改变丞相必须由列侯担任的祖制，而从平民出身的官员中选拔。元朔五年（前

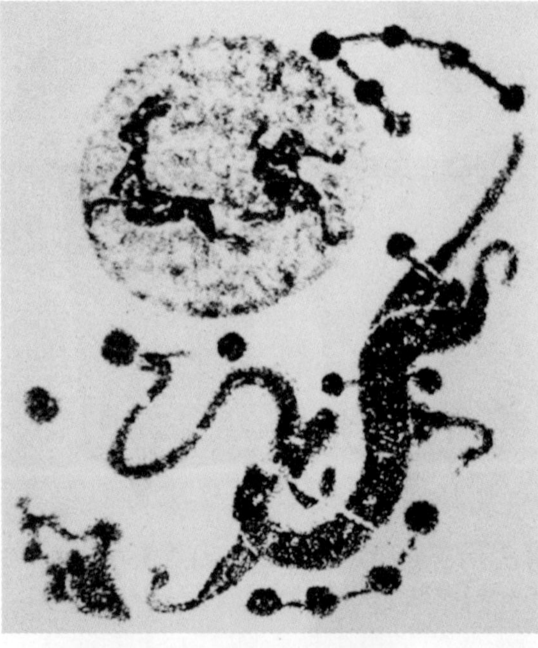

苍龙星座画像石拓片（汉代，河南南阳市蒲山乡阮堂出土）。图像上从龙首到龙尾刻有十八颗星宿，月内有玉兔和蟾蜍，表现出月球正运行在苍龙星座的区域内。

124），武帝任命公孙弘为丞相，这是西汉历史上第一位非列侯出身的丞相。公孙弘是齐地的儒生，从小家境贫寒，元光五年被菑川国推举到朝廷，是通过察举制选拔上来的人才。武帝认为公孙弘谦让有礼，入朝后短短六年就将其提拔为丞相。像公孙弘这样从社会底层被提拔上来的官员，对皇帝感恩戴德，自然不敢违抗皇帝。班固曾经评价，自公孙弘以后的丞相如同虚位，对朝政难以发挥实质性影响。武帝成功地削弱了相权对皇权的制约。

对于诸侯王势力的限制，武帝也采取了一些措施。经过景帝的封国制度改革，诸侯王转变成衣食租税的经济特权阶层，政治影响力已经大大降低。但武帝觉得诸侯王仍领有一郡之地，对汉廷构成潜在威胁。元光末年，汉武帝采纳主父偃的建议颁布“推恩令”。所谓“推恩令”是指皇帝以推恩为名义，让诸侯王分裂王国领土封自己的子弟为列侯，诸侯王子弟成为列侯后，他们的封国就划归汉廷直辖。这样一来，王国领土不断缩小。推恩法成效显著，不到十几年，王国领土大多只剩下几县之地，对汉廷再也构不成威胁了。

武帝亲政不久，展现了出众的执政能力，汉初皇帝曾面对的功臣、诸侯王、匈奴三大威胁，前两个被武帝一一消除，到了元朔年间，就只剩下匈奴问题还未解决。

第二节　反击匈奴

自汉朝立国以来，匈奴一直是心腹大患。受军事实力所限，汉初的皇帝对匈奴只能采取妥协退让的方针，以和亲、贡献财宝等方式换取匈奴不对汉朝侵犯。但实际上，匈奴并没有把汉朝放在眼里，每隔几年就会大举入侵汉朝边疆，甚至威胁京畿。虽然有时汉朝也会动员军队反击，但仅限于把匈奴逐出边塞，基本上是以消极防御为主，从没有主动出击。匈奴每次入塞都会劫掠大量牲畜、人口，等汉朝军队赶到，便退出塞外，不但没有损失，还能要挟汉朝贡献更多的财宝。匈奴侵扰汉朝边疆几乎成为家常便饭。

血气方刚的武帝早已不满向匈奴一味妥协，他认为这时的汉朝已经积蓄了相当实力，可以武力教训匈奴。建元六年，窦太后刚刚去世，武帝就迫不及待地想对匈奴动武。该年匈奴派使者来和亲，武帝命群臣朝议，猜透武帝心思的大行（外交事务长官）王恢力主武力征讨，但遭到群臣一致反对。武帝见众意难违，只好打消动武的念头。元光二年，马邑（今山西省朔州市）商人聂壹上书皇帝，说自己有办法诱击单于，武帝再命大臣商议此事。王恢认为聂壹计谋成功的把握较大，建议采纳，而韩安国等人却极力反对。武帝早想对匈奴动武，决定采纳聂壹的计策，向匈奴开战。

汉武帝刘彻像

该年六月，武帝动员三十万大军，分派五位将军统领，埋伏在马邑城周围。一切布置妥当后，命聂壹出塞，诈降匈奴。聂壹见到单于，称马邑城空虚，自己有办法斩杀马邑官员，与匈奴

马踏匈奴石雕（西汉，陕西茂陵博物馆藏）。马腹下踏卧一匈奴人形象，体现了西汉的强大。

里应外合，愿与单于共同瓜分马邑城的财富。单于贪财，遵照聂壹的约定，率领十万骑兵攻破边塞，向马邑城挺进。但在接近马邑城时，看到城外漫山遍野的牲畜，却没有人放牧，单于起了疑心。正巧附近有一座亭障，单于下令攻破亭障。当时雁门郡尉史（相当于省军区参谋）正在附近视察，见到匈奴的军队，躲在这座亭障内，正好被单于活捉。尉史把汉军的伏击计划全盘供出，单于大惊，率军撤出塞外。汉军闻讯追击，但为时已晚，一无所获。“马邑之谋”以失败告终。汉军动员了数十万大军却毫无斩获，武帝非常气愤，逼迫主战的王恢自杀。匈奴与汉朝断绝和亲关系，连年入侵边塞，汉朝损失惨重。

元光四年（前131），二十五岁的武帝在姐姐平阳公主家遇到了歌女卫子夫，一见钟情，把她带回宫中，宠爱有加。为了提高卫氏的地位，武帝把卫子夫同母异父的弟弟卫青召入宫中，任命为太中大夫。武帝知道，要想提升卫青的地位，最快捷的方式就是让他累积军功。而武帝已经决定讨伐匈奴，于是在元光六年任命卫青为车骑将军，与公孙贺、公孙敖、李广各率领一万骑兵出击匈奴。这是汉军历史上第一次主动出击匈奴，公孙贺、公孙敖、李广率军非常谨慎，不仅没有收获，公孙敖和李广还被匈奴击败，全军覆灭。只有卫青孤军深入，攻占了匈奴祭祀中心龙城，俘虏匈奴数百人，全胜而归。武帝封卫青为关内侯（仅次于列侯的爵位）。

元朔元年（前128），卫子夫为武帝生下第一个儿子，武帝非常高兴，立卫子夫为皇后。武帝希望卫青能够再立军功，于是在元朔元年、元朔二年接连任命卫青为将军，率军出击匈奴。卫青不负众望，在元朔二年的军事行动中，率大军从云中郡（今内蒙古呼和浩特市）出发，横扫河南地，一直打到陇西郡，共俘虏匈奴数千人，缴获牲畜数十万，匈奴派驻河南地的白羊王、楼兰王皆渡河逃走。整个河南地都被汉朝控制。武帝决定效仿秦始皇，在河南地设置郡县，沿黄河修筑边塞，然后从关东迁徙数十万人到河南地屯垦，从而把这块新领土划入汉朝版图，恢复到了秦朝时的疆域。该年卫青受封为列侯。

元朔二年冬，军臣单于去世，匈奴发生内乱。军臣单于的弟弟伊稚斜攻破太子於单，自立为单于，於单则率部降汉。於单的出走，一定程度上削弱了匈奴的实力。伊稚斜单于初立，急需树立威望，不断率军入侵，连杀数位边郡太守。元朔五年（前124），武帝再命卫青等人率数十万大军出击匈奴。其中卫青率领的三万骑兵再度孤军深入，匈奴右贤王以为汉军不可能深入塞外，饮酒作乐，到了夜里发现已被汉军团团围住。右贤王仅率数百人突围，其余一万余人的属部和数千万的牲畜全部被卫青俘获。当卫青押送着俘获的匈奴、牲畜浩浩荡荡地返回边塞时，武帝派出的使者早已守候在这里，当场拜卫青为大将军，即征伐匈奴大军的最高统帅。卫青成为朝中最为显贵的人物。

元朔六年（前123），卫青又统领六将军两度出击匈奴，先后斩杀、俘获匈奴一万余人。不过，汉军也有损失。右将军苏建、前将军赵信全军覆灭，苏建只身逃回，赵信则投降匈奴。赵信是归附的匈奴人，在汉地生活了数十年，对汉朝的情况比较了解。单于非常看重赵信，封他为次王，还把姐姐嫁给他。赵信建议单于，说汉军士气正盛，应当避其锋芒。单于于是率领部众迁徙到漠北，这样汉军难以远击，而匈奴则不时越过大漠袭扰汉边。

在这年的军事行动中，另一位杰出的军事将领崭露头角，这就是霍去病。霍去病是卫皇后的外甥，十八岁的时候以外戚的身份入侍皇帝。霍去病善于骑射，武帝把霍去病派到卫青军中，让他建立军功。霍去病深得卫青用兵的精髓，仅率八百骑兵深入匈奴腹地，斩捕匈奴两千余人，生擒匈奴相国和单于的两位叔父。武帝认为霍去病军功卓著，当即分封为冠军侯，“冠军”即勇冠三军之意。霍去病第一次领兵就被封为列侯，名声大噪。

元朔六年以后，单于率匈奴主力退居漠北，汉军很难再给匈奴以重创。这时武帝把注意力转向河西走廊。河西走廊水草丰美，是优良的牧区，原本是月氏人的牧地。冒顿单于击走月氏后，派浑邪王、休屠王驻牧于此。河西走廊地处祁连山北，祁连山南是羌人的聚居区，匈奴常常联合羌人攻打汉朝西部边陲。元狩二年（前121），武帝决定打击驻牧在河西走廊的匈奴，把这一重任交给霍去病。霍去病遂于当年两次率兵出击，他再度采取孤军深入的策略，纵兵千余里，横扫整个河西走廊，斩捕匈奴四万余人，俘获匈奴大小首领七十余人，缴获休屠王的祭天金人。浑邪王、休屠王一年内两次被汉军重创，损失部众数万，单于想杀掉浑邪王、休屠王。二王听到风声，非常害怕。经过商量，浑邪王、休屠王率领部众四万余人投降汉朝。武帝把元狩二年霍去病俘获的匈奴和归附的匈奴安置在西北五郡，每郡设置一名属国都尉，对归附的匈奴部众进行管理。

元狩四年（前 119），武帝下定决心，派军越过大漠，直捣单于龙庭。重任再次落在卫青和霍去病肩上，武帝精选骑兵十万，因为要长途奔袭，另外准备了十四万马匹、数十万步兵驮负军粮。卫青和霍去病各率领五万骑兵，兵分两路越过大漠。当卫青越过大漠时，正好遇到单于率领的主力部队。原来单于获知汉军长途奔袭，想在漠北以逸待劳，不料汉军竟有数万之多。两军激战一日，单于看汉军人多势众，感觉无法取胜，率领数百亲信逃走，丢下的部众几乎全部被汉军斩杀。卫青率军继续追击，沿途斩杀匈奴无数，最后打到匈奴大本营赵信城，缴获大量粮草物资，撤军时，放火焚毁了赵信城。霍去病率领的大军越过大漠，遭遇了匈奴左贤王部众，霍去病将左贤王部全部歼灭，俘获大小首领八十余人，还在匈奴境内的狼居胥山（今蒙古共和国肯特山）举行隆重的祭天仪式，最后得胜凯旋。元狩四年汉军的军事行动，重创了匈奴，匈奴很久无法恢复元气。单于率残部远逃漠北，再也不敢回到漠南。汉朝则在新占据的领地内屯田驻兵，修建鄣塞，稳固新边疆。汉与匈奴的战争暂时告一段落。

从元朔二年（前 127）到元狩四年（前 119）间，汉朝接连主动出击匈奴，占据河南地、阴山沿线、河西走廊，剿灭匈奴部众二十四万，俘获牲畜数千万，将匈奴势力全部驱逐到漠北。汉武帝实现了自己的夙愿，匈奴再也无法大规模侵袭汉朝。元狩末年，单于派使者赴汉，想与汉朝和亲。武帝却派使者回复单于说，现在的匈奴已经没有资格跟汉朝和亲，而只能做汉朝的臣属。单于非常气愤，但却无力攻打汉朝，只能以扣留汉朝使者的方式泄愤。元鼎六年（前 111），汉朝攻灭南越国，武帝亲率十八万骑兵巡边，驻留朔方郡。汉军出塞百余里，不见匈奴一人。武帝派使者面告单于："南越国已破，天子亲自驻军边塞，愿与单于决战。如单于不敢应战，请速来归降。"这时的武帝踌躇满志，自汉建国以来，对匈奴的骚扰一直束手无策，而自己彻底击败了匈奴，消除了汉朝最严重的、也是最后一个威胁。

第三节　开疆拓土

刘邦建立汉朝以后，主要精力放在稳定国内政局，恢复经济生产，对汉朝周边民族政权采取和平相处的方针。刘邦的外交方针被惠帝、高后、文帝、景帝继承，汉朝从未谋求扩张领土或征服周边民族。武帝即位之初，汉朝疆域与刘邦时代相比，几乎没有变化。

刚刚即位的武帝年轻气盛，心怀远大抱负，他认为汉朝实力已今非昔比，对待周边异族的态度也要有所改变。就在这时，汉朝东南的闽越国和东越国爆发了冲突，这使武帝有机会介入两国事务。原来在景帝平定七国之乱的时候，吴王刘濞的儿子子驹流亡到闽越国。子驹怂恿闽越国称霸东南，与汉朝抗衡，于是从景帝时代开始，闽越国不断武力征讨周边的越人部落。建元三年，闽越国大举进攻东越国，东越国招架不住，向汉朝求援。武帝向太尉田蚡征求意见，田蚡回复说："越人之俗好相攻击，闽越、东越争斗是常有的事情，先帝从来没有过问，不用理睬。"中大夫严助不同意田蚡的看法，他认为东越国是汉朝的臣子，现在臣子有难而皇帝不救，以后皇帝在属国面前还有什么威望。武帝同意严助的意见，但又不想大规模发兵征讨，于是派严助去会稽郡调集地方军队营救东越。严助率领会稽郡的军队从海路增援东越国。围攻东越国的闽越军队见到汉朝军队，马上退兵。东越国王不堪闽越国袭扰，上书武帝，愿意举国内徙。武帝批准了东越国王的要求，东越国王率领全国百姓跟随严助回到汉朝，被汉朝安置在江淮流域。

东越国迁走后，国土被闽越国吞并。建元六年，闽越国又去攻打南越国，南越国向汉朝求救。武帝命令大鸿胪王恢和大农令韩安国分别率领豫章郡、会稽郡的军队去讨伐闽越国。汉军还没有进入越地，闽越国发生了内乱，贵族余善杀掉了国王郢，向汉朝谢罪。武帝下令撤军，另封闽越贵族丑为闽越王。余善自认为立有头功，应被封王，所以心里不满，拒绝听从丑的号令。武帝为了安抚余善，封他做东越王，让丑和余善分别统领闽越部众。

元鼎五年（前 112），汉军攻打南越国，余善率兵八千跟随楼船将军杨仆从海路进攻南越。余善并不想参战，真实意图是按兵观望。等到汉军攻占了番禺，余

云纹漆钫（西汉，长沙马王堆一号墓出土）。此为盛酒器。

善看大势已定，直接率军回国去了。杨仆把余善的行为汇报给武帝，请求攻灭闽越。武帝认为汉军刚刚消灭南越国，需要时间休整，没有同意，而是命令部分汉军屯驻武夷山，给闽越国施加军事压力。余善认为武帝迟早要动手，派军越过武夷山，攻入汉军屯驻的军营，连杀三个校尉，汉军损失惨重。余善获得胜利后，不可一世，还自称皇帝。武帝闻讯大怒，杀掉汉军统帅，重新部署军队，兵分四路，围剿闽越国。元封元年（前110），四路汉军皆进入闽越国，国王居股（丑的继任者）害怕祸及自身，联合其他闽越国贵族杀掉余善，向汉军投降。武帝下令，把所有闽越人迁徙到江淮地区，把闽越国故地划入会稽郡管辖，闽越国最终灭亡。

现在回过头来说说南越国。最初，在南方的越人政权中，实力最强大的就是南越国。赵佗在位时期，南越国降服了周边的骆越、闽越，还几次攻打长沙国，一度称帝，成为岭南的霸主。赵佗一直活到建元四年（前137），据说去世时已年逾百岁。赵佗去世后，他的孙子赵胡即位，即位不久，闽越国攻打南越国。赵胡向武帝求援，武帝派军征讨闽越国，迫使闽越国退兵。为了感谢汉朝的援助，赵胡让太子婴齐入质长安。就是这个婴齐，后来将南越国引向灭亡。

婴齐在长安生活期间，喜欢上一位邯郸女子樛氏。根据《汉书·地理志》的记载，汉代的邯郸人十分重视培养女儿，从小就教她们歌舞弹琴，长大以后把她们送到王侯富豪人家做妻妾，以谋取富贵。像刘邦宠爱的戚夫人、文帝宠爱的慎夫人都是邯郸女子。想必从小生长在南越的婴齐从没见过像樛氏这样美丽优雅的女子，十分迷恋她。赵胡去世以后，婴齐回南越国继承王位，把樛氏也带回国。婴齐刚刚即位，就立樛氏为王后，立樛氏所生的儿子赵兴为太子。婴齐在位没有多久就去世了，赵兴即位。因为赵兴年幼，樛氏就以太后的身份摄政。

武帝听说樛氏摄政，想劝说南越国彻底归附汉朝，于是派出使团出使南越国。

对于这次出使，武帝颇费了一番脑筋，他任命安国少季为使者，还命令路博德屯兵南越国边境，作为使团的军事后援。主使安国少季是樛氏的前男友，武帝任命安国少季显然是想利用他与樛氏的特殊关系劝说樛氏就范。樛氏寡居多年，见到安国少季旧情复燃，整日在宫中寻欢作乐。樛氏很快宣布全盘接受武帝的条件，下令解除边防，国内二千石的官员由汉朝派驻，施行汉朝的法律制度，自己和南越王皆入朝长安。这样的条件，等于宣告南越国不再是一个独立的国家，而与汉朝境内的诸侯王没有什么区别。

云纹漆钟（西汉，长沙马王堆一号墓出土）。器底朱书“石”字，表示容量。

南越国丞相吕嘉先后辅佐三代国王，德高望重，子弟多任高官，在南越国很有政治势力。他听到樛氏的诏令，非常气愤，坚决反对臣属汉朝，暗中号令各级官员，不要执行太后的诏令。樛氏见吕嘉不配合，想效仿当年的项羽，也摆了一场“鸿门宴”，在宴会上暗示安国少季斩杀吕嘉。谁知安国少季胆小怕事，不敢动手，吕嘉看出其中有诈，急忙出宫，布置亲信，准备武力对抗。

眼看南越国局势陷入僵局，武帝心里非常着急，打算派严参率领二千人去增援樛氏。严参说：“如果这次出使是以和平协商为目的，几个人就足够了。如果是以武力解决为目的，两千人根本不够。”武帝认为严参怯懦，改派济北国丞相韩千秋率军增援。吕嘉听说汉朝派军队来增援，于是公开反叛，率军攻入王宫，杀死了王太后樛氏、国王赵兴、汉使安国少季，立南越贵族建德为南越王。韩千秋率领的二千余人根本发挥不了作用，在番禺（今广州市）城外被全部消灭。吕嘉命人把安国少季、韩千秋等汉朝使者、将领的首级带到边界，送交汉军。武帝哪里能够忍受这样的羞辱，下令动员全国的罪人和江淮以南郡国的军队共十万人，准备武力征讨南越国。

元鼎五年（前 112）秋，汉军兵分四路，分别从桂阳郡、豫章郡出发，向南

奇华宫五足青铜炉（西汉，西安市三桥镇西出土，西安博物院藏）。外口沿下有铭文“天汉二年”。

越国挺进。次年，汉军陆续翻越南岭，并击溃阻击的越军，最后四路大军会师于番禺。吕嘉和建德先是固守番禺，后来见守城困难，相继外逃，汉军攻占了番禺，随后追击并活捉了建德和吕嘉。当汉军攻占番禺的消息传来，武帝正出巡至河东郡左邑县桐乡，不由大喜，下令升桐乡为闻喜县。当武帝出巡至河内郡汲县中乡的时候，吕嘉被擒获的消息也传来了。武帝知道，吕嘉被擒获，意味着南越国大势已定，下令升中乡为获嘉县以示纪念。

番禺城被攻占，吕嘉被擒获，南越国各地官员失去抵抗的信心，陆续投降汉军。不到一年，南越国被彻底平定。武帝把南越国地重新设置为九个郡，全部纳入汉朝版图。汉朝疆域由此一下拓展至海南岛和中南半岛。

从元光年间（前 134 －前 129）开始，武帝逐渐向西南夷拓展势力。武帝征服西南夷的契机则源于唐蒙在南越国的一次出使经历。建元六年，武帝派唐蒙出使南越国，与南越国王赵胡协调抵御闽越国事宜。唐蒙在南越国吃到一种蜀地特有的枸酱。唐蒙感到很奇怪，询问南越国官员这种酱是从哪里得来的，官员回答说是从南越国西北部的夜郎国（今贵州省）贸易得来。唐蒙由此知道夜郎国有道路通往蜀地和南越国。唐蒙回到长安后，向武帝建议征服夜郎国，这样日后可以经由夜郎国地进攻南越国。武帝认为这个办法可行，任命唐蒙为中郎将，让他率领数千人出使夜郎国。

唐蒙从巴郡出境，不久见到了夜郎国王。夜郎国王从来没有见过汉朝使者，于是问唐蒙：“是汉朝大，还是夜郎国大？”这就是成语“夜郎自大”的由来。唐蒙对夜郎国王威逼利诱，一面盛赞汉朝的强大，一面以财宝相诱惑。夜郎国王贪图汉朝的财宝，同意归附汉朝。然后，武帝下令在夜郎国地设置犍为郡，由汉朝派驻官员与夜郎国国王共同管理。此后，汉武帝又派司马相如、王然于，还有身为郎中将的司马迁出使西南，说服这些部族归附汉朝。武帝又在邛、笮等地设置了十余个县，由蜀郡管辖。犍为郡和蜀郡南部十余县的设置，是自刘邦立汉以后，汉朝疆域的首次拓展，也是武帝开疆拓土的前奏。

西南夷地区道路险阻，交通不便，为了有效控制当地，汉朝不得不征发大量劳工开凿维护道路，花费巨大，百姓死伤无数。而西南夷又叛服不定，时常攻杀汉朝使者、官员。元朔年间以后，汉朝的主要精力放在与匈奴的战争上，无暇顾及西南夷。武帝最后采纳公孙弘的提议，废弃了夜郎、邛、筰等地。

元鼎五年（前112），武帝发兵南越国，派人通知夜郎、且兰等国出兵助战。夜郎、且兰拒不从命，还杀掉了汉朝的使者。元鼎六年，南越国已基本平定，武帝命攻打南越国的汉军回师攻打且兰、夜郎。且兰被汉军攻破，国王被斩杀，夜郎国则投降了汉朝。武帝下令在且兰、夜郎故地设置牂牁郡，对两国民众直接实施管辖。

汉朝接连灭亡降服南越国、且兰国、夜郎国，西南夷各部落非常恐慌，纷纷归附。武帝在元鼎六年又接连在西南夷地区设置汶山、越巂、武都等郡，汉朝的西南疆域大大拓展。邛、筰等部族的归附，使得汉朝的势力进入云贵高原核心，武帝派使者去云贵高原的滇、劳浌、靡莫等国，宣谕他们归附汉朝。劳浌、靡莫两国不服，杀掉汉朝使者。元封二年（前109），武帝征发大军消灭了劳浌、靡莫两国，滇王则率国民投降。武帝在云贵高原设置了益州郡，汉朝的版图拓展至今云南省境内。

自惠帝、吕后时期朝鲜与汉朝正式建立臣属关系以后，双方的关系比较融洽。元朔元年，朝鲜半岛东部的秽貉派人到长安，愿意归附，武帝下令在秽貉地区设置苍海郡，对当地部众进行管辖。秽貉原本是臣属于朝鲜国的部落，朝鲜国王很不高兴，下令阻隔汉朝与苍海郡的交通。苍海郡仅仅维持了一年多，就不得不罢废了。从此以后，朝鲜国阻止周边部族去长安朝见，这实际违反了与汉朝的约定，汉朝与朝鲜国的关系变得紧张起来。

元封二年，武帝派涉何出使朝鲜国，劝说朝鲜国王遵守约定。当时的朝鲜国王是卫满的孙子右渠，右渠拒绝服从。当涉何返回汉朝时，担心无功而返会受到惩罚，于是在到达辽东郡边塞时，杀掉了陪行的朝鲜裨王。涉何回报武帝，称自己斩杀了朝鲜将军，武帝给予涉何嘉奖，任命涉何为辽东郡东部都尉。右渠获知此事，派兵攻入辽东郡，杀死了涉何。

当时汉朝已经击败了匈奴，灭亡了南越，周边各民族纷纷归附，而朝鲜国竟然对汉朝动兵，这令武帝非常愤怒，下令动员军队攻打朝鲜国。当年秋，汉军兵分两路，楼船将军杨仆再度受命，率领水军从山东半岛渡海，攻打朝鲜国都王险城；另一路由左将军荀彘率领，从辽东郡经陆路攻打朝鲜国。此事，《汉书·朝鲜传》及《汉书·酷吏传》都有记载。汉军低估了朝鲜国的实力，荀彘率领的陆军在浿水（今朝鲜民主主义人民共和国清川江）遭到阻击而无法前进。杨仆率领的水军虽然在王险城登陆，但兵力有限，被朝鲜军队击溃。杨仆只能率领少量残兵躲到山中打游击。武帝没想到对朝鲜的军事行动一败涂地，转而采用谈判的手段，命卫山出使朝鲜，让右渠归附。右渠自知朝鲜不是汉朝的对手，虽然打了胜仗，心里还是恐慌，见到卫山立刻表示归附，还让太子携带军马、粮食、财宝亲自去长安赔罪。当太子一行来到浿水前线时，荀彘命太子一行解除武装。太子担心荀彘会杀掉自己，逃回了王险城。汉朝与朝鲜的谈判宣告破裂。

武帝命汉军继续进攻，荀彘终于突破了浿水防线，挺进至王险城，杨仆也率领残部下山，与荀彘会合，把王险城团团围住。汉军围攻王险城，但历经数月也没有攻下来，这主要是因为汉军内部人心不和。原来，汉军围攻王险城，朝鲜大臣们想投降，因为久闻杨仆大名，私下派人与杨仆谈判。杨仆想独占约降朝鲜的头功，所以没有通报荀彘，每次攻城也不肯出力。两支汉军各怀心机，致使王险城久攻不下。武帝认为荀彘、杨仆无能，派济南太守公孙遂前去督战。公孙遂来到军中，荀彘向公孙遂通报杨仆暗地勾结朝鲜。公孙遂召来杨仆，当场将其擒获，派人押送至长安，把杨仆的军队交给荀彘统一指挥。

荀彘掌握了所有兵权，集中力量围攻王险城。朝鲜大臣眼看抵抗不住，杀掉国王右渠，于元封三年夏向汉军投降。武帝在其地设置乐浪、玄菟、真番、临屯四郡。虽然汉朝损失巨大，但把汉朝的版图拓展到朝鲜半岛。

从元光初年初开犍为郡，到元封三年设置朝鲜四郡，武帝用了二十余年的时间，相继攻灭了周边的各个民族政权。汉朝的疆域急剧扩大，远远超过了秦朝全盛时期的疆域。在此后的近两千年，再也没有哪一个中原统治者能够突破汉武帝时期的疆域规模，直到清朝乾隆时期这个纪录才被打破。

第四节　经营西域

在汉代以前，中原王朝势力最西只达到今甘肃省、宁夏回族自治区境内的黄河沿线。而武帝在位时期，汉朝的势力向西大大拓展，影响波及今天的中亚地区。汉朝向西发展，主要是出于控御匈奴的目的。

建元年间，武帝刚刚即位，从投降的匈奴俘虏那里获知匈奴西方有一个强大的游牧部族——月氏，而月氏与匈奴是世仇。武帝早有对匈奴动武的想法，希望能够联合月氏对抗匈奴，于是招募汉中人张骞出使月氏。张骞的使团刚刚离开陇西郡，就被匈奴扣留。张骞在匈奴境内生活了十余年，终于寻到机会，与几位使团成员逃脱，一路向西，沿着天山南麓的绿洲城邦诸国，一直走到大宛国（今属乌兹别克斯坦共和国）。大宛国王久闻汉朝富有，见到张骞非常高兴，询问汉朝的情况。张骞向大宛国王夸耀汉朝的富强，劝说大宛国王支持自己出使月氏。大

张骞出使西域辞别汉武帝图（唐初，敦煌莫高窟第323窟）。图中绘汉武帝带领群臣到长安郊外为张骞送行，持笏跪者为张骞。

宛国王派人把张骞一行护送至月氏。当时的月氏已经远离匈奴，在中亚的阿姆河流域找到了丰美的草场，过上了安逸的生活，不愿再去找匈奴报仇。张骞等人在月氏停留了一年多，无法劝说月氏与汉朝联合，只好率领使团成员返回。

张骞担心使团返回途中再被匈奴扣留，于是选择沿着塔里木盆地南缘、昆仑山北麓的绿洲东行。在抵达祁连山地区后，张骞计划翻越祁连山，经由羌人地区回到汉朝，但又被匈奴抓获，送到单于庭扣押。过了一年多，也就是元朔二年（前127）冬，匈奴军臣单于去世，单于的弟弟伊稚斜与太子於单争立，匈奴内乱，张骞和另一位使团成员堂邑父趁乱逃回了汉朝。当年一百余人的使团，在经过十三年后，只有张骞、堂邑父两人回到汉朝。

武帝没有想到张骞还能回来，十分惊喜，立刻召见，向他打听西方的情况。张骞向武帝详细介绍了西域诸国和部族的国情、风俗、历史、特产。张骞带回的这些信息，是中原人闻所未闻的，大大拓展了汉朝上层贵族的见闻。当时的人们认为张骞历经十余年往返西域，越过匈奴，到达了中原人从未涉足的地域，是一种壮举，称之为“凿空”，意思是打通了一条通往全新世界的道路。

张骞在匈奴境内生活了十余年，对匈奴地理交通较为了解。武帝任命张骞为校尉，让他协助卫青攻打匈奴。元朔五年、六年（前124、前123），卫青接连采取孤军深入的战术，深入匈奴腹地，因为张骞熟悉匈奴境内的情况，汉军能够获得水源和草场的补给，更重要的是没有迷失方向。因为张骞在对匈奴作战中起到的重要作用，元朔六年被封为列侯。

张骞出使图（汉画像石）

张骞墓

元狩二年（前121），张骞与李广共同率军攻打匈奴。张骞因为延误战机，致使李广全军覆灭，最后张骞被废为庶人，他一生只做了两年列侯。同年，骠骑将军霍去病进攻河西走廊的战争取得大胜，导致浑邪王、休屠王率部降汉，整个河西走廊成为一片无人地带。对于如何处置河西地区，朝中存在不同的看法，这时武帝又想起了张骞，把他召来征询意见。张骞说，在匈奴西部还有一个强大的游牧部族叫作乌孙，汉朝可以用财宝召诱他们来河西游牧，这样一来既可以利用乌孙占据河西，也可以联合乌孙共同抵抗匈奴。武帝认为张骞的意见可行，安排了一支庞大的使团，让张骞率领出使乌孙。张骞的第二次出使顺利得多，因为匈奴已经远逃到漠北，沿途的绿洲城邦已获知汉朝击败匈奴的消息，都尽心款待汉朝使团，张骞一行很快抵达乌孙。

当时的乌孙主要游牧于天山以北的准噶尔盆地，首领叫昆莫，一直臣属匈奴。张骞到达乌孙时，昆莫已经听说汉朝击败了匈奴，所以对张骞十分敬重，像款待匈奴单于一样款待张骞。张骞建议昆莫率部驻牧河西，但这时的昆莫已经无法控制整个部族。原来昆莫年事已高，其部众分裂为三部，分别由他的儿子、孙子统领，各自为政。再加上乌孙常年臣属匈奴，对匈奴非常畏惧，虽然知道汉朝击败匈奴，但因为以前没与汉朝接触过，不知道汉朝实力如何，不敢轻易臣属。张骞见无法说服乌孙，只能分派使者前往西域各国，扩大汉朝在西域的威望，特别是回报当年曾给自己提供帮助的大宛。待各路使节返回乌孙后，张骞率领使团带着各国使节东返汉朝。张骞回到汉朝，被武帝任命为大行（汉代接待宾客的官员），一年多后去世，归葬故里汉中。

张骞的第二次出使，打通了汉朝与西域诸国的交通线，此后汉朝使者陆续出使西域，西域诸国也派使者到汉朝贡献方物，其中大宛国贡献的马匹最受武帝的喜爱，武帝把大宛贡献的马匹命名为“天马”，还亲自作诗赞叹。为了保障西域交通线的畅通，武帝决定在河西走廊设置酒泉郡，派兵修建驿站、烽鄣，同时从内地移民屯守。武帝此举意义非凡，从此以后河西走廊由游牧区渐渐转变为农耕区，成为中原王朝不可分割的一部分。

武帝设置酒泉郡后，汉朝的西部边疆由原来的黄河一线拓展至黑河流域，汉朝通往西域的道路更为便捷，每年出使西域的使团数量大增。汉朝派往西域的使者主要招募自民间，鱼龙混杂，其中不乏品行恶劣、贪财好利之徒，这些人在出使途中，常常恐吓沿途小国，还有人私下贩卖朝廷赠送西域各国的礼品，搜刮各国特产，西域各国渐渐厌烦汉朝使者，特别是地处交通要道上的楼兰（今新疆鄯善县）、姑师（今新疆吐鲁番）更是不堪重负。两国国王以为汉朝遥远，势力不及，于是斩杀过往汉使，阻断了西域交通。

大约在元鼎年间，汉朝经营西域的策略发生了转变。此前汉朝经营西域的重点是月氏、乌孙，其意图是联合月氏、乌孙制衡匈奴。而在此之后，汉朝经营西域的重点转向天山以南的绿洲诸国，其意图是保障西域交通线的畅通，使武帝能够不断获取来自西方的奢侈品。楼兰、姑师阻断西域交通的行为令武帝不能容忍，于是在元封三年（前108）命令赵破奴率领数万汉军远征楼兰、姑师。汉军副将王恢以前做过使者，曾受到楼兰的凌辱，主动请缨攻打楼兰。赵破奴调拨给王恢精骑七百人，王恢攻破楼兰国，俘虏了国王，赵破奴也攻破姑师国。汉朝轻而易举地消灭了两个国家，对西域各国震动极大，各国纷纷上书臣服，再也不敢劫掠过往汉使。乌孙也意识到汉朝已取代匈奴成为西域最具影响的政治势力，于是进献千匹良马作为聘礼，愿与汉朝和亲。武帝则把江都王刘建的女儿刘细君嫁给乌孙昆莫，乌孙与汉朝的关系得到巩固。元封六年（前105），刘细君病逝，武帝又把楚王之女刘解忧嫁给昆莫，巩固两国的关系。为了保障西域交通线，武帝下令拓展驿站、烽鄣，从酒泉一直修到玉门关（今甘肃省敦煌市西）。汉朝的西部边疆进一步拓展至疏勒河流域。

细君公主雕像

汉朝在西域军事行动的胜利，奠定了汉朝在西域的统治地位。汉朝的势力也发展到葱岭以外，汉朝使者越过大宛、月氏，足迹涉及康居（今哈萨克斯坦境内）、大夏（今阿富汗境内）、安息（今伊朗境内）。西域各国的使者也跟随汉使来到汉朝，武帝特地在上林苑修建离宫招待西域使者，还带着使者出巡关东，让他们见识汉朝疆域之辽阔、人口之众多、物产之丰富。这些使者回国后，把他们的见闻讲述给各自的君主，扩大了汉朝在西域的威望。

在西域各国贡献给汉朝的方物中，武帝最喜爱的是来自大宛国的马匹。有使者向武帝报告，大宛国最好的马出产于贰师城，大宛国王从不肯把贰师城的宝马进献给外国。武帝对贰师城宝马极为向往，特地派出一个使团，携带重金去大宛国购买宝马。自从汉朝打通西域交通，不断向大宛国索取马匹，大宛国王早已心生厌恶。这次汉朝使团又来索取贰师城宝马，大宛国王与大臣们商议，决定杀掉汉使，断绝汉朝索取宝马的念头。

大宛国斩杀汉使的消息传来，武帝极为恼怒，决定发兵攻打大宛。这时霍去病、卫青已相继病逝，武帝正宠幸李夫人，想提升李氏的地位，于是任命李夫人的哥哥李广利为“贰师将军”，让他率军攻打大宛，以获取军功。此前汉军仅以数千人攻灭了楼兰、姑师两国，这让武帝有些轻敌。他调拨给李广利骑兵六千，另发配全国各地“恶少年”数万人，拼凑起一支远征军。太初元年（前 104），李广利率领这支远征军，向大宛国进发。

李广利的出兵并不顺利，沿途小国害怕亡国，纷纷闭城抵抗。汉军一路得不到补给，进入大宛境内时，仅剩下数千人。汉军竭尽全力，攻下大宛国东部重镇郁成。李广利与将领们商议后认为汉军没有能力继续攻打大宛国，于是决定撤军。当大军撤退至敦煌时，李广利派人送信给武帝，解释撤军的原因。武帝收到书信，勃然大怒，下令李广利不得返回长安。李广利只能率领远征军残部驻扎在敦煌，等待武帝发落。

这时的武帝已经下定攻灭大宛国的决心，他认为如果远征无功而返，不仅以后再也得不到宝马，也会影响汉朝在西域的威望。这一次，武帝几乎动员了全国力量来进行战争。武帝共调集了二十四万军队，其中六万人组成远征军，余下十八万人屯驻酒泉郡，作为远征军的后方保障。另外征调十万头牛，三万匹马，数万驴、骡、骆驼为远征军驮负军粮物资。李广利得到兵源、物资补充，再度远征大宛。这一次比较顺利，沿途小国见到如此众多的汉军，都失去了抵抗的决心，开城投降。少数国家负隅顽抗，皆被汉军攻灭。远征军进入大宛国境内时，还有三万余人。汉军将大宛国都团团围住，围困四十余日。大宛贵族们知道难以持久，联合杀掉国王，将国王首级送给李广利，相约进行谈判。最终谈判达成，大宛国献出全国所有宝马，供汉朝挑选，同时给汉军提供粮食和补给，大宛改立亲汉的

楼兰故城遗址一侧

昧蔡为国王。李广利精挑细选了三千余匹宝马而归。

李广利第二次征讨大宛的军事行动基本达到了预期目的。自此以后，大宛国归附汉朝，再也不敢刁难、阻拦汉朝使者。西域诸国纷纷遣王子入质长安，强化与汉朝的依附关系。康居、大夏等国则直接派遣使者前往汉朝朝贡。李广利征讨大宛时，轮台国拒绝配合，被汉军攻灭。武帝下令在轮台国故地派驻数百汉军，让他们在当地屯田戍守，为过往的汉朝使者、官员、军队提供支持，轮台由此成为汉朝经营天山以南诸国的基地。武帝还下令继续拓展驿站、烽鄣，从玉门关延伸至轮台，汉朝对西域的控制得到加强。

汉武帝经营西域的意义极为深远。武帝以前，西域对中原王朝来说是一片陌生的土地，中原王朝在西域不具有任何政治影响。而自元狩年间（前 122 －前 117）以来，汉朝势力逐渐渗透，仅仅二十余年，汉朝就取代匈奴成为西域地区的统治势力。葱岭以东的绿洲国家和游牧部落皆服从汉朝的领导。葱岭以西的国家、部族则与汉朝建立了稳定的外交关系。从此以后，葱岭以东的西域地区成为中原王朝的势力范围，并最终成为中原王朝疆域的一部分。汉朝对西域的经营还打通了中西交通线，这大大促进了东西方物质、文化的交流。汉朝出产的丝绸、铁器源源不断地输往西方，丝绸很快成为罗马帝国最为畅销的商品。而西方的葡萄、胡桃、胡麻、苜蓿、马匹也输入中原，成为中原重要的农畜产品。西域各国还从中原学到冶铁、打井技术，西方的杂技、音乐也传到中原，并一直传承到今天。在汉朝的持续影响下，一些西域国家开始采纳汉朝的政治制度。《汉书 · 西域传》记载，龟兹国一度全面采用汉制。而考古发掘表明，西汉后期至魏晋，中原的简牍文书制度已被西域各国广泛采纳，成为西域各国之间、西域各国与汉朝之间信息交流的主要方式。

第五节　新的经济、财政政策

武帝在位时期，推行一系列新的经济、财政政策，这些新经济政策的制定与执行，与当时一位官员密切相关，他就是桑弘羊。

桑弘羊出生在洛阳的一个商人家庭。史籍记载，桑弘羊心算能力极强，不利用筹（一种计算工具）也能把商品价格算得一清二楚。由于很小就展现出非凡的计算天赋，桑弘羊十三岁时被召入宫廷，为皇室管理财务。这时的汉帝国经过“文景之治”，府库充盈，财税收入丰厚。司马迁记述当时的情景是：“都鄙廪庾皆满，而府库余货财。京师之钱累巨万，贯朽而不可校。太仓之粟陈陈相因，充溢露积于外，至腐败不可食”（《史记 · 平准书》）。但好景不长，从元光六年开始，汉朝接连对匈奴进行军事打击，每次出征都要耗费大量财物。而元朔二年夺取河南地后，在当地设置郡县，从关东迁徙大量百姓屯田戍边，所有开销都由官府承担。元狩二年（前 121），匈奴浑邪王、休屠王率部降汉，武帝优待匈奴降众，对匈奴归降的各级首领给予优厚赏赐。武帝在边郡设置了五个属国都尉，安置数万匈奴降众，匈奴降众的日常开销也由官府承担。次年，关东发生了严重水灾，武帝派遣使者前往灾区，打开郡国粮仓赈济灾民，但粮仓的粮食全部耗尽也不能赈济全部灾民，武帝只能下令把关东七十万灾民迁徙到关西和新占领的河南地，来缓减关东的赈灾压力。经过战争消耗、移民实边、匈奴降众的安置和赈济灾荒，

东市图（出土于广汉的汉代画像砖）

市集图（出土于成都新都区的汉代画像砖）

庖厨（成都市郊出土的汉代画像砖）

汉朝中央、地方的府库消耗一空，国家的财政收支出现严重亏空。

面对国家财政的枯竭，武帝想到了理财才能突出的桑弘羊，向他征询增加国家财政收入的方法。桑弘羊向武帝推荐了两条途径：盐铁官营和增税。

在汉代，盐业和冶铁业是关乎国计民生的两大支柱产业。对于任何一个家庭，盐和铁器都是生活必需品，因此两项产业的获利极为可观，战国秦汉时代名闻天下的富家豪商几乎都从事盐铁生产或盐铁贩卖。武帝以前，盐业、铁业为民间私营，官府只向这两项产业的从业者抽取一定税收。桑弘羊建议盐业和铁业全部由官府生产、经营，禁止民间从事这两项产业，这实际上就是国家垄断。武帝采纳了桑弘羊的建议，征召全国闻名的大盐商齐国人东郭咸阳和冶铁业生产者南阳人孔仅协助桑弘羊一起制定盐铁官营的细则。细则很快制定出来：官府在出产食盐的地区设置盐官，盐官招募百姓制盐，制盐工具由盐官提供，制造出的食盐由盐官统一收购，食盐的运输和出售则由官府负责；官府在各郡国设置铁官，铁官负责铁矿的开采、铁器的冶炼、铁器的销售。凡是私自生产、经营盐铁业的百姓均会受到严厉处罚。

盐铁官营直接侵夺了盐铁生产者和经销商的利益，为了消除来自大盐铁商人的抵制，武帝采取了较为策略的举措，他要求各地的盐官、铁官官员从原来的盐铁生产者和经销商中选任，等于把他们纳入国家体制。虽然经济收益有所降低，但成为官员以后，商人的政治地位大大提升，使得他们也成为盐铁官营的获益者。在政府和盐铁商人的共同妥协下，盐铁官营得以顺利推行。

扩大财政收入的另一项举措是增税，增税的对象是全国的商人、手工业生产者和运输商，新增税的名目叫“算缗”。根据规定，全国的商人、手工业生产者要对财产进行申报，依据财产的数额，商人每二千钱收一算，手工业生产者每四千钱收一算。对于拥有车船的家庭，依据车船的数量和大小收取不同额度的赋税。简单地讲，“算缗”就是一种财产税，其目的是让富人承担更多的赋税。不过，“算缗”的执行还有一个前提，就是商人要申报财产。为了避税，商人难免会虚报财产，对此武帝还颁布了“告缗令”，规定凡是举报商人虚报财产经查属实的人，可以获得被举报人家产的一半，这实际上是在鼓励人们相互检举。

羊肆沽酒图（四川省彭州市出土的汉代画像砖）

元狩四年（前119），武帝正式下令推行盐铁官营和“算缗”。全国各地的盐铁商人除了少数转变为盐铁官员以外，大多破产。全国的商人、手工业者和运输商也背负上了沉重的纳税负担。随之而来的，是“告缗遍天下”的局面，各地大商人几乎都受到告发，纷纷破产入狱。至元鼎初年，全国中等家产的家庭几乎无一幸免，全部破产。官府通过盐铁垄断生产、经营，攫取了巨额的商业利益，各级地方政府则收取了数以亿计的缗钱，官府没收商人富豪的土地、奴婢、住宅不计其数。盐铁官营和算缗、告缗政策的执行，使国家的财政危机暂时得到缓减。

元鼎二年（前115），国家的财政状况有所改观，武帝提拔孔仅为大农令（相当于财政部长），桑弘羊为大农丞（相当于财政部副部长）。武帝又在桑弘羊的建议下，于当年推行均输法。所谓均输法，简单地说就是官营物流。古代的商业很多情况是把商品运输到其他地方贩卖获利。武帝下令在各郡国设置均输官，收购当地特产，再把这些特产运输到其他郡国和长安，除了政府所需，剩余产品可以进行贩卖。均输法的执行，降低了政府采购商品的成本和运输成本，节省了政府开支。更重要的是，均输法使得政府基本垄断了商品的长途运输，商人依靠运输商品获利的经营模式实际上被政府接管，商人由此受到打击，而政府财税收入再次得到增加。

元鼎年间（前116－前112），伴随着均输法的实行，武帝又推动另外一项关乎国计民生的经济改革——货币制度改革。西汉初年，国家沿用了秦代的货币“半两钱”，但对铸币权限没有限制，政府、诸侯和民间都可以铸币。由于铸币权限的泛滥，市面上流通的半两钱千差万别，再加上政府无法控制货币发行量，常常引发商品价格的波动。景帝中元六年（前144），皇帝下令禁止民间铸钱，货币只能由郡国铸造。虽然政府收回了铸币权，但是因为各地政府铸造的货币仍有差别，这就给盗铸货币的流通创造了空间，民间盗铸货币的现象无法得到遏制。元狩四年，武帝下令改铸“三铢钱”，即重量为三铢的“半两钱”，以前市面上流通的各种“半两钱”将被新货币替换，同时下令盗铸货币者一律处死。但最终的效果并不能令人满意，很快市面上就出现了盗铸的“三铢钱”。武帝只能于元狩五年再度下令，改铸“五铢钱”，还提高五铢钱的铸造标准，要求各地严查盗铸者，可效果仍不尽如人意。元鼎二年汉武帝又推出铸造工艺更为复杂的“赤侧钱”，所谓赤侧钱，是指钱币的外轮廓用赤铜铸造，还要求百姓缴纳赋税必须使用赤侧钱。但“赤侧钱”推出不到一年，盗铸就出现了，元鼎三年（前114）武帝只得下令废除赋税只能缴纳赤侧钱的命令。武帝试图以提高铸币标准来杜绝盗铸货币的努力以失败而告终。

武帝最后下定决心，由中央统一铸造钱币。元鼎四年（前113），武帝下令设置水衡都尉，这是一个从少府（掌管皇室财政的机构）分离出来的新机构。水衡都尉下属有均输、钟官、辨铜三个机构，专门负责货币的铸造，同时下令冶铜业也由官府专营。官府在各地设置机构开采铜矿，再由“均输”把铜矿石运输到长安，由“辨铜”对铜矿石进行筛选和初加工，最后送到“钟官”进行铸造。通过中央垄断钱币铸造的方式，钱币的铸造标准得以统一，货币的发行量和铸造工艺都得到保障，盗铸货币的流通空间消失了。由于盗铸成本的提高，盗铸货币的现象逐渐消失，水衡都尉铸造的五铢钱成为市面上唯一流通的货币。武帝终于实现了统一货币体制的愿望。

元封元年（前110），武帝任命桑弘羊为治粟都尉，让他代理大农事务，桑弘羊随即推行平准法。所谓平准法，就是官营期货。平准法与之前推行的均输法相配执行，官府在都城设置平准令，统一调配均输官收购、运输的各项物资。当某种物品价格低贱时，平准令指示各地均输官进行收购，而当物品价格上涨时，平准令指示各地均输官将物品售出，这样既可使政府获利，也起到了平抑物价的作用。囤积居奇本来是商人获利的主要模式，政府进入市场参与物品的交易，使商人无法利用市场商品价格的波动来获利，给予商人沉重的打击，而政府的财政收入则大大提高。

在桑弘羊的辅佐下，武帝成功地解决了政府财政危机，财政收入不断增加。元鼎、元封年间，汉朝能够持续不断地对匈奴、南越、东越、朝鲜发动战争，在全国范围内大规模兴修水利，治理黄河，扩建上林苑，与国家财政的稳定密切相关。天汉元年（前100），武帝正式任命桑弘羊为大司农，桑弘羊成为掌管全国财政的最高官员，他出色的理财才能已得到全面认可。

第六节　强化皇权与统治政策的转变

武帝是一个权力欲望极强的人，大臣汲黯曾形容武帝“内多欲而外施仁义”。要想实现远大的抱负，武帝必须确保至高无上的权力，他的命令也必须得到贯彻执行。汉初，丞相对皇权起到很大制约作用。从元朔年间开始，武帝任命出身低微、才能平庸的人出任丞相，使丞相无法干预皇帝的决策。但在制度层面，丞相仍然拥有很大权力，依然对皇权构成威胁。武帝决心收夺丞相权力，想到的办法是利用内朝官来分散丞相的职权。

汉代的官僚可以划分为两大系统。其中一类官员主要为皇帝的日常起居服务，具有很强的私属性质，这些官员大多供职于宫廷，故被称为“内朝官”。另外一类官员主要负责国家的行政管理，由丞相领导，在宫廷外的衙署办公，被称为“外朝官”。在内朝官少府的属吏中，有一类专门负责皇帝生活起居事务的官员，他们的官职均带有“尚”字，如尚食、尚卧、尚浴、尚衣等等，统称为“六尚”。其实这类官职远不止六种，六尚只是一种泛称，这与“九卿”的称法十分类似。“尚”就是“执掌”的意思，尚食就是执掌皇帝饮食的官员，尚卧就是执掌皇帝睡觉的官员，尚浴就是执掌皇帝洗澡的官员。因为服务于皇帝身边，“六尚”往往由宦官担任。在“六尚”中还有一种“尚书”，原本是掌管皇帝文书的官员，品级很低，官秩只有六百石。武帝在位时期，为了削弱丞相的权力而亲自处理政务，更多地利用尚书这个机构。尚书的职权不断扩大，为此武帝逐渐提高尚书的级别和扩大尚书机构规模。到了武帝在位末期，尚书的官秩增加为一千石，尚书的员额也由一人增加为四人。四个尚书分管行政、司法、外交等事务，而这些事务过去都由丞相负责。尚书逐渐成为国家的核心行政机构，而丞相率领的外朝官则只能执行尚书传达的皇帝命令。

皇帝想要独立决定国家事务，仅仅依靠尚书是不够的。武帝开始起用身边的亲信，依靠他们献计献策。武帝在日常工作中，十分注重对各类人才的发掘和培养，当他注意到某人才能突出时，就给此人以侍中、常侍、给事中等官衔，让他入宫服务。侍中、常侍、给事中本来是不常设置的散职，而武帝在位时，给予很

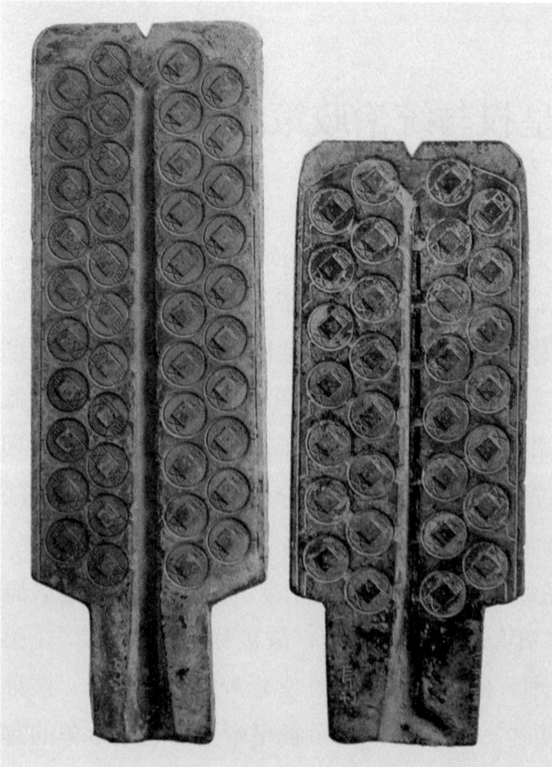

上林三官五铢钱铜范（西汉，陕西澄城县坡头村出土）。汉武帝实行货币专铸，专令上林三官铸造了有统一标志的新五铢发行天下，此为强化皇权的一项措施。

多人此类官衔，最多时有数十人在宫中供职。这些人终日陪伴在武帝身边，随时进言进策，实际形成了一个专为皇帝服务的政策制定团队。武帝依靠这些亲信，在宫中就可以做出决策。当皇帝的某些决议遭到丞相等朝臣的反对，武帝还会利用这些亲信去对抗外朝官。例如武帝设置朔方郡、出兵东越等决议都曾遭到丞相的反对，武帝组织内侍官与丞相辩论，结果是把丞相驳斥得哑口无言。元狩年间以后，国家大事几乎都由武帝在宫殿内决策，外朝官很难在国家政务上发挥作用。实际上内侍官成了决策者，而外朝官重在实施了。

武帝加强皇权的另外一个表现是加强对地方官的监控。秦代，在各郡设置“监御史”监察地方官员。西汉初年取消了监御史，惠帝时期又恢复，但因为监御史权力太大，到了文帝时期改由丞相派遣属吏对地方官员进行监察。丞相派遣属吏去各地监察是临时性的，所以没有专置的监察属吏，也没有固定的监察区域。武帝即位以后，随着诸侯王国的废免以及对外扩张，郡的数量越来越多，再加上王国行政权力的收夺，王国官员也需要中央进行监察，丞相要定期派出属吏监察地方官。丞相把全国划分为几大区域，派出属吏巡察每个区域。久而久之，各巡察区域固定下来。元封五年（前106），武帝正式确定丞相派属吏分巡全国地方官的制度，将分巡天下的官吏定名为“刺史”，并把全国划分为十三个巡察区域，也就是“刺史部”。为了方便称呼“刺史部”，武帝借用儒家典籍“九州”的观念，把十一个刺史部分别命名为豫州、冀州、兖州、徐州、青州、荆州、扬州、益州、凉州、并州、幽州。武帝开拓的河南地和南越国故地因为不在传统中原范围之内，在儒家典籍中找不到对应的州名，只能称之为朔方刺史部和交趾刺史部。

刺史对地方官吏进行监察，还可以直接干预地方政务，拥有很大权力。但刺史仍然属于丞相的属吏，级别很低，秩级只有六百石，而他所监察的郡级官员秩级为二千石。清代学者顾炎武总结汉代刺史“秩卑而命之尊，官小而权之重”（《日知录》卷九），指出这种以小制大的监察制度，既使刺史不能专权，也使刺史具有监察高级官员的积极性，起到加强中央集权的作用。

随着皇权日益集中，皇帝可以干预上至中央、下至地方的一切事务，汉朝的统治政策逐渐发生改变。汉初，统治者奉行黄老之术，主张无为而治，整个国家政治氛围比较宽松。而武帝即位后，不断干预国家政治生活，统治政策变得越来越严苛。元朔年间以后，武帝加强对诸侯王的监视，还授意王国官员收集诸侯王违法的证据，伺机惩治诸侯王。淮南王刘安喜好文学，结交天下宾客，还组织才学卓著之士编写皇皇巨著《淮南子》，这令武帝十分嫉恨。元朔五年，淮南国官员检举淮南王谋反，因证据不足，武帝只削夺淮南国两县。次年，淮南太子刘迁和另一位王子刘不害矛盾激化，刘不害授意儿子上书武帝，检举刘迁有谋反之心。武帝派官员去调查此事，最后牵连到刘安，刘安畏罪自杀。刘安的弟弟刘赐为衡山王，与刘安关系密切，武帝派人彻查刘安谋反，也牵连到刘赐，刘赐也自杀了。武帝废除了淮南、衡山两国，而受到刘安谋反案件牵连的中央、地方官员有数千人，都被处死。除了刘安、刘赐，济东王刘彭离、燕王刘定国、江都王刘建、常山王刘勃也被武帝先后治罪。

除了诸侯王，列侯集团也受到严厉打击。元鼎年间，武帝号召列侯们捐财从军，为国家贡献力量，但却没有得到积极响应，这令武帝非常恼火，认为列侯是漠视国家利益的寄食阶层。元鼎五年，武帝借口列侯进献皇帝宗庙的“酎金”成色不足，一次废免了一百零六个列侯，史称“酎金案”。当时列侯们收入充足，没有必要在“酎金”上偷工减料，所谓酎金成色不足只不过是托词。①元鼎五年（前 112），全国共有二百零九位列侯，酎金案使一半的列侯被废除，从此以后，列

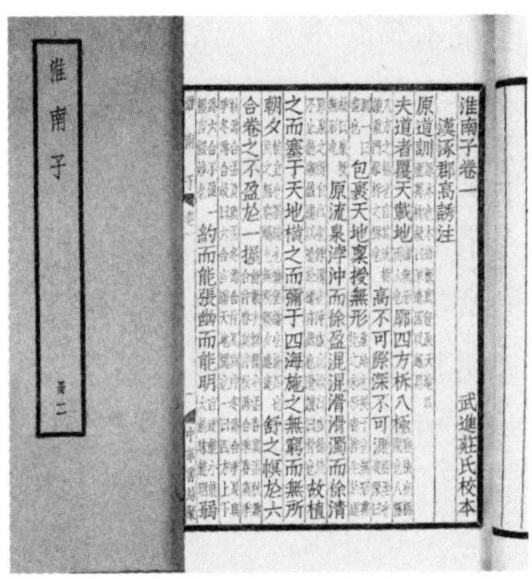

《淮南子》书影

侯对皇帝惟命是从，再也不敢轻视皇帝的指令。

武帝对待官员也十分严苛。从元狩年间开始，连续数任丞相李蔡、严青翟、赵周、公孙贺、刘屈氂获罪致死。公孙贺被任命为丞相时，知道难逃劫数，曾叩首流涕推辞受命。太常是主管国家礼仪的官员，执掌事务头绪繁多，而武帝常因小的疏失而惩处太常。依照汉制，太常必须由列侯担任，武帝时期出任太常的列侯几乎都落得失爵入狱的下场，到了武帝晚期，没有列侯敢担任太常一职。武帝出巡时见沿途驰道道路残破，怀疑负责官员义纵不把自己的命令放在眼里，不久就找借口将其处死。在武帝如此严苛的统治下，满朝官员无不心惊胆战，只能谨小慎微地服侍皇帝，不敢有任何怠慢。

为了能够贯彻自己的命令，武帝大量任用执法严苛的官吏。司马迁在《史记》中专门列有《酷吏列传》，载录了十名武帝时期的官员，既有中央官，也有地方官。中央官员以张汤、杜周为代表，他们都曾出任廷尉（最高司法官员），执法的特点是严酷无情，另一个特点是秉承皇帝的旨意去执法。《酷吏列传》形容张汤执法“所治即上意所欲罪，予监史深祸者；即上意所欲释，与监史轻平者”。张汤在调查淮南王、衡山王、江都王谋反案时，穷治其罪，迫使三王自杀，株连全国官员数千人，而在元狩年间出任御史大夫时，不遗余力贯彻执行武帝颁布的盐铁专卖、货币改革、告缗等政策，因此深得武帝赏识。朝中凡与张汤为敌者，皆被武帝灭除，司马迁称张汤在朝廷的影响远在丞相之上。地方官则以宁成、周阳由、王温舒为代表，他们的特点是严厉打击地方豪强和盗贼，贯彻执行中央下达的各项指令。如王温舒出任广平都尉，掀起了“打黑除恶”的高潮，铲除一切对抗政府的势力，周边郡国盗贼都不敢进入广平郡境内。他调任河内郡太守后，任职不到两个月，逮捕郡中富商豪强千余家，这些豪强最后几乎满门抄斩，家财则没入官府。武帝很欣赏王温舒的执政手段，后征召入朝，一直做到廷尉。司马迁评述说，王温舒发迹之后，各地官员纷纷效仿，全国富豪牵连入狱者不计其数。

通过一系列制度改革，再加上酷吏辅佐，武帝时期的皇权专制达到了巅峰。皇帝能够独立做出决策，旨意可以畅通无阻地下达基层，并被贯彻执行，全国各阶层都在皇帝的严密监控之下，已经没有任何政治势力可以对皇帝起到制约。武帝成为真正意义上的天下主宰，而这样的地位是武帝以前任何汉代皇帝都不曾达到的。

第七节　文化繁荣与宗教改革

武帝不仅在政治上富有雄才大略，对文化也有超乎寻常的热忱。例如武帝酷爱文学，特别推崇“赋”这种文学样式。赋最早出现于战国时期，其特征是以构拟两人对话的形式来阐明某种道理。战国时期的赋短小精练，到了汉初，赋的内容和形式有了很大发展，篇幅开始变长，内容由单一的说理转为说理、叙事、抒情相结合，同时注重文采和想象。汉初的赋以贾谊《吊屈原赋》、《服鸟赋》，枚乘《七发》为代表。其中枚乘《七发》构拟楚太子与吴客的对话，分别描述了音乐、美食、车马、巡游、田猎、观涛等事物，在极尽铺陈的描述后，阐述了奢侈淫佚必然危害身心的道理。《七发》言辞优美、构思巧妙，武帝在做太子时就非常欣赏。武帝即位后，立刻征召居家养老的枚乘入宫，结果枚乘病死于途中。武帝非常遗憾，又征召枚乘的儿子枚皋，但他却无法写出像父亲一样优美的文章。

除了《七发》，武帝还非常喜欢《子虚赋》，武帝误以为此赋为古人手笔，常常慨叹自己无缘与作者相见。一次武帝又为《子虚赋》发感慨，恰巧被狗监（为皇帝养狗的官）杨得意听到了，杨得意说此赋是同乡司马相如写的，武帝听了大惊，马上派人征召司马相如。武帝希望司马相如能够再写一篇像《子虚赋》的文章，司马相如仅用几天时间就写成《上林赋》。《子虚赋》原本是构拟楚国使者子虚与齐王的对话，描述楚王游猎的盛大景象。而《上林赋》描绘了天子游猎的盛大景象，其言辞之优美，想象之瑰丽，铺陈之夸张全面超越《子虚赋》。《上林赋》以“上林”为题，即指上林苑，暗指赋中的天子就是武帝。武帝读完此赋，叹为观止，让司马相如在宫中供职。以后每逢大事，武帝都会命司马相如作赋来歌颂一番。司马相如相继写出《哀二世赋》、《大人赋》、《封禅赋》等作品。

司马相如的赋结构宏伟、文辞优美、情感丰富又不失讽谏意义，由于深受武帝喜爱，成为文人争相模仿的范本，东方朔、司马迁、吾丘寿王等人的赋大多都能看到司马相如作品的影子。赋在武帝时期进入创作全盛期，《汉书 · 艺文志》载录的汉赋作家，几乎都活跃于武帝时期，赋也成为汉代最具代表性的文体。而汉赋在武帝时期奠定了“铺采摛（chi）文，体物写志”（《文心雕龙 · 诠赋》）的基本特点。在武帝看来，只有结构宏大、夸饰瑰奇、文辞博奥的“赋”才能反映他所统治汉帝国的强盛和繁荣。

在思想文化方面，武帝十分推崇儒学，在他的积极扶持下，儒学也得到了发展。儒学本来的主旨是通过仁、义、孝、悌等道德准则对人的思想和行为进行规范，并借助道德和礼法来治理家庭、国家，是一种规范个人和社会的思想体系。武帝提升儒学的地位，将其列为国家主导意识形态，希望儒学能够承担更多的思想功用，因此极力引导儒学理论体系的完善。正是在武帝时期，儒学出现了容纳百家学说和神学宗教化的倾向。在此过程中，董仲舒发挥了巨大作用。董仲舒是广川人（今河北省景县），年少时以研读《春秋》闻名，后被景帝征召为博士。武帝即位后，命令中央和地方推举贤良文学之士，董仲舒在数百人中脱颖而出。在回答武帝的策问时，他系统阐述了自己的儒学理论体系。董仲舒指出“天”是宇宙万物的基础，天的运行存在基本规律，即“天道”；人类社会与天存在对应关系，也存在基本规律“人道”；天道的变化会通过自然灾异表现出来；人应该去遵循天道，同时依照天道去规范人道，还要注意自然灾异对人类社会的警示。董仲舒的理论本质是强调宇宙自然与人类社会具有对应性，后人将其总结为“天人合一”的感应学说。在具体阐释理论时，董仲舒吸收了道、法、墨、名、阴阳诸家之学，把它们融入到儒学思想体系之中。而对天人感应的阐释，使儒学不再仅仅是一种规范个人、社会的道德价值观，而能够回答自然、人生等一系列问题，具有了类似宗教的神学特质和神秘主义色彩。经过董仲舒的发展，儒学成为一种可以容纳各种理论观念的开放学说，这正是武帝需要的国家统治思想形态。儒学家和统治者们可以根据需要对儒学思想进行演绎，这也是儒学能够历经二千多年而不断变化，保持意识形态主导和统治地位的根本原因。

观伎画像砖（汉代，四川成都扬子山出土）。伎人在鼓、排箫的伴奏下做跳丸、跳瓶、巾舞等表演。

热衷于文学、儒学的武帝对文献典籍也非常看重。在惠帝废除“挟书令”后，很多隐没民间的古代典籍陆续出现。

平索戏车车骑出行画像砖（汉，河南新野征集）。平索戏车是汉代流行的一种杂技，表演者在两辆车子的奔驰和绳索的摇晃中做各种高难度动作。

武帝在位时期，多次下令征集书籍，在很短的时间内，皇家征集到大量书籍。武帝扩大了宫廷藏书的规模，除了沿用原有的石渠、天禄、麒麟三大藏书阁以外，增建了延阁、广内等藏书阁，还建立了图书征集、保管、抄写、使用等一系列完善的制度。很多重要典籍是在汉武帝时期被发现并流传下来的。例如鲁王在拆除孔子旧宅时，在墙壁里发现了用古齐国文字书写的《尚书》、《礼记》等典籍，这些典籍很快被征集到皇宫，并得到大学者孔安国的系统整理，成为后世重要的典籍文献。在武帝的影响下，诸侯王藏书的风气也很盛行。河间王刘德喜好古书，不惜花费重金征集古书，先秦重要典籍《周礼》就是经他征集才得以流传。淮南王刘安也喜欢征集古书，他的收藏后来都被没收，成为皇家藏书的一部分。

秦汉时期，人们的宗教信仰十分丰富。对于秦代至汉初的帝王来说，天的祭祀是最为重要的宗教活动。祭天是天子的特权，诸侯是没有权利祭天的。春秋时期，周天子地位日衰，身为诸侯的秦襄公认为秦国独占西方，已拥有祭祀西方天神少昊的权利，于是在都城雍修建西畤（畤即祭坛）祭祀少昊。以后随着秦国的日益强大，秦君又陆续在雍增修了东、南、北三畤分别祭祀青帝、炎帝、黄帝，暗示秦君已有权利祭四方天神。到了战国中期，秦君称王，祭祀四方天神也就成了顺理成章的事情。后来秦国迁都咸阳，但四畤仍然留在雍，雍转变成秦国的宗教中心，秦王定期要去雍祭祀四畤。

西汉初年继承了秦代的祭祀制度，仍然以雍为宗教中心，只是刘邦认为四畤不合礼数，又增加了黑帝而成为五畤，刘邦的做法显然深受五行观念的影响。汉初诸帝都曾亲赴雍祭祀五畤，但祭天仪式的举行并不固定，到了武帝时期才确定了三年一祀雍的制度。时至元鼎年间，关东诸侯王国势力已基本消除，对匈奴的战争取得了决定性的胜利，汉朝的疆域大大拓展，武帝感觉五个天帝的信仰与大一统的王朝不甚匹配。方士谬忌伺机进言，称“太一”是至尊天神，地位在五帝之上。武帝接受了“太一”信仰，于元鼎六年在云阳（今陕西省淳化县）甘泉宫

修建太畤，作为祭祀太一的场所。甘泉宫的地位由此大大提升，武帝经常在甘泉宫接受诸侯王和外国使节的朝见，还在甘泉宫附近修建了诸侯府邸和使节馆舍。虽然武帝推崇“太一”神，但仍然保留了五帝，将五帝阐释成协助太一治理五方的助手，供奉祭祀如故。

元鼎年间武帝确定太一的地位后，觉得只有天神还不够，还应该存在与之对应的地神。后来在方士的建议下，武帝又确定“后土”为至尊地神，并选定在汾阴（今山西省万荣县）修建后土祠专事祭祀。武帝一生共五次前往后土祠主祭。

五畤、太畤、后土祠都地处关西，武帝认为关东也需要一处宗教中心，而泰山无疑是最佳的选择。元狩年间，在武帝的暗示下，济北王将泰山及周边土地进献给汉廷。武帝随即在泰山脚下修建一系列宗教设施，还设置奉高邑进行管理。元封元年（前 110），武帝前往泰山举行盛大的封禅典礼，还定下五年一修封的制度。此后每隔五年，武帝都会亲往泰山封禅，同时在泰山接受关东诸侯王的朝见，举行各郡国的“受计”仪式。泰山已成为皇权在关东的象征。

经过武帝的改革，西汉皇家宗教中心由一个增加为四个，而雍郊五畤、甘泉太畤、汾阴后土的祭祀成为汉代第一等重要的宗教活动，皇帝必须三年一次轮流朝拜三地，举行祭祀仪式。而泰山封禅则成为仅次于天地祭祀的第二等宗教活动。五畤、太畤、后土祭祀制度一直被后来的汉帝尊奉，而封禅典礼因为耗资巨大，在武帝以后就停止了。

武帝在位时期，文化空前繁荣。班固盛赞：“孝武之世，文章为盛”（文化灿烂）。在皇权高度集中的背景下，武帝主导的文化建设迅速推及全国各地，并对各地的文化产生了深远影响。俞伟超先生曾经指出，从考古学发现来看，西汉初年各地都存在形态各异且独立发展的文化特质，这些文化特质直接继承自战国时代的六国文化。而到了武帝时期，各地文化开始趋同，逐渐形成一个整体，而六国文化基本消失，真正意义上的汉文化出现了。②

注释：

① 郭献功：《汉代的“酎金”与“酎金案”》，《商丘师范学院学报》2004 年第 4 期。

② 俞伟超：《秦汉考古学文化的历史特征》，收入《古史的考古学探索》，文物出版社 2002 年版。

第七章　武帝末年的统治危机

第一节　全新的帝国

元鼎年间，无论是在思想文化领域，还是在国家政治领域，武帝树立了绝对权威。对匈奴战争的胜利和剿灭南越国，不仅奠定了汉帝国在东亚世界的领导地位，还使得帝国疆域变得空前辽阔。武帝觉得自己功成名就，筹备封禅泰山大典。元封元年，武帝大举出巡，此次出巡明显仿效秦始皇，出巡队伍出函谷关后，直赴东海郡，沿着海岸北行，进入齐地。武帝在泰山举行隆重的封禅典礼，还在泰山接受诸侯和外国使节的朝见。泰山封禅无疑是出巡活动的高潮。封禅典礼结束后，武帝继续沿海岸北行至碣石，然后由辽西郡西行至五原郡，最后由直道返回长安。

不过，武帝的荣耀并未就此结束。元封元年，闽越国被汉朝消灭。元封二年，滇国投降。元封三年，朝鲜国灭亡，西域的楼兰、姑师被消灭，西域交通重新畅通。自此，汉朝周边的民族政权几乎都被消灭，武帝认为整个天下都已纳入汉朝版图，特地下令烧造带有“惟汉三年，大并天下”铭文的瓦当，装饰在长安及附近宫殿，以示纪念。元封元年，武帝在泰山封禅典礼完成后，亲临东郡瓠子口，督导军民数万人堵塞黄河决口，从而结束了黄河二十余年的泛滥，关东水患大大减轻。这时的武帝内心极为骄傲，他感到自己的功绩已经超越了前代所有帝王，即使是秦始皇也不能匹敌，他渴望能够找到一种新方式向天下昭示自己的伟大事业。

汉代瓦当（刻有“惟汉三年，大并天下”八字）

群臣们显然领会了武帝的心思，经过商议，共同提出“改正朔”的方案。“正朔”中的“正”指正月，为一年的开始；“朔”指朔日，为一月的开始。所谓“改正朔”是指重定正月和朔日，也就是改定历法。在以农立国的古代中国，历法与国计民生息息相关，因此改定历法往往有革旧更新之意。秦始皇统一天下后，曾颁令改定正朔，以示革新。刘邦建立汉朝以后，沿用了秦的历法，并没有改变正朔。但很多人认为，汉朝取代了秦朝，理应变更正朔，所以汉初常有人上书建议皇帝变更正朔。文帝在位时期，贾谊曾建议改正朔，但因丞相张苍的强烈反对而未能实行。直到武帝时期，汉朝仍在使用秦代的正朔，大臣们认为已经到了革除秦代正朔的时候了。

元封七年初，大中大夫公孙卿、壶遂，太史令司马迁等人联合上书，倡议变更正朔。奏议得到批准，不过武帝并不满足于改定正朔，他在准奏司马迁等人重定历法的同时，还下令群臣重新商讨国家制度，凡不合时宜之处皆作改定。当年五月，武帝正式下令改正朔，废除秦代以十月为岁首的制度，改以正月为岁首，颁行司马迁等人编造的《汉历》(因该历法颁行于太初年间，后世称《太初历》)，改元封七年为太初元年，同时对国家制度进行全面变更。武帝所进行的政治制度改革主要有以下几项：

确定年号制度。战国以来的纪年制度，是以帝王在位年数进行计算。而每当遇到重要变革，帝王会选择重新纪元。如文帝于在位第十七年时改立新元，景帝也曾两次改元。武帝即位以后，逐渐形成六年一改元的定制，但随着在位年数的增长，一元、二元、三元……的纪年给日常行政带来诸多不便，于是确定给每一个纪元配以特殊称号的制度，即年号制度。关于武帝时期年号制度的形成与执行，存在许多疑问，长期困扰学术界。后来经过辛德勇先生的研究，这一系列问题逐渐得以澄清。根据辛先生的意见，在武帝第五纪元的第三年，有官员建议用天瑞给此前的纪元定名，武帝采纳这一建议，把前四个纪元分别定名为建元、元光、元朔、元狩。在追记年号后的第二年，武帝在汾阴祭祀后土，掘出一尊古代铜鼎，武帝认为这是祥瑞，故下令将正在使用的第五纪元定名为元鼎。进入第六纪元的第一年，武帝举行了隆重的泰山封禅典礼，为示纪念，下令将第六纪元定名为元封，从而形成先行改元，再追记年号的制度。到了第七纪元，武帝在下令改元的同时，定新纪元的年号为“太初”，确定了预先订立年号，在改元的同时，变更年号的新年号制度，[1]这一制度后来一直沿用了两千余年，直到清朝灭亡。

武帝订立年号制度的根本用意是凸显皇帝的至尊地位。因为在武帝以前，不仅皇帝有纪年，诸侯王和列侯也有独立的纪年。同样的纪年制度无法体现皇帝的尊贵，武帝确定年号纪年，把皇帝纪年与诸侯纪年区别开，更符合抬高天子地位的意愿。可以说，年号制度的创立是与皇帝制度配套实行的，此后年号与皇位紧密相连，每当新皇帝产生时，必须颁布年号作为合法地位的象征。年号制度不仅对中国，对东亚世界的影响也很巨大，东亚地区的政权几乎都实行过年号制度，今天的日本仍然在使用年号纪年。武帝确立的年号制度影响之深远，可见一斑。

确立土德受命。战国时期，五德终始理论十分盛行。秦始皇统一天下时，确定秦朝为水德，汉朝建立后，仍然沿用水德。但很多人认为，汉朝既然取代秦朝，理应轮转为土德。文帝时期曾短暂定立土德，但在丞相张苍的反对下很快又恢复为水德。到了太初元年，武帝明确定立土德，相应地变更朝色为黄色。

变更职官名称。汉初的职官名称也继承自秦代，景帝中元六年朝廷虽然大批变更中央官员名称，但所更改的名称仍然带有秦代官称的特点。太初元年，武帝再度更改官员名称，很多官称取自古代经典，寓意古雅，再也看不到秦朝官制的痕迹。如更郎中令为光禄勋，更中尉为执金吾，更典客为大鸿胪，更左内史、右内史、主爵都尉为左冯翊、右扶

铜胡人俑（汉，西安市文物库房藏）。此为胡人特征的雕铸，说明当时西域胡人通过丝绸之路到长安。

“加气始降”瓦当（西汉，陕西兴平茂陵博物馆藏）。西汉流行阴阳五行学说，瓦当有交好运的寓意。

风、京兆尹（即“三辅”），等等。

更改官印制度。印章是秦汉官员权力的象征，由政府统一制造颁发。汉初的官印仍然继承秦代制度。太初元年，武帝对官印制度进行大幅度的改革。这次官印改革主要针对二千石以上官员，改革表现在两方面。一是印章称呼。秦代的官印一律称为“印”，太初新官印制度更二千石官员印章名称为“章”或“印章”。二是印章字数。秦代官印皆为四字，而太初新官印制度规定二千石官员印章字数为五字。例如原来丞相和御史大夫所佩官印印文为“丞相之印”、“御史大夫”，改革后变更为“丞相之印章”、“御史大夫章”。千石以下官员的官印不改，仍然沿用原来的制度。这样做可以强化官员的等级差别。

太初改制的内容还有许多，例如秦代崇尚数字“六”，实行制度多用“六”，太初元年以后改用“五”。又如太初元年以前汉朝六年一改元，之后固定为四年一改元。此外在服饰、音律、礼仪方面还有很多改革，但因为记载缺乏，很难确切了解详情。正如《汉书·武帝纪》所载，太初改制是“定官名，协音律，定宗庙百官之仪，以为典常，垂之后世云。”其目的是建立一套全新的国家制度，使之长久流传。

武帝于太初元年推行全面的制度改革，意在展示新汉帝国的诞生，与旧的汉帝国划清界限。其实，武帝所采用的新年号“太初”，就是万象更新、重新开始的意思。在武帝看来，太初改制后的汉帝国已经是一个全新的国家，这个国家由自己一手缔造。一个全新的帝国屹立在华夏大地，这不正是武帝丰功伟绩的最佳体现吗？

第二节　对外征伐的失利

元封年间，匈奴北逃漠北，汉朝周边的民族政权几乎都被消灭，武帝似乎已经不必再担忧来自外部的威胁了。但仅仅过了几年，威胁又重新降临，而且来自汉朝的老对手匈奴。

经过十余年的休养，匈奴渐渐恢复元气。元封六年，乌师庐即位为新单于。乌师庐年少，血气方刚，即位不久便率领匈奴重返漠南，他把匈奴分为左右两部，左部驻牧于云中郡边外，右部驻牧于酒泉、敦煌两郡边外，不时袭扰汉朝边塞。

太初二年，匈奴左大都尉想篡夺单于之位，暗中联络汉朝，希望汉朝出兵援助。太初三年春，武帝命赵破奴率领两万精骑，深入大漠，按照事先约定，前往浚稽山与匈奴左大都尉会合。但当赵破奴率军到达浚稽山时，却不见接应部队的踪影。原来左大都尉阴谋败露，已被单于诛杀。单于获知左大都尉与汉军接应的计划后，立刻派大军去截击汉军。赵破奴没有等到接应部队，预感到形势危急，下令全军撤退，但还是在途中被匈奴包围。赵破奴夜里外出寻找水源，结果被匈奴活捉。汉军失去统帅，军心大乱，匈奴趁机猛攻汉军营寨。汉军将领们认为武帝执法严苛，主帅被俘，即使突围成功，也会受到严惩，全部投降。这是十几年来匈奴对汉战争取得的第一次重要胜利。匈奴由此士气大振，单于亲自率部驻牧在汉朝边塞之外，对汉朝施加军事压力。

"单于和亲"瓦当（西汉，包头市郊召湾村出土）。汉元帝竟宁元年（前33年）王昭君嫁匈奴呼韩邪。

太初三年赵破奴兵败被俘，匈奴掌握了战场主动权，不断袭扰汉朝。这时的武帝把全部力量投在征讨大宛的战争上，对匈奴无暇顾及，在一定程度上给匈奴的重新崛起创造了机会。匈奴连年入边，皆有斩获，对汉朝作战更有信心。太初四年，匈奴计划截击从西域返回的李广利大军，但因为汉朝准备充分，匈奴的计划才未能得逞。

天汉元年（前100），匈奴新单于即位，有意与汉朝修好。但汉朝派往匈奴的使节苏武却卷入匈奴大臣的政变，政变计划败露后，单于扣留了苏武，与汉朝交恶。天汉二年，武帝决定集中力量，再度与匈奴开战。武帝令李广利率领三万精兵从酒泉郡出发，攻击匈奴右部，同时命令公孙敖、路博德率军出河西，李陵率军出居延，策应李广利。李广利率领的主力部队最初取得一些战绩，但在撤军途中又被匈奴包围，几乎被围歼，幸得部将赵充国拼死奋杀，才得以突围。李广利返回汉塞时，汉军所剩不到一万人。公孙敖、路博德率领的军队没有遇到匈奴队伍，而李陵的部队却意外遭遇单于率领的匈奴主力。匈奴军队把李陵团团围住，李陵只有步兵五千，而单于却有精骑八万，李陵率军且战且退，匈奴穷追不舍。李陵得不到汉军的援救，矢尽粮绝，只好投降。武帝得知李陵投降，大怒，下令诛杀李陵全家，朝臣凡是替李陵辩护者一律下狱。当时正在写作《史记》的司马迁因为替李陵辩护而受到宫刑的刑罚。

天汉四年（前97），武帝决意要与匈奴决战，再度下令动员全国力量，共集结军队二十余万。其中李广利为主力部队，率骑兵六万，步兵七万，另有路博德率一万余人为策应部队，两支部队由朔方郡出发。韩说率领步兵三万为左路，由五原郡出发。公孙敖率骑兵一万，步兵三万为右路，由雁门郡出发。三路大军一同向匈奴腹地挺进。而匈奴单于并不畏惧汉军，亲率主力十万人，在余吾水布阵，以逸待劳。李广利与单于遭遇后，激战十余日，丝毫占不到上风，只能率军主动撤退。韩说的左路军没有遭遇匈奴，无功而返。公孙敖的右路军被匈奴左贤王击败，退回边塞。这一次的决战，以汉军的失败而告终。

苏武雕像

征和二年（前91），汉朝发生了“巫蛊之祸”。为了向匈奴展示汉朝并未受到内乱的影响，武帝于次年再度动员全国兵力十四万，分别由李广利、商丘成、马通统领，兵分三路讨伐匈奴。由于太子在“巫蛊之祸”中已经身亡，李广利希望能立李夫人之子刘髆为太子，出兵前与丞相刘屈氂密谋促成此事。但李广利与刘屈氂的密谋被人检举，武帝将刘屈氂腰斩，诛灭全家，李广利的妻子也牵连入狱。李广利最初获得一些战功，但不久获知妻子入狱的消息。李广利决心获取更多的军功赎罪，不顾部下劝阻，执意孤军深入。单于采取诱敌深入的策略，将汉军引诱到漠北腹地，然后调集精兵，将李广利围困。李广利知道获取军功已无可能，以待罪之身返朝也是死路一条，于是率军投降匈奴。

李广利是匈奴与汉朝作战以来俘获的最高汉军将领，单于十分敬重李广利，把女儿嫁给他，尊宠有加。之前匈奴与汉朝作战，常常有汉军将领投降匈奴，并获得单于重用，其中最为尊贵的是卫律。李广利得到宠信，对卫律构成了威胁，卫律向单于进谗言。李广利在匈奴仅仅一年多，就被卫律设计处死了。自李广利投降之后，汉朝再也没有能力讨伐匈奴，对匈奴只能采取守势。汉、匈的实力对比，似乎又回到武帝即位之初的态势。

再来说说西域。西域与蒙古高原相连，处在汉朝与匈奴势力夹缝之间。匈奴与汉朝实力对比的变化，时刻影响着西域的局势。车师地处吐鲁番盆地，在西域诸国中，与匈奴关系密切。天汉二年（前 99），车师国王在获知李广利出师不利、李陵投降的消息后，立刻归附匈奴。武帝命开陵侯成娩征调楼兰国兵力，讨伐车师。匈奴单于闻讯，命右贤王率领数万骑兵救援车师，汉军被匈奴击败，车师重新成为匈奴属国，西域局势变得不稳定起来。

征和三年（前 90），西域不稳的迹象已经越来越明显。征和四年（前 89），大司农桑弘羊联合丞相、御史大夫上书，建议武帝扩大西域屯田规模，增修亭障，并向西域增兵。但出乎所有人意料的是，武帝否决了桑弘羊的提议，还郑重地下达了一份诏书，对自己以往用兵西域做了检讨，下令废除西域的屯田和亭障，将汉朝势力撤回到玉门关。武帝此举实际上宣告汉朝已经放弃了对西域的直接控制。其实，武帝心里非常清楚，以目前汉朝的实力，已经无法再对西域实施有效的控制了。

第三节 皇室内乱与地方叛乱

如果要评选中国古代最迷信鬼神皇帝的话，武帝一定榜上有名。司马迁曾评价武帝“尤敬鬼神之祀”。武帝对鬼神的崇信程度，即使在汉代人看来，也算是痴迷的了。早在武帝即位之初，就对所谓“神君”很感兴趣，每当听说哪里有灵异之人，就会立刻征召入宫，向其求神问道。李少君、谬忌、少翁、栾大、公孙卿等方士都因受武帝崇信而名噪一时，少翁、栾大先后被武帝拜为将军，武帝甚至把女儿嫁给栾大，封他为列侯。元封元年封禅泰山之后，武帝认为自己功成名就，与秦始皇一样，开始热衷于求仙，渴望能够与神仙相见，学习长生之术。不过，求仙问神毕竟是虚幻之事，武帝虽然任用方士无数，连年派人入海，却一无所获，渴望长生的热情也逐渐减弱了。

到了武帝晚年，身体状况日渐不佳，性格也变得越来越猜疑，总是怀疑有人暗中利用巫术诅咒自己。武帝的这种心理，被江充察觉，并加以利用来打击政敌，从而掀起了一场惨烈的政治风暴。

江充本来是赵国太子刘丹的宾客，后来与刘丹产生矛盾，刘丹派人捕杀江充，江充变更姓名逃到长安，向武帝检举刘丹的不法行为。时值武帝严厉打击诸侯，立刻下令逮捕刘丹，将其处死。从此之后，江充得到武帝重用，成为新一代酷吏代表。为了向武帝表明忠诚，江充不惜向皇亲国戚下手，甚至连太子、公主也遭到江充的弹劾。朝中大臣和刘氏宗亲都对江充恨之入骨。

太子刘据是卫皇后的儿子，也是武帝的长子，很早就被立为皇储。太子为人宽厚，与武帝严苛的性格有很大不同，朝中宽仁之士和儒臣都依附于太子。久而久之，朝中形成以武帝为核心的酷吏集团和以太子为核心的循吏集团。需要说明的是，武帝与太子虽然性格不同，但是武帝并没有因此厌恶太子，其实太子宽仁性格的形成也与武帝有一定关系。武帝曾经跟卫青说过，自己即位时汉朝面临着很多威胁，所以必须加强集权，严苛执政，这样才能保障全国集中力量对抗内忧外患；但高压统治难以持久，所以需要一个宽仁的继任者来稳定天下。这番话表明，武帝对于国家的发展有着深远的规划，当时对太子也无恶感，不愧是一个深谋远虑的政治家。

到了武帝晚年，那些被武帝重用的酷吏开始变得惶恐起来，他们深知武帝去世以后，太子一定会铲除自己，所以总是想尽办法构陷太子。武帝面对诋毁太子的谗言，往往是置之不理，并没有因此而丧失对太子的信任。

征和元年（前92），丞相公孙贺抓捕了关中大侠朱安世。为了自救，朱安世上书检举公孙贺的儿子与阳石公主私通，并用偶人诅咒武帝。武帝最痛恨别人诅咒自己，他让江充调查此事。江充穷追不舍，派人搜查公孙贺及阳石公主府邸。当时利用偶人诅咒政敌（又称“巫蛊”）非常流行，所以搜查到偶人并不困难，江充将这些偶人说成是诅咒武帝的工具，武帝下令处死公孙贺父子和阳石公主，诸城公主和长平侯卫伉也受牵连而被诛杀。卫伉是卫青的儿子，卫皇后的侄子。卫伉被诛杀，让卫皇后和太子都深感不安。

由于痛恨巫蛊，武帝竟然毫不留情地处死丞相、公主、长平侯。江充意识到，利用巫蛊大做文章，也许会扳倒太子。江充向武帝汇报，称宫中有巫蛊之气，请求调查，得到武帝批准。江充随即派人入宫，大肆发掘偶人，同时采取刑讯逼供的手段，逼迫宫人相互检举揭发，无数人因此而受到牵连，因巫蛊而被处死的多达数万人。江充看到时机成熟，开始对皇后和太子下手。江充以调查巫蛊为名，

彩绘裸体男立俑（西汉，咸阳市渭城区三义村出土）

彩绘裸体女立俑（西汉，咸阳市渭城区三义村出土）

率人闯入皇后宫殿和太子府邸，发掘出许多偶人和写有咒语的帛书，扬言要将此事上报武帝。太子想上书辩白，但当时武帝病重，在甘泉宫养病，没有任何音信。太子向老师石德征询意见，石德认为武帝生死不明，为了防止江充假传武帝旨意加害皇后，太子应该先发制人。太子认为有理，派人假扮成武帝派来的使者，假传圣旨，收捕江充，马上将其处死。

杀掉江充之后，太子试图控制长安局势。他派人打开武库，将皇后和自己的侍卫武装起来，然后围攻丞相府。丞相刘屈氂不敢抵抗，只身逃脱，丞相长史也逃出长安，到甘泉宫向武帝汇报。武帝得知太子起兵，大怒，亲自前往长安西郊的建章宫督战，下令征发京畿的部队围攻长安。武帝亲自坐镇城外平叛，长安城中的官员明白太子假传旨意，官员迅速分化，很多官员倒戈反攻太子，一时长安城中局势大乱，双方激战数日，死者无数，血流成河。太子见大势已去，仅率数名亲信，逃出长安。武帝回到宫中，下令收夺皇后玺印，逼迫皇后自杀，凡是依附太子的官员全部诛杀，同时传令天下搜捕太子。不久，太子行踪暴露，被官兵围困在湖县（今河南省灵宝县），太子自知无法逃脱，自杀身亡。

随着长安局势的平定，武帝逐渐意识到太子是因为江充逼迫才铤而走险。武帝下令将江充全家诛杀，还诛杀了追捕太子的官员，并在湖县修建了思子宫，宫中筑有“归来望思之台”，寄托对太子的思念。

就在长安爆发严重内乱的同时，地方的局势也变得越来越紧张。元朔至元封年间，由于武帝致力于对外征伐，不断增加税收，同时为了稳定社会局势，又采取高压统治，很多百姓不堪重负而转为流民。元封四年，关东已累积流民二百万口，他们游走于各地，成为社会不安定的因素。武帝虽然采取徙民实边的举措，但并不能根本解决流民问题。太初年间，武帝重新开始对外征伐，连续出征大宛、讨伐匈奴，而且都是举全国之力，一时造成“海内虚耗”、“天下骚动”的局面，终于在天汉二年爆发了严重的农民暴动。这次暴动波及关东各地，流民们汇集成反政府武装，多者数千人，少者数百人，他们攻城劫邑，捕杀地方官吏，声势极为浩大，甚至关中也有人暗中交联。武帝采取了非常严酷的镇压措施，委派酷吏为使者，让他们督导地方官员镇压暴动。为了督促地方官员平叛，武帝制定了“沉命法”，即如果地方官平叛不力，县令以及所属郡守均要获死罪。命令下达后，县令因为担心获罪，对地方叛乱竭力隐瞒，郡守也不敢责问，于是出现欺下瞒上的局面，很多郡国只能任由叛乱发展，甚至郡国之间的交通都被反政府武装阻断。

武帝对地方叛乱的镇压虽然极为严酷，但未能有效阻止叛乱的爆发。全国各地的叛乱依然此起彼伏，直到太始、征和年间，关东依然是“奸邪横暴，盗贼并起”（《汉书 · 萧望之传》）。前面说到，征和三年，李广利征讨匈奴全军覆灭，西域局势也变得动荡起来。征和四年，大司农桑弘羊等上书建议武帝扩大西域屯田规模，增修亭障，并向西域增兵。一时关东人心惶惶，百姓们都担心第三次大宛之役的到来，结果却十分出人意料。武帝否决了桑弘羊等人的建议，还下达了一份诏书，检讨自己过去专事征伐的行为，同时向世人表态，当务之急是“禁苛暴，止擅赋，力本农”，宣告放弃西域，不再对外作战。武帝还下令恢复文帝以来休养生息的政策，为此任命贤者田千秋为丞相，封为富民侯，以昭显思富养民之意，号令地方官员鼓励农耕。武帝的这份诏书是针对桑弘羊屯田轮台的建议而发，所以又被称为“轮台诏”，又因诏书检讨了自己的错误，还被称作“罪己诏”。轮台诏仅仅是武帝检讨以往过失的开端，此后几年内，武帝又接连发布“罪己诏”。1977 年，在甘肃省玉门县花海汉代烽燧遗址出土了一份戍边士卒抄写皇帝诏书的残件，诏书中皇帝告诫即将即位的太子要吸取秦代胡亥灭亡的教训，务必善待百姓，轻赋减税。[2]经专家确认，这是武帝临终前颁发给昭帝的诏书，这无疑是武帝最后一份“罪己诏”。武帝是我国古代第一位通过“罪己”形式来悔过施政错误的帝王。在武帝的努力下，西汉政府实现了由“修武”向“守文”的政策转变。[3]

武帝不愧为一个聪明的政治家，在征和年间，皇室爆发了严重内乱，对外征伐接连失败，关东叛乱此起彼伏，这时的社会状态与秦朝末年极为相似。倘若此时武帝不改弦更张，继续执行严苛高压的施政方针，一定会引发全国范围的大规模暴乱，国家也会由此陷入危亡的境地。武帝的高明之处就在于他明晰地洞察了局势，抓住了改变执政方向的最后机会，把整个国家从危亡的境地挽救回来。后世史家称赞武帝能够不重蹈“亡秦之迹”，拯救西汉王朝于危亡之际，可谓卓见。

注释：

① 辛德勇：《重谈中国古代以年号纪年的启用时间》，《文史》2009 年第 1 期。

② 嘉峪关市文物保护所：《玉门花海汉代烽燧遗址出土的简牍》，甘肃省博物馆编：《汉简研究文集》，甘肃人民出版社 1984 年版。

③ 田余庆先生对轮台诏前后武帝施政策略的转变有细致的论述，可以参考《论轮台诏》，收入《秦汉魏晋史探微》，中华书局 1984 年版。

第八章　霍光专政与宣帝中兴

第一节　昭帝时代的“与民休息”政策

征和二年太子自杀之后，继任者的选择成为年迈的武帝必须面对的问题。这时武帝还有四个儿子，其中三个儿子已经成年，分别是燕王刘旦、广陵王刘胥、昌邑王刘髆，另外还有一个几岁的小儿子刘弗陵。武帝对三个成年的儿子都不满意。刘胥喜欢玩乐，还有与野兽搏斗的嗜好，实在不成体统。征和三年李广利与丞相刘屈氂扶持刘髆的密谋败露，刘屈氂被处死，李广利投降匈奴。后元元年（前 88），刘髆意外死亡，很多学者推测是武帝授意处死了刘髆。同年，刘旦派使者觐见武帝，愿去长安侍奉武帝。武帝认为刘旦显然是觊觎帝位，十分恼怒，杀掉使者，还削夺燕国三县的封地。最后，武帝决定立刘弗陵为太子，但刘弗陵毕竟年幼，武帝必须有所准备。

汉昭帝刘弗陵像

武帝首先想到刘弗陵的母亲赵婕妤（钩弋夫人），赵婕妤正值壮年，武帝担心赵婕妤会重演汉初吕后专政的历史，于是找借口将她处死。此外，武帝即位初年外戚窦氏、田氏专权的场景也历历在目。对于赵婕妤的兄弟，武帝也不予重用，断绝了赵氏干政的可能。赵氏势力的排除，意味着武帝只能在朝臣中选择辅佐刘弗陵的人选。为此，武帝颇费了一番脑筋。经过深思熟虑，武帝挑选了三个顾命大臣：霍光、金日磾、上官桀。

霍光是骠骑将军霍去病同父异母的弟弟，年少时因为霍去病的举荐而入宫为郎，在武帝身边服侍。霍光为人谨小慎微，举止言行也非常得体。武帝性情复杂，身边之人常因小错而获罪杀头，霍光在武帝身边服侍二十余年而未有过失，武帝认为霍光做事稳妥，可以独当一面。武帝看重霍光还有一个原因，霍光属于卫氏外戚。武帝在位初年，卫青、霍去病等卫氏外戚曾给武帝很大帮助，但在巫蛊之祸中，卫氏几乎被满门抄斩。后来武帝意识到卫氏是无辜的，深有悔意，而身边的卫氏族人只剩下霍光，霍光得到重用，等于是对错杀卫氏一门的一种补偿。

金日磾本来是匈奴休屠王子。元狩二年，浑邪王率部降汉，休屠王不肯就范，被浑邪王杀害。汉廷将休屠王家属罚没为奴，年仅十几岁的金日磾被发配到皇宫养马。金日磾相貌伟岸，工作尽职尽责，逐渐被提拔为光禄大夫。与霍光一样，金日磾做事也非常谨慎，未有过失。后元元年，大臣马何罗图谋行刺武帝，潜入寝宫，被金日磾发现，将马何罗生擒，使武帝成功脱险。至此武帝对金日磾更为宠信，其地位不亚于霍光。

上官桀原本是武帝身边的护卫人员，因为武力过人、忠心耿耿而得到武帝赏识，后来被安排跟随李广利出征大宛，获取军功而被任命为少府，武帝末年为太仆。《汉书》没有为上官桀立传，关于他早年的事迹十分模糊，这主要是因为上官桀后来涉入燕王谋反事件而被霍光诛杀。从武帝的重视程度来看，上官桀一定也是处事妥当之人，所以才会被委以重任。

后元二年（前87），武帝临终之前，任命霍光为大司马、大将军，金日磾为车骑将军，上官桀为左将军，组成以三人为核心的内朝机构，主管新皇帝的生活起居和全国军事。外朝以丞相田千秋为首，另提拔桑弘羊为御史大夫，继续发挥其卓越的理财才能。经过这样的安排，中枢权力圈形成了以霍光、金日磾、上官桀为核心的决策层和以田千秋、桑弘羊为核心的行政管理层。而在内朝中，又以霍光为首辅，这意味着在武帝逝世以后，霍光将成为汉朝最具权势的人，为此武帝特地命人画了一幅周公背负周成王召见诸侯的画像送给霍光，暗示其责任重大。

牧牛图（出土于茂县的汉代画像砖）

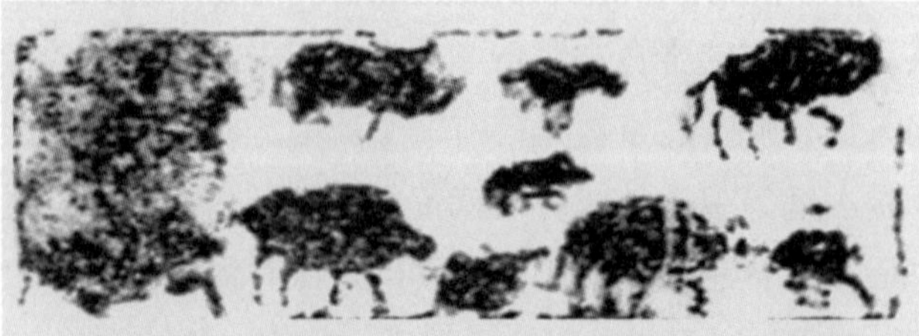

牧猪图（出土于大邑县的汉代画像砖）

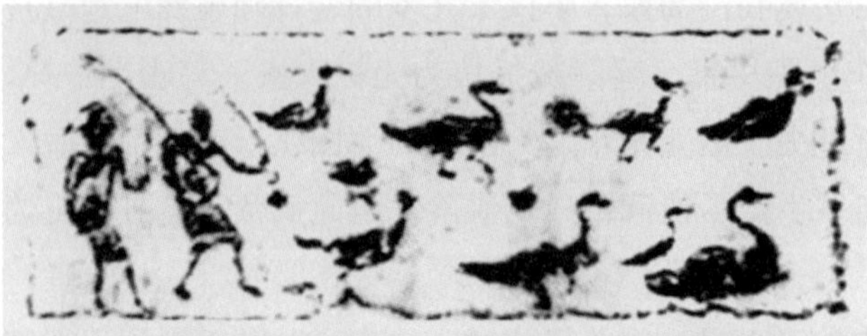

牧鹅图（出土于大邑县的汉代画像砖）

二月，武帝驾崩，结束了长达五十五年的执政生涯。年仅八岁的刘弗陵即位，是为汉昭帝。武帝晚年已经为新皇帝奠定了新的施政方针，那就是结束对外征伐，推行休养生息的政策，让社会归于安定。武帝在临终前留给刘弗陵的遗诏中，再次强调了这一点。昭帝即位后，以霍光为首的顾命大臣们贯彻了武帝的遗志，努力恢复和发展生产。

在新皇帝即位的第一年春天，顾命大臣们安排年幼的刘弗陵举行隆重的亲耕仪式，其用意在于向全天下展示皇帝对农业生产的重视。接下来的几年内，朝廷颁布了一系列具体措施。《汉书·昭帝纪》充斥着各种减免赋税的记载，简直就是一本朝廷减税的账簿。汉代百姓主要承担田租、口赋和其他杂税，昭帝时期这三种税收都有不同程度的减免。

昭帝始元二年（前85），朝廷下令减免全国的田租，这是自文帝十三年（前167）以来，第二次免除全国田租。始元六年朝廷“令民得以律占租”，规定地方政府只能按照律令规定的数额征收田租，不得随意增收。

口赋是汉代百姓最沉重的负担，也是朝廷最主要的税收来源。元凤四年（前77），昭帝宣布不再征收当年及来年的口赋，也就是减免了两年口赋。元平元年（前74），昭帝再次决定减征口赋，让百官商议，最后商定当年百姓只交七成口赋。汉代的口赋是以货币形式征收的，百姓缴纳口赋，需要先变卖农业收成，这就给

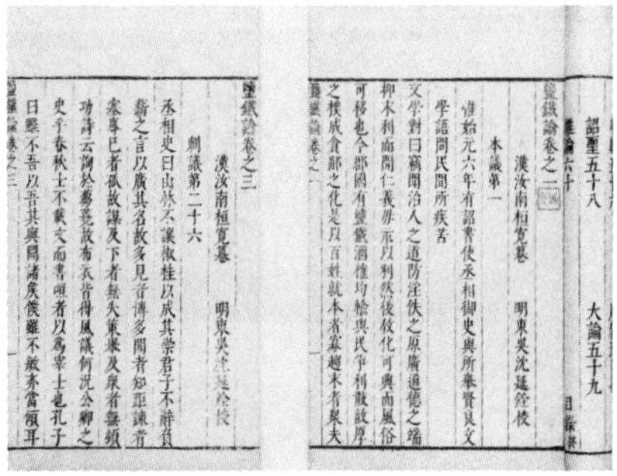

《盐铁论》书影

商人盘剥提供了机会，变相增加了百姓负担。元凤二年（前 79），昭帝下令全国百姓可以用粮食来缴纳口赋，元凤六年（前 75）又下令在京畿推行这一政策，这一举措大大减轻了百姓负担。

昭帝时期，朝廷还减免了很多杂税。元凤二年，昭帝下令“郡国无敛今年马口钱”。“马口钱”是百姓根据拥有的牲畜数量上缴税钱，属于财产税的一种。元凤四年（前 77），朝廷又下令，元凤三年以前百姓拖欠政府的“逋更赋”一笔勾销，不再催缴。武帝时期，出于战争需要，向百姓征收养马钱。始元四年，昭帝下令取消这项税收，以后用皇家马苑的马匹来补充军马。

昭帝停止了对外征伐，百姓的兵役负担大大减轻。对于徭役，同样有所减免。元凤元年，朝廷下令减漕粮三百万石，元凤三年又下令来年停止漕运，这样百姓就可以不必为承担漕运而出徭役。元平元年朝廷再度下令免除当年百姓的外徭。徭役的减免，使百姓可以安心从事农业生产，有利于社会生产的恢复和发展。

执政者并不满足于大幅减免赋役。始元六年（前 81），在霍光的授意下，朝

农作（汉代画像砖）

农耕一景（汉代画像砖）

廷开始商议是否保留盐铁专卖制度。盐铁专卖制度是武帝为了保障国家财政收入而推行的一项基本国策。盐铁专卖虽然使国家税收增加，却严重侵害了百姓的利益，所以废除盐铁专卖制度，是符合“与民休息”方针的。当然，霍光推动“盐铁会议”还有打击政敌的意图（详见下一节），但如果能够撼动盐铁专卖制度，无疑会使百姓得到更大实惠。

御史大夫桑弘羊是盐铁专卖制度的缔造者，决心誓死捍卫这项制度。他联合了丞相田千秋，共同抵制霍光试图废除盐铁专卖制度的动议。在前一年，霍光以昭帝的名义，发布征召贤良、文学之士的诏书，从全国推举的贤良、文学之士中精选了六十人，组成一支论辩团队。始元六年二月，这支团队隆重登场，与桑弘羊、田千秋等朝臣举行了激烈的论辩。贤良、文学阐述了盐铁专卖制度对民间生产的破坏，桑弘羊则予以针锋相对的答辩。双方的论辩激烈精彩，且富于文采，再加上详尽阐述了汉朝某些政治理念，因此具有特殊的文学价值和史学价值。宣帝初年，桓宽将盐铁会议双方论辩的观点整理成书，这就是流传至今的《盐铁论》。

经过一个多月的激烈论辩，最后双方商定，盐铁专营继续保留，而废除酒业专营（又称“榷酤”，天汉三年朝廷效仿盐铁专营，对酒业也实施专营）。虽然盐铁专卖制度得到保留，但辩论已经严重动摇了这项制度存在的基础，日后盐铁专卖制度能够彻底废除，盐铁会议的作用功不可没。

在霍光等人的努力下，社会生产得到恢复，社会秩序也渐趋稳定。《汉书·食货志》记载，武帝末年为躲避赋役而流散于山林的流民在昭帝时代逐渐返回乡里，田野尽是繁荣劳作的景象，百姓们重新过上富足的生活。这时的汉朝似乎又回到了文、景时期的平和景象，在霍光的领导下，国家成功摆脱了武帝末年的社会危机，政治经济发展重新步入正轨。

第二节　霍光权势的确立

武帝临终之前，确定霍光为首辅大臣，辅佐刘弗陵。但武帝担心霍光权势过大，所以为牵制霍光做了种种安排。首先，除霍光以外，又任命金日磾、上官桀为顾命大臣，让三人分领军权，共同领属尚书，相互牵制。其次，确定田千秋、桑弘羊在外朝的领导地位，使内朝不能直接干预外朝，从而起到内朝、外朝相互制约的作用。

武帝的担忧并非毫无道理。在他逝世以后，面对年仅八岁的新皇帝，大权在握的霍光不可能没有想法。对于一个实际已经成为汉帝国最高决策者的人来说，能够最大限度地巩固并延续权势无疑是其最为迫切的愿望。为了实现这个目的，霍光必须想方设法摆脱武帝设置的种种束缚。

霍光首先想到巩固与金日磾、上官桀的关系。霍光、金日磾、上官桀都是武帝身边的近侍，出身低微，没有显赫的功劳，面对功勋卓著的外朝官未免低人一等。霍光想到可以利用武帝晚年的马何罗行刺事件做文章。当年马何罗潜入寝宫，幸得金日磾等内侍人员的保护，才使武帝摆脱危险。霍光于是编造了一份武帝遗诏，遗诏称金日磾、霍光、上官桀三人一同擒获马何罗，功劳显著，皆封为列侯。凭借这样一份遗诏，三人都将封为列侯，可以与外朝功臣平起平坐。对于这份突然出现的遗诏，朝臣们疑惑重重，曾服侍于武帝身边的侍中王忽，公开宣称从未听说有这份遗诏。霍光得知后，大为恼怒，逼迫王忽的父亲将王忽杀掉。直到一年后，朝廷局势基本平定，霍光才正式公布遗诏，霍光和金日磾、上官桀皆封为列侯。

除了提高自己的政治地位，霍光还用联姻巩固三人的关系。霍光把长女嫁给上官桀的长子上官安，把次女嫁给金日磾的儿子金赏。这样三人便通过婚姻结成裙带关系，形成俱荣俱损的利益集团。

始元元年（前 86）九月，金日磾病逝，三人核心变成两人核心。霍光与上官桀的关系更为紧密，两人配合默契。每当霍光休息或患病时，上官桀便代替霍光入宫决策朝政，霍光也对上官桀表现得极为信任。此后，在上官桀的主导下，两人又做出一件大事，那就是在始元四年把上官安年仅四岁的女儿立为皇后。这样一来，未来的皇太子将是霍氏和上官氏共同的骨肉，两家的权势似乎可以永远维持下去了。

霍光认为内朝已经得到巩固，可以伺机压制外朝。始元五年，霍光借昭帝的名义，在全国征召贤良、文学之士，从中精选六十余人，授意他们搜集盐铁专卖制度的弊端。实则是为了动摇桑弘羊在政界的地位。次年二月，霍光下令召开盐铁会议，集合大臣商议是否保留盐铁专卖制度。桑弘羊深知盐铁专卖制度的存亡，直接关系到自己在朝廷中的威信，于是联合丞相田千秋坚决维护。经过一个月的激烈论辩，盐铁专卖制度得以保留，霍光的政治意图并没有实现，这说明外朝仍然具有很强势力，但是在论辩中，儒生们在霍光的支持下，大胆抨击桑弘羊及其属下，令桑弘羊极为难堪，这使桑弘羊的政治威信大受损害。

就在霍光筹划对外朝展开新一轮打击之时，内朝却发生了分裂，并引发严重的政治风暴。原来早先上官安打算立女儿为皇后，霍光并不同意。为此上官安转而寻求鄂邑长公主的支持。鄂邑长公主是武帝的女儿，武帝晚年嘱托鄂邑长公主在宫中抚养刘弗陵。上官安找到鄂邑长公主，在她的帮助下，把女儿送入宫中立为婕妤，造成既成事实。最后霍光只好同意立上官氏为皇后。作为回报，上官桀、上官安父子答应封鄂邑长公主的情人为列侯，但这个提议却遭到霍光的坚决反对，为此上官桀父子和鄂邑长公主都很怨恨霍光。

这时上官桀的野心也在膨胀，他想除掉霍光，使自己成为汉帝国最高执政者。上官桀虽然有除掉霍光的念头，但是霍光牢牢控制着昭帝。上官桀于是将目光转向武帝的另外一个儿子——燕王刘旦。上官桀、鄂邑长公主派人与刘旦联系，三人一拍即合。上官桀还笼络桑弘羊，得到积极响应，“反霍光”政治集团迅速形成。

经过策划，上官桀等人精心布置了除掉霍光的计划：首先上官桀以燕王刘旦的名义草拟一份弹劾霍光的奏书。等到霍光休假时，上官桀在朝廷宣读奏书，然后桑弘羊再率领外朝官一同进言，请求皇帝罢黜霍光。上官桀的计划似乎非常圆满，但是执行时，还是发生了意外。当上官桀检举霍光的种种罪行，桑弘羊等人极力要求罢黜霍光之时，年仅十四岁的昭帝却表现出异乎寻常的坚定。昭帝将燕王的奏书驳回，否决了桑弘羊的提议，并在次日霍光返朝时，当着全体大臣表彰霍光的忠诚，还下令日后如有诋毁霍光者，一律处死。上官桀见到利用昭帝罢黜霍光已经没有可能，转而策划刺杀霍光，废掉昭帝，改立刘旦为皇帝。元凤元年，上官桀与鄂邑长公主商定，由鄂邑长公主出面宴请霍光，在宴会上捕杀霍光，同时派使者前往燕国，让刘旦准备入京即位。上官桀与鄂邑长公主的密谋，被公主府的舍人泄露了出来。在获知上官桀的计划后，霍光立刻开始行动。在此之前，霍光已经秘密控制了丞相府，指使丞相府的亲信召集上官桀、上官安议事，上官父子不知其中有诈，来到丞相府后，被霍光亲信斩杀。随后霍光发兵搜捕鄂邑长公主、桑弘羊等人。鄂邑长公主、燕王被迫自杀，上官氏、桑氏则满门抄斩，只有皇后上官氏因为是霍光外孙女的缘故，才得以幸免。

上官桀、桑弘羊被处死后，霍光独揽大权的障碍，只有丞相田千秋。不过这时的霍光早已掌控了丞相府，丞相发挥不了多大影响。元凤三年（前78），霍光想治少府徐仁的罪，徐仁是田千秋的女婿。田千秋知道难与霍光抗衡，于是抢先采取行动，召集朝廷大臣共同商议徐仁的罪行，并把商议结果通报霍光。不料霍光闻讯大怒，认为丞相擅自召集群臣有违制度，要调查此事。大家知道霍光要对丞相下手，满朝人心惶惶。霍光最后迫于舆论，没有惩治丞相，但经过此事，田千秋已威信扫地，仅仅一年后，便忧愤而终。霍光扫清了最后的障碍，成为汉帝国最具权势的人。

当霍光独揽大权以后，随即进行一系列人事安排，进一步巩固自己的地位。外朝重要官职几乎都被霍光的亲信把持，如新任丞相王䜣和御史大夫杨敞都是霍光旧日的属下，而内朝官职和军职则被霍家人掌控。霍氏家族权倾朝野，皇帝安危都在霍光一人操纵之下。

就在此时，一位叫眭弘的儒生误判形势，认为霍光取代刘汉天下是迟早的事。他上书朝廷，列举地方发生的祥瑞事件，提出这意味着人世间要改朝换代，当今天子应当禅位于霍光。而这时的霍光刚刚巩固了在朝廷的地位，还没有篡位的打算，眭弘的上书等于把霍光置于风口浪尖之上。霍光将眭弘的上书交给廷尉，最后定性为妖言惑众，将眭弘诛杀。

元凤四年（前77），昭帝年满十八岁，加“元服”，举行了象征成人的冠礼。作为辅佐幼主的顾命大臣，霍光已经完成了使命，应该还政于皇帝了。但是昭帝却希望霍光继续辅政。霍光自然不愿把辛苦拼来的权势拱手相让，欣然接受，继续把持朝政。

元凤六年（前75），昭帝突然病逝，没有子嗣。霍光必须另立皇帝，为此霍光大伤脑筋。当时武帝的儿子只剩下广陵王刘胥，但是刘胥已五十余岁，显然不会听任霍光摆布。霍光最后排除刘胥，选择刘髆的儿子昌邑王刘贺。刘贺年仅十余岁，又是昭帝的子侄辈，霍光可以借助上官氏皇太后的身份加以弹压。主意拿定之后，霍光召集朝廷官员，宣布帝嗣的人选，并派使者前往昌邑国，召刘贺入京即位。

身为藩王的刘贺意外被立为皇帝，不免欣喜若狂，立刻整理行装，带着亲信二百余人，浩浩荡荡地向长安进发。刘贺到了长安，被霍光立为皇太子，明确与上官皇后的母子关系。六月初一，刘贺在昭帝的灵柩前接受皇帝玺印，即皇帝位，上官皇后也被加以皇太后的尊号，仅仅十余日，汉帝国便完成了帝位交接。

早在刘贺赴京之前，曾有官员告诫他一定要服从霍光。但当刘贺登上帝位，却头脑发热起来。特别是他的亲信，都渴望能够得到更大的权势，他们怂恿刘贺抑制霍氏的势力。刘贺开始对朝廷人事安排进行调整，主要是排斥霍氏亲信，安插昌邑国旧臣。霍光拥立刘贺，是想让刘贺做傀儡，却未料刘贺刚刚即位就想摆脱自己，另立门户，这当然令霍光不快。特别是当霍光得知刘贺试图控制长乐宫，更是怒不可遏。长乐宫是皇太后居住的宫殿，刘贺此举无疑是想控制皇太后，使霍光无法利用皇太后把持朝政。

霍光对刘贺的不满，大司农田延年看得非常清楚。田延年是霍光的旧部下，他建议霍光废掉刘贺，另立新皇帝。田延年的提议正中霍光下怀，霍光于是带着田延年去见车骑将军张安世。张安世也愿意支持霍光，霍光决定开始采取行动，废掉刘贺。

霍光首先把废掉刘贺的决定告诉丞相杨敞，要杨敞配合。当杨敞得到消息，不禁大惊失色，虽然杨敞也是霍光旧部，但是自汉朝立国以来，还从来没有发生过大臣废掉皇帝的事情。面对霍光派来的使者，杨敞犹豫不决。杨敞的夫人是司马迁之女，颇有见识，见到丈夫犹豫不决，便提醒杨敞赶快表态支持霍光，不然将有杀身之祸。这时杨敞才醒悟过来，向使者表示将坚定地站在霍光一边。

得到张安世、杨敞的支持，霍光知道大势已定，召集大臣在未央宫议事。待满朝大臣聚齐后，霍光当众宣布刘贺昏乱无礼，不具有做皇帝的资格。大臣们大惊失色，但又不敢反对，只能默不作声。霍光当即率领大臣前往长乐宫，奏请皇太后废掉刘贺。皇太后跟随群臣前往未央宫，下令召皇帝入宫。刘贺入宫后，皇太后命人把霍光早已准备好的诏书宣读了一遍，然后收缴皇帝印绶，勒令其即刻出宫，移驻昌邑王宫邸。只当了二十七天皇帝的刘贺，就这样被废掉了。

废掉刘贺，霍光又要重新考虑皇帝人选。光禄大夫丙吉提醒霍光，卫太子还有一个孙子在世。当年巫蛊之祸时，太子全家抄斩，怎么还会有一个孙子呢？原来巫蛊之祸发生时，太子的儿子刚刚生下一个男孩，太子起兵失败后，全家死于兵祸，只有这个婴儿幸免于难，被送到监狱。当时的丙吉是监狱长官，他可怜这个婴儿，让监狱中的女囚喂养。这个婴儿也算命大，经历几场大病竟然顽强地活了下来，丙吉给这个婴儿起名为“病已”，就是大病痊愈的意思。武帝去世以后，官府对巫蛊罪犯的羁押有所松懈，丙吉于是把小病已带出监狱，送给病已的祖母家族史氏抚养。掖庭令张贺原来是太子的属下，听说太子还有一个孙子在世，就派人把小病已接到掖庭来抚养。在张贺的悉心照料下，病已逐渐长大成人。张贺还亲自做媒，把下属许广汉的女儿许配给病已。就这样，病已也算是成家立业了。他定居在杜县，过着普通人的生活，经济上则依靠妻族许氏和祖母家史氏接济。

对于病已的身世，丙吉十分清楚，得知霍光为皇帝人选发愁，立刻想到病已。而抚养病已长大的张贺是车骑将军张安世的哥哥，所以张安世也支持把病已列为皇帝人选。霍光派人了解病已的情况后，愈发觉得病已是非常合适的人选。首先，病已是卫氏太子的后代，而霍光也属于卫氏外戚，更愿意接受太子的后人。其次，病已才十八岁，年纪很轻，没有什么政治经验，易于控制。再有，病已生长于民间，不像刘贺一样有大批亲信，不会结成政治集团。最后，病已在辈分上是昭帝的孙辈，比刘贺又低一辈，霍光借助皇太后弹压更为得心应手。考虑到以上几点，霍光很快决定立病已为新皇帝。

霍光按照程序向上官皇太后推荐病已，立刻得到批准。霍光随后派人去杜县接回病已。病已来到未央宫，群臣奉上皇帝印绶，登基为皇帝，是为汉宣帝，改名刘询，上官氏又提升一级，成为太皇太后。

刘询即位不久，侍御史严延年上书皇帝，称霍光废掉刘贺属于大逆不道，应当治罪。宣帝表现得极为惶恐，把严延年的上书转给霍光，让霍光去处理。第二年，霍光上书请求还政于皇帝。宣帝又表现得诚惶诚恐，极力挽留霍光，不肯亲政。待霍光同意继续辅政后，宣帝又下令以后一切奏事必须先奏明霍光定夺。宣帝的表现显然令霍光非常满意，这位新皇帝完全慑服于霍光的威信。霍光终于找到了合适的傀儡，霍氏家族的权势似乎可以继续维持下去了。

第三节　霍氏覆灭与宣帝亲政

宣帝即位之初处处听命于霍光，任凭霍氏家族把持朝政。宣帝登基后，按照惯例选立皇后。宣帝此前已经娶了许广汉的女儿，许氏还生下一个儿子，理应立为皇后，但大臣们迫于霍光的权势，提议在霍光的女儿中选立一位皇后。宣帝不想与霍氏联姻，但又不敢公然反对，于是采取了一种较为策略的方法。他下诏说，当初在民间时有一把宝剑不慎丢失，至今时常思念，如有人能找到这把剑，将得到丰厚的赏赐。大臣们当然知道这份诏书的寓意，不再提议选立霍光的女儿，转而推举许氏。霍光也没有强求，同意立许氏为皇后，宣帝终于让结发妻子当上了皇后。

霍光的夫人却并不死心，她认为只有霍氏当上皇后，霍家的权势才能得到永久保障。本始三年（前71），许皇后又将分娩，霍夫人买通御医毒害许皇后。许皇后吃了御医奉上的药丸，一命呜呼。御医假称许皇后是难产而死，但病症实在蹊跷，宣帝下令把参与接生的医生全部抓起来，严加审问。霍夫人担心事情败露，把事情经过告诉了霍光。霍光大惊，但事已至此，急忙通报主审案件的官员停止审问。这件事就这样不了了之。

许皇后被害后，宣帝只能娶霍光的小女儿为妻，并把霍氏立为皇后。地节二年（前68）三月，霍光去世，这块压在宣帝头上的巨石终于搬走了。但是霍氏族人仍然牢牢掌控着朝政，宣帝开始谨慎地收回权力。首先，他为霍光举办了隆重的葬礼，宣布给予霍氏家族种种特权，同时让霍家子弟担任内朝、外朝要职，向霍氏表明自己的恩宠。但是，宣帝对霍氏的优待仅限于加官进爵，并没有让霍氏子弟以大将军的身份继续辅政，而是在当年五月宣布亲政，同时下令官员可以直接上奏皇帝，而不再经由霍氏掌控的尚书转达。

第二年四月，宣帝又做出一项重要决定，立许皇后所生的刘奭为太子。宣帝的这项决定，令霍夫人极为不满。刘奭立为太子，意味着以后霍皇后之子不会成为帝位继承人，霍氏权势的血缘保障将不复存在。为此，霍光夫人决定再下狠手，她授意霍皇后伺机毒害太子。但是太子侍从看护极为严密，霍皇后始终没有找到机会。当年十月，宣帝又采取行动，这次是以收夺霍氏兵权为目的。宣帝首先以减轻兵役为理由，下令解散车骑将军张安世和右将军霍禹的部队，霍禹失去了直接指挥的武装力量。随后宣帝又把在内朝、外朝出任兵职的霍氏子弟调任为地方官，使他们离开长安，空缺出来的职位则由许氏、史氏填补。张安世的直属部队虽然被解散，但他随即被任命为卫将军，实际上接管了宫廷宿卫的最高权力。

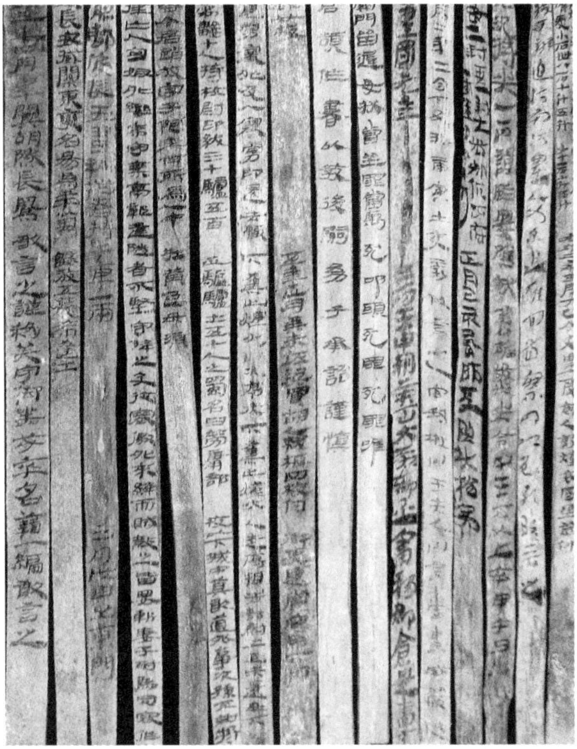

汉代简牍（甘肃敦煌市西部马圈湾烽燧出土）

宣帝的举动无疑是在打压霍氏，京兆尹（长安地区最高行政长官）赵广汉猜透了宣帝的心机，他假意搜捕贩酒罪犯，冲入霍家打砸翻抄，替宣帝狠狠地出了一口恶气。霍皇后向宣帝哭诉，宣帝只是把她安慰了一番，并没有追究赵广汉的责任。官员们见赵广汉没有受到处罚，纷纷上书检举霍氏的罪行，霍光的女婿金赏甚至休掉夫人，与霍氏划清界限。在检举霍氏罪行的过程中，许皇后死亡真相被揭发出来，宣帝怒不可遏，决心严惩霍氏。

霍光夫人眼见宣帝收夺权力，纵容官员欺凌霍氏，知道迟早要对霍家下手。他们认为霍氏在朝中还有实力，特别是持有太皇太后这张王牌，决心拼死反击。他们密谋由太皇太后上官氏设宴招待丞相魏相和许广汉，将二人斩杀，然后霍氏子弟发兵入宫，废掉宣帝，另立一个听命于霍氏的傀儡。然而，霍氏的计划被人告发，这时的宣帝已经控制了大权，远非当年的昌邑王刘贺可比。宣帝率先向天下公布霍氏图谋篡位的计划，然后发兵收捕霍氏。霍氏全家及亲朋数千人皆被斩首，只有霍皇后免于一死，被幽禁于后宫。十二年后，霍皇后不堪囚禁生活，以自杀的方式结束了悲剧的一生。霍光本欲使霍氏的权势永远地传承下去，但在他死后仅两年，霍氏便惨遭灭族。

诛灭了霍氏，宣帝终于掌握了实权，他可以按照自己的意愿去治理国家了。宣帝起于民间，对民间的疾苦有所了解，所以执政期间继续贯彻武帝末年以来的“与民休息”政策，先后六次大规模减免全国租赋，还重新核定官府田地，将空闲的公田借贷给贫民耕种。地节四年（前66），又下令降低盐价，减轻百姓的经济负担。宣帝还多次下诏赐官民爵位，赐百姓牛肉、酒。此外，昭帝时期曾经推行过的免除徭役、减省政府机构、免除漕运等举措，都被继续推进。百姓延续了自昭帝时代以来富足小康的生活。

宣帝自幼失去父母，十分看重孝道，多次提倡孝行，还制定了许多优待老年人的政策。地节三年，宣帝下诏凡是在为父母或祖父母服丧的百姓可以免除徭役，随后又下令凡是子女为父母、祖父母隐匿罪行的，可以不追究法律责任。元康四年（前62），宣帝又下令以后八十岁以上的百姓只要不是杀人，可以免除连坐的处罚。自从武帝建立察举制度以来，郡国向朝廷主要推举品行卓越和行政能力突出的人，而地节三年宣帝明确要求郡国向朝廷推荐尊孝道之人。以后地方推举人才，孝行成为必须考察的指标。

宣帝在民间的时候，对官吏欺压百姓深有感触，所以在掌握实权后，非常重视吏治。他提倡官吏要关爱百姓，不能依靠权势去凌辱百姓，而应当通过教化去感化百姓。宣帝的理想是能够建立一种和谐的官民关系。为此，宣帝亲自参与地方官吏的选拔，而尤为看重郡级（秩级为二千石）官员，他曾经慨叹：“能够帮助我实现让百姓安居乐业理想的，只有贤良的二千石官员呀。”在宣帝的倡导下，涌现出许多维护民生、关爱百姓的郡级官吏，这些官吏被称作“循吏”。班固在《汉书》中专门列有《循吏传》，记载了六位官员，其中五位是宣帝时代的官员。如王成在出任胶东国相的时候安置了流民八万余人，被宣帝封为关内侯。又如黄霸任颍川太守，把宣帝的惠民政策及时向全郡推广，还在官署饲养家禽牲畜，送给贫民，宣帝后来将他提拔为丞相。宣帝的童年是在监狱里度过的，亲眼目睹囚犯在监狱里所遭受的种种虐待，他亲政以后要求丞相和御史大夫严格监察狱吏，凡是造成囚犯意外死亡的，必须追究狱吏的责任。因此宣帝在位时期，监狱的风气大为改善。宣帝时期“循吏”涌现的现象与武帝时期“酷吏”横行形成了鲜明的反差，这正是两代皇帝执政理念不同的反映。

第四节　边疆秩序的重新安定

经过二十余年的休养生息，汉帝国逐渐恢复了国力。到了宣帝中期，汉朝已经积蓄了相当的实力，可以重新稳定边疆。汉代，在青海湖周边分布着很多羌人部落，他们以游牧为生。汉武帝开拓河西，将势力发展到青海湖，当地羌人部落纷纷归附汉朝。但当武帝末年汉朝收缩边疆力量后，羌人部落陆续脱离汉朝，处于相对独立的状态。匈奴一直想联合羌人对抗汉朝，所以在昭帝、宣帝时期不断派出使者前往羌人地区。元康三年，在匈奴的唆使下，羌人各部结成联盟，对抗汉朝。他们不顾汉朝官员的反对，率领部众穿越汉塞，进入金城郡（今甘肃省兰州市、青海省西宁市境内）游牧。宣帝急忙派遣光禄大夫义渠安国去解决问题。义渠安国临行前，老将赵充国叮嘱他，羌人敢于大举越塞，显然早有谋划，希望他预先做好防备。但义渠安国并没有把赵充国的嘱托放在心上，仅率三千人前往金城郡。义渠安国召集羌人各部首领议事，把公开违抗汉朝法令的首领当场斩首，引发羌人部落大反叛。羌人攻略城邑，斩杀汉朝官员，还将义渠安国率领的汉军击破。义渠安国仅仅率领少数部众逃回，金城郡局势全面失控。

眼见西北局势危急，年逾七旬的老将赵充国主动请缨。宣帝让赵充国先行前往观察形势，自己则动员内地兵力增援。赵充国抵达前线，官员们都认为金城郡局势混乱，应当等待增援的内地大军到位后，再收复金城郡。赵充国却指出应当趁羌人立足未稳，先稳定金城郡。赵充国率领前线仅有的一万余人的军队向金城郡推进，对羌人的挑战一概不理。羌人久闻赵充国大名，也不敢贸然出击，汉军最终平安进抵金城郡。

通过调查，赵充国获知，这次叛乱主要是先零羌挑起，其他羌人部落大多持观望的态度。赵充国于是派人通知羌人各部落，称朝廷已经调集十余万大军，很快就将赶到，这次讨伐主要针对先零羌，凡是能够帮助朝廷讨伐先零羌的部落，将不追究责任。不过，赵充国的方针却遭到地方官员的反对，他们认为羌人联合作乱，应当一并剿灭，为此他们联名上书宣帝弹劾赵充国。宣帝下令责问，赵充国据理力争，最后宣帝同意执行赵充国的计划。赵充国集中力量平定先零羌，其他羌人部落则全部赦免。金城郡的局势很快得到平定。赵充国平定羌乱后，先后三次上书宣帝，提出留兵屯田金城郡才是稳定羌人的长久之计。经过激烈的廷议，宣帝最后采纳了赵充国的意见，还设置了护羌校尉以专门管理羌部。在赵充国的操持下，羌人重新归附汉朝，金城郡的辖域也有所扩大。此后直到西汉末年，羌人再也没有掀起大规模的反叛。

武帝末年，汉朝放弃了对西域各国的直接管理。西域各国纷纷投靠匈奴，不时斩杀过往汉使，西域交通处于时断时续的状态。楼兰国地处玉门关外，是汉朝使者出使西域的首站，元凤四年（前77），霍光决定重新控制楼兰，他派遣傅介子刺杀了反叛的楼兰王安归，立安归的弟弟为楼兰王。新楼兰王担心匈奴报复，请求汉朝保护，霍光派遣少量部队驻扎在楼兰国的伊循城（今新疆维吾尔自治区若羌县密远绿洲），还更名楼兰国为鄯善国，使其成为汉朝经营西域的基地。这是自武帝颁布轮台诏以来，汉朝首次向西域拓展势力。

武帝元封年间，汉朝与乌孙联姻，建立了联盟关系。“轮台诏”颁布以后，汉朝势力撤出西域，匈奴不断侵袭乌孙。昭帝时期，汉朝公主刘解忧多次上书朝廷，请求汉朝救援。但霍光并不想开拓西域，只是派使者安抚乌孙昆莫和解忧公主。匈奴见到汉朝无力支援乌孙，更有恃无恐，频繁袭扰乌孙，抢夺牲畜和人口，还威胁昆莫交出解忧公主。本始三年（前71），宣帝发兵十五万讨伐匈奴，乌孙出兵五万相助。此次出征，汉军大获全胜，乌孙也坚定了与汉朝结盟的信心。元康二年（前64），乌孙昆莫提出要立自己和解忧公主所生的儿子元贵靡为储君，想为元贵靡选配一个汉朝公主，并派出三百余人的庞大使团携带厚礼前往汉朝求亲。宣帝同意了昆莫的要求，选择刘解忧的侄女刘相夫为和亲公主，还安排刘相夫在上林苑学习乌孙语。神爵二年（前60），宣帝派遣长罗侯常惠护送刘相夫前往乌孙，但汉朝使团还没有抵达乌孙，昆莫突然去世，乌孙贵族没有立元贵靡为昆莫，而是立昆莫侄子泥靡为新昆莫。宣帝认为乌孙负约，召回刘相夫，汉朝与乌孙的第三次联姻没有达成。

车师国邻近匈奴，在汉朝势力撤出西域后，车师立刻归附匈奴，成为匈奴威胁西域各国的基地。地节二年（前68），宣帝派遣侍郎郑吉在渠犁（今新疆维吾尔自治区库尔勒市）屯田，作出兵车师的准备。地节二年、三年，郑吉连续两次出兵车师，迫使车师归附。匈奴得知车师降汉，非常着急，派重兵攻打车师，郑吉率领部下和车师贵族死守了两年，直到元康二年（前64）长罗侯常惠率援军赶到，匈奴才撤围而去。神爵二年（前60），负责统辖西域的匈奴日逐王率部众投降汉朝，车师国的威胁被彻底解除。在郑吉的不懈努力下，车师国重新成为汉朝的属国。

神爵二年日逐王降汉，宣告匈奴统治西域的终结。汉朝重新掌控西域各国，为了便于管理，宣帝于神爵三年下令设置西域都护，驻于乌垒城（今新疆维吾尔自治区轮台县），秩级为比二千石，与内地郡守级别相当，是西汉经营西域以来设置的最高级别官员。在争夺车师战争中，屡立战功的郑吉成为第一任西域都护。鉴于车师特殊的战略地位，宣帝还在车师设置戊己校尉，主管车师国事务和当地屯田，受西域都护的节制。

西域都护的设置，宣告着西汉王朝开始对西域各国实施直接的行政管理，日后西域各国日常事务皆交由西域都护处理，而不必上报朝廷。西域都护也可以根据需要征调西域的屯戍汉军和西域各国军队，对西域的管理能力大大增强。西域都护设置不久，便遇到了一次严峻的危机。前面提到，神爵二年乌孙贵族拥立泥靡为昆莫，泥靡的母亲是匈奴人，他对解忧公主怀有敌意，虽然按照乌孙风俗续娶了解忧公主，但对待解忧公主十分粗暴。解忧公主联合汉朝官员刺杀泥靡，结果行动失败，泥靡负伤逃脱，调集军队反攻解忧公主。面对乌孙国的严峻局势，郑吉果断征调西域屯戍的汉军和西域各国军队前往乌孙，将解忧公主解救出来。为了维持汉朝与乌孙的关系，宣帝将参与行刺泥靡的汉朝官员处死，解忧公主也受到责问，这件事暂时得到平息。

甘露元年（前 53），乌孙再起内乱，老昆莫与匈奴女子所生的儿子乌就屠杀死了泥靡，自立为昆莫。乌就屠扬言要断绝与汉朝的关系，归附匈奴。宣帝得知消息，命驻扎在金城郡的破羌将军辛武贤率领部队赶赴敦煌郡，同时命令内地调集物资，作出兵乌孙的准备。这时西域都护又发挥了重要作用，郑吉通过解忧公主的侍女冯嫽劝谕乌就屠归附汉朝。乌就屠已经知道汉朝正在集结军队，同意归降。西域都护郑吉不费一兵一卒就解决了乌孙国内乱，使汉朝免于出兵。通过郑吉的调节，最后商定将乌孙分为两部，解忧公主的儿子元贵靡为大昆莫，乌就屠为小昆莫，各领一部。经过这样的处理，乌孙分裂成两个国家，势力大大削弱。而西域都护从此也具有了干涉乌孙国政务的权力，之后乌孙大小昆莫的选立，几乎都由西域都护决定，乌孙国逐渐从汉朝的盟国转变为汉朝的属国。

宣帝时期，在稳定边疆方面所取得的最大成就，莫过于匈奴的归附。武帝末年，匈奴重新崛起，多次重创汉军，再度成为汉朝北部边患。昭帝时期，匈奴保持着对汉朝的高压态势，频繁内侵，但因为霍光重视边防，边郡太守和驻边将领

说唱陶俑（汉代，四川成都天回山出土）。此俑面部表情动人，反映当时工匠技艺之精湛。

也恪尽职守，匈奴每次入寇，获利甚少，再加上东方的乌桓迅速崛起，与匈奴争锋，匈奴对汉朝的袭扰逐渐减缓。本始二年（前 72），乌孙昆莫上书汉廷，愿倾全国之兵联合汉朝讨伐匈奴。霍光早已做好反击匈奴的准备，得到乌孙昆莫的来信，与昆莫约定共同出击匈奴。次年，汉朝集结十五万大军，兵分五路，一同进击，乌孙出兵五万相助，这是自征和三年李广利兵败后，汉朝第一次大规模主动出击匈奴。单于闻知汉、乌孙联兵二十万，不敢迎击，号令各部向漠北撤退，一些部落因为消息不畅，仓促之中很多老弱、牲畜来不及转移，被汉、乌孙联军斩获。此役匈奴虽然没有遭到致命打击，但却损失很大。当年冬，匈奴又遭遇严重雪灾，牲畜、部众冻死无数。匈奴北方的丁零、东方的乌桓、西方的乌孙趁机联合讨伐匈奴，匈奴惨败，属国、属部纷纷脱离。匈奴元气大伤，再也没有能力内侵汉朝。

神爵二年（前 60），匈奴单于病逝，右贤王屠耆堂被部分贵族拥立为握衍朐鞮单于。握衍朐鞮单于即位后，残害前任单于的亲信，导致匈奴内部的分裂。匈奴日逐王在此时投降汉朝，致使匈奴在西域的统治彻底瓦解。神爵四年，部分匈奴贵族另立呼韩邪单于，击败握衍朐鞮单于，迫使其自杀。但是呼韩邪单于并不能完全控制匈奴各部，各部首领纷纷自立为单于，一时出现五位单于，他们互相混战，匈奴民众伤亡惨重。最后，郅支单于逐渐兼并其他三单于，击败呼韩邪单于，基本统一了匈奴各部。面对郅支单于的步步紧逼，呼韩邪单于决定归附汉朝。甘露二年（前 52），呼韩邪单于率部来到汉朝五原郡边塞之外，派使者觐见宣帝，表明归附之意，同时提出愿于次年正月亲自赴长安朝见宣帝。

宣帝获知呼韩邪单于愿意归附汉朝，极为重视，命令沿途整治道路、馆舍准备接待，还派遣车骑都尉韩昌迎率领二千骑兵前往五原郡迎接。甘露三年正月，呼韩邪单于如期来到甘泉宫，朝见宣帝。宣帝对呼韩邪单于恩宠有加，命其排位在诸侯王之上，还厚赐物品无数。呼韩邪单于请求留居于汉朝塞外，为汉朝守边。宣帝非常高兴，命长乐卫尉董忠领兵一万余人赴塞外保护呼韩邪单于，还命令边郡调拨粮食给归附的匈奴部落，帮助他们渡过难关。呼韩邪单于得到汉朝的支持，实力迅速恢复，击退了郅支单于数次进攻。郅支单于无法取胜，只能退居漠北，匈奴实际形成南北单于对峙的态势。

哺乳陶俑（汉代，长沙市陈家大山十九号墓出土）。陶俑妇女头向右低垂，俯视吸乳的婴儿。

呼韩邪单于归附汉朝的意义极为重大。汉朝立国以来，匈奴一直是严重的北方边患。汉初，汉朝通过输送币帛和联姻以维持北疆的安宁。汉武帝虽然多次击败匈奴，但匈奴依然与汉朝处于对峙状态，并在武帝末年和昭帝时期重新威胁汉朝边疆。呼韩邪单于的归附，使匈奴成为汉朝的藩属，自此汉朝周边的所有民族政权都被置于以汉朝为中心的统治秩序之下。

宣帝成功地结束了霍氏专权，稳定了刘汉天下。而在他亲政之后，整个国家政治清平，百姓安居乐业，呈现出蒸蒸日上的局面。随着国家的日益富强，武帝末年以来日益严重的边疆危机得到缓解，汉帝国重新成为东亚世界的领导。仅仅三十余年，汉帝国就成功摆脱了武帝末年的社会动荡，国家经济、文化持续发展，无愧于泱泱大国的威名。后来汉成帝曾经让刘向比较文帝和宣帝的功绩。刘向说文帝、宣帝时期虽然都是政治清平，百姓安居，但是宣帝使匈奴降服，四夷归附，边境安定，所以宣帝的功绩在文帝之上。而班固在《汉书》中则评价宣帝："可谓中兴，侔德殷宗、周宣矣。"（《汉书·宣帝纪》）在班固看来，宣帝成功地使汉帝国摆脱了外戚篡权、地方叛乱、四夷侵凌，呈现出盛世景象，称其为"中兴"之君，并不为过。

第九章　儒学治国

第一节　元帝、成帝对儒学的推崇

宣帝在民间时曾经接受过儒学教育，即位后对儒学也较为重视。宣帝亲政后选任的丞相基本都是儒生，以儒生为丞相逐渐成为西汉末年的定制。甘露三年（前 51），宣帝还召集各地儒学大师齐聚石渠阁，对儒家典籍进行校订，凡文本存在重大歧异的，均由宣帝亲自裁断。虽然宣帝颇为看重儒学，但对儒学基本持利用的态度。与宣帝不同，太子刘奭则完全沉迷于儒家学说，几乎不能自拔。一次宣帝要严惩犯罪的大臣，太子认为其做法不合儒家理念，进言劝阻，建议让儒生来处理，气得宣帝大骂："汉家自有一套治国之术，儒家只知道讲尧舜周公，放空话，不能专信。"宣帝认为太子受儒家学说毒害太深，感叹："乱我家者，太子也！"甚至萌生废掉太子的念头，但每当想起许皇后，便情不自禁，一直不忍心下手。

黄龙元年（前 49），宣帝病重，预感到时日不多。他对太子放心不下，于是效仿武帝，为太子选择了三个顾命大臣。他任命外戚史高为大司马、车骑将军，萧望之为前将军、光禄勋，周堪为光禄大夫，让他们一同辅佐太子。当年十二月，宣帝驾崩，太子即位，是为元帝。

宣帝原本想让史高、萧望之、周堪共同辅佐太子。但是三人很快产生了矛盾。最后史高联合宦官石显迫害萧望之、周堪，迫使二人自杀。不过，史高并没有像霍光一样专断朝政，因为元帝已经成年，虽然元帝时期外戚史氏、许氏和宦官的权势极大，但真正掌握国家大权的，依然是皇帝本人。

元帝刚刚即位，就迫不及待地委重任于儒生。元帝早年听说琅邪人（今山东省青岛市、日照市境）王吉和贡禹是关东大儒，所以即位后立刻征召二人。王吉年事已高，经不起长途奔波，死在路上，而贡禹则顺利抵达长安。元帝见到贡禹，拜他为谏大夫，负责献计献策。元帝还多次召见贡禹，当面聆听他对国政的意见。贡禹首先提出，为皇室服务的机构过于庞大，耗费大量人力、物力，这实际违背了儒家的治国理念。元帝立刻采纳，下令减少皇室马匹的数量，撤销了上林苑中饲养观赏禽兽的机构，解散了皇家杂技团和设在齐国专为皇室织造服装的作坊，还把宜春苑的土地交给贫民耕种。初元三年（前46），贡禹再度上书，建议减少皇宫宿卫的数量。元帝马上下令解散建章宫和甘泉宫的宿卫部队，让士兵回家务农。

贡禹在任谏大夫的几年里，主要建议是缩减皇家机构，减少皇室开销，减轻百姓负担，大多属于机构改革。而当贡禹被提拔为长信少府后，开始提议修改国家制度。如他建议提高百姓的纳税年龄。汉朝原来的赋税制度规定，百姓三岁至十四岁要缴纳口赋，十五岁至六十岁要缴纳算赋，并服徭役。贡禹建议百姓七岁至十九岁缴纳口赋，算赋和徭役的征发也相应延迟到二十岁以后。另外，贡禹还建议彻底废除盐铁专营制度，还利于民；取消货币，缴纳赋税和商品交易均以实物代替。贡禹主张废除货币的提议过于理想化，脱离了实际，元帝并没有采纳，只是同意修改赋税制度和废除盐铁专营。但是仅仅过了三年，政府就出现严重的财政危机，元帝只好下令恢复盐铁专营。最后只有赋税制度改革得以保留。

初元五年（前44），元帝任命贡禹为御史大夫。贡禹眼见元帝对自己恩宠有加，信心更足，又提出了一系列变更国家体制的提案。包括废除郡国庙、改革宗庙制度等等。但由于这些提案牵涉范围太广，元帝没有采纳。

十二月，贡禹病逝，他遵照儒家学说设计的一系列治国理念并没有就此终止。紧随贡禹之后的，是另一位儒学官员韦玄成。韦玄成是宣帝时期丞相韦贤的儿子，从小专攻《诗经》，也是一位精通儒学的学术型官员。他于永光元年（前43）出任御史大夫，次年升任丞相。他出任丞相不久，便开始继续推进郡国庙制度的改革。

所谓郡国庙，是指郡国为皇帝所立的祭祀机构。西汉初年，刘邦曾下令在各郡国为太上皇立庙。惠帝、景帝时期又分别要求各郡国立高祖庙、文帝庙。宣帝本始二年下令在武帝巡幸过的地方立武帝庙。到了元帝时期，分布在郡国的皇帝

彩绘雁鱼铜灯（西汉，山西朔州市出土）。此灯的亮度和照射方向可调节，将烟导入灯罩，融入腹中之贮水，可减少灯火烟尘的污染。

庙多达一百六十余所。这些郡国庙的日常开支都要由政府承担，成为沉重的经济负担。而在儒家看来，这些郡国庙的存在是不合乎礼制的。因为根据儒家理念，只有天子才具有祭祀皇帝的权利，让诸侯和地方官祭祀皇帝属于僭越行为，所以儒学出身的官员都希望能够废除郡国庙。永光四年（前 40），韦玄成联合在朝的七十一位儒学官员联名上书，要求废除郡国庙。上书最终被采纳，除了郡国的皇帝庙，皇室远亲的陵园也被一并罢废。

除了郡国庙问题，贡禹的另一夙愿是规范宗庙制度，这也是儒学官员的共同愿望。儒家十分看重对祖先的祭祀，而对于天子的祖先祭祀活动，则有一套系统的理念。其中最为重要的，是所谓的“七庙”制度，也就是皇帝只能选择供奉七位祖先。而从汉朝建立以来，已经有七位皇帝，如果再加上太上皇、卫太子和史皇孙，一共有十位祖先需要祭祀。那么应该供奉哪些祖先呢？对此儒家经典并没有明确阐释，儒家各流派的意见也不统一。最后经过商议，韦玄成提出太上皇不是开国皇帝，惠帝与元帝没有亲缘关系，他们的庙宇不再保留，而合祭于高帝庙；宣帝即位时已经明确了与昭帝的祖孙关系，所以卫太子庙也不再保留。经过这样的改革，“七庙”的数目最终确定下来，汉朝终于建立了符合儒家理念的宗庙制度。

建昭三年（前 36），韦玄成病逝，继任丞相的是匡衡。匡衡也是儒生出身，以精通《诗经》而富盛名。匡衡上任不久，就遇到一场政务危机。原来元帝的身体一直不好，时常生病，到了建昭年间，病情日益严重。一次元帝梦见祖宗谴责他罢废郡国庙和皇室远亲陵寝，内心非常恐惧，以为祖宗在惩罚他，于是召来匡衡，想恢复郡国庙。恢复郡国庙，就意味着用儒家理念改造国家制度的进程将出现倒退，所以匡衡耐心劝解元帝，让他消除顾虑，还亲自撰写文章供奉于皇帝庙，

彩绘陶壶（西汉，河南洛阳市烧沟出土）

向汉家祖宗解释罢废郡国庙的合理性。最后元帝同意不再恢复郡国庙，但是皇室远亲的陵寝则悉数恢复。

竟宁元年（前 33），元帝病逝，太子刘骜即位，是为成帝。成帝也十分喜好儒学，尤为精通《诗经》、《尚书》。成帝即位以后，匡衡立刻上书要求重新罢废皇室远亲陵寝，另外废掉景帝庙，增添元帝庙，以成儒家“七庙”之制。这些奏议得到成帝批准，巩固了自贡禹以来的制度改革成果。

在儒家学说中，最重要的内容是祖先祭祀和天地祭祀，儒家祖先祭祀礼制已经实现，接下来需要改革的无疑是天地祭祀礼制，而这正被匡衡视为施政目标。汉武帝时期，确定了天地祭祀的基本格局，那就是在甘泉宫泰畤祭天，在河东郡汾阴后土祠祭地，而秦代的祭天场所雍县五畤也被保留。武帝建立的天地祭祀格局与儒家理念并不符合，儒家以为天地的祭祀应该在都城郊外进行，即所谓“郊祀”。建始元年（前 32），匡衡与御史大夫张谭联合上奏，要求废掉甘泉泰畤、汾阴后土祠，遵照儒家经典在长安郊外重新建立祭天和祭地的场所。成帝召集大臣商议，虽然大司马、车骑将军许嘉坚决反对，廷议的结果仍然是儒学官员取得了压倒性的胜利。当年十二月，成帝下诏，将甘泉泰畤、汾阴后土祠的祭坛分别迁到长安南郊和北郊，并于次年在新祭坛举行祭天、祭地仪式。成帝的这一改革，确立了在都城南郊祭天，在都城北郊祭地的郊祀制度。这项制度一直沿用至清代。明清时期北京城南郊的天坛、北郊的地坛也是遵照同样的理念规划修建。

汉代除了天地祭祀，还有大大小小的各色杂祠，祭祀地方各种神灵，祭祀花销也由政府承担。更重要的是，这些神祠与儒家排斥“怪力乱神”的精神相违背。经过调查，截至建始元年（前 32）全国共有官府祭祀的神祠六百八十三所。建始二年，匡衡上书要求罢废其中的四百七十五所，奏议同样得到批准。著名的雍县五畤也在这次奏议后被废除。

提到汉代丞相匡衡，就想到两个故事，一个是“凿壁偷光”，一个是“借书苦读”。此为凿壁偷光雕像。

与宗庙制度一样，郊祀制度的确立也不是一帆风顺的。建始三年，匡衡因罪被免职，郊祀制度失去了最重要的保护人。而成帝即位后迟迟没有子嗣，帝位继承人问题日益严重。成帝开始对郊祀改革产生怀疑。永始二年（前15），成帝下令恢复雍县五畤，并于次年将祭天、祭地场所迁回甘泉泰畤和汾阴后土祠。但成帝的努力没有任何成效，直到绥和二年（前7）病逝，仍然未能生出孩子。成帝去世后，皇太后下令恢复郊祀制度，此后郊祀制度又几经反复，直到王莽时期才最终确定下来。

元帝、成帝在位时期，汉朝的国家制度发生剧烈变革，变革的基本趋势是尊奉儒家的治国理念。这种变化与元帝、成帝对儒学的痴迷密不可分。也就是说，国家制度的改革其实是皇帝推崇儒学的外在表现。他们不仅按照儒家理念去改造国家，更重用儒生为官员，让他们把儒家的治国规范应用到日常行政管理之中。在元帝、成帝时期，儒学修养成为任用官员的重要标准。一些朝廷重要职务甚至是从儒学博士中直接选任，如薛广德为经学博士，后被元帝任命为御史大夫；平当则是从易学博士选任为光禄勋，平帝时位至丞相。儒学成为官员升迁的重要依据，这也奠定了此后两千年中国政府官员儒学化的基本特征。在当时儒学发达的邹、鲁地区甚至流传着“遗子黄金满籯，不如一经”（《汉书·韦贤传》）的谚语。而元帝为了推动儒学在民间的发展，还于初元五年下令，凡是百姓能够通晓一种儒家经典，就可以免除终身的赋役。在元帝、成帝的倡导下，儒学在民间、在朝野都获得了极大发展，很多人自幼学习儒家经典，成年后被选拔入官府，成为儒学官员。随着儒生在国家政治生活中发挥着越来越巨大的作用，汉帝国的发展方向也在不知不觉中悄然发生着变化。

第二节　儒家学术的繁荣

儒生所倡导的各种理念，皆来自对儒家经典的阐释。而儒学传承的主要方式，就是研读某一种儒家典籍，并以师徒口授的形式代代相传，因此儒家向来重视对典籍的整理和保护。痴迷于儒学的元帝、成帝同样重视古代典籍的征集和整理。元帝、成帝曾经多次下诏征求书籍。河平三年（前 26），成帝任命谒者陈农为特使，到各地收集古书。在皇帝的支持下，皇宫中的藏书越来越多，但由于管理不善、缺乏整理，一些古籍散失不存。更重要的是，由于征集的渠道不同，同一种书往往会有多种文本，而这些文本在分篇和内容上存在很大差异，若要使用，需要作进一步的整理。成帝在派遣陈农收集天下遗书的同时，委任光禄大夫刘向全面整理宫廷藏书。

刘向是汉室宗亲，青年时便以精通儒家典籍而闻名。元帝初即位时，刘向深得萧望之、周堪赏识，后被石显打击而罢官。成帝即位后，放逐石显，刘向被重新启用。成帝非常喜欢古代典籍，与刘向很聊得来。成帝有感于宫廷藏书的混乱，于是将整理宫廷藏书的重任交给刘向。

刘向所进行的图书整理工作，主要包括两方面内容：校订文本和编写叙录。下面结合《晏子》一书，谈谈刘向整理图书的具体流程。首先是尽可能地搜集文本。刘向共搜集了四种文本的《晏子》，其中宫廷所藏《晏子》一种，另外三种分别是太史府收藏和刘向以及长社尉杜参私藏的文本。由此可见，刘向对书籍文本的收集并不局限于宫廷，而有更广泛的来源。文本搜集齐全后，接下来的工作是重新编排书籍的篇章。战国秦汉时期，书籍分篇章抄写在竹简上，篇章组合十分随意。在图书流传的过程中，书卷分散，到了最后，不同人收藏的书籍篇章组合多种多样。宫廷和杜参收藏的《晏子》分别有十一篇和十三篇，而太史府和刘向收藏的《晏子》分别只有五篇和一篇。刘向把这些篇章集合起来，去掉重复的二十二篇，最后确定为八篇。我们今天所见到的《晏子春秋》仍然保持着刘向排定的八篇结构。明确了篇章，接下来要进行文字的校对。在校对时，每人各持一篇，两人对读，遇到文字差异就会停下来，校改文字错讹。据说，这样的场景如

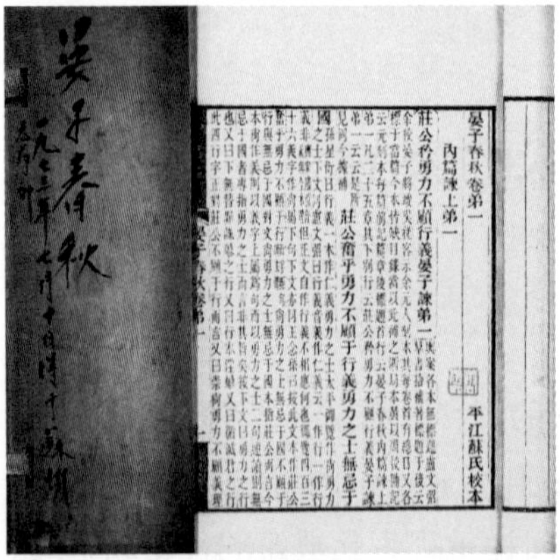

晏子春秋卷第一

平江蘇氏校本

内篇諫上第一

莊公矜勇力不顧行義晏子諫第一

莊公奮乎勇力不顧于行義勇力之士無忌于

《晏子春秋》书影

同两个仇人在对骂，所以校订文本的工作又被称为“校雠学”。经过上述工作，一个经过改订的全新文本就形成了。

书籍整理完成后，要进献给皇帝。在献书之前，刘向还要为书籍撰写一份叙录，在叙录中要介绍这部书籍的整理经过，同时简要介绍作者的生平、撰写背景和书籍的主旨大意，最后对全书的价值作出评述。刘向所作叙录就是一部书的提要，这也开创了我国编撰书目提要的先河。日后历朝历代整理图书，都要为整理后的图书编写提要，清朝乾隆年间编修的《四库全书总目提要》正是延续了这一传统。

刘向撰写的叙录是抄写在书后一同提交内府的。由于叙录的价值极为重要，后来皇帝命人把这些叙录汇集起来形成一部新书，这部书被后人命名为《别录》。《别录》一直流传至隋代，《隋书·经籍志》仍有著录，唐代以后亡佚。但刘向的部分叙录却随着某些典籍保存了下来。目前所能见到的共有八篇，分别是《孙卿书》(《荀子》)、《战国策》、《晏子》、《管子》、《列子》、《韩非子》、《邓析子》、《说苑》的叙录。也正是通过这些叙录，我们才得以了解刘向整理图书的全过程。

青瓷对书俑（西晋，长沙金盆岭出土）

整理图书的工作持续了近二十年，绥和二年（前7）刘向病逝，整理工作仍未完成。哀帝又命刘向的儿子刘歆继续父亲的事业。又经过两年，宫廷藏书的整理工作宣告完成。作为图书整理工作完成的汇报，刘歆在《别录》的基础上，编成一部简明的图书目录——《七略》。《七略》是目前所知我国最早的官府书目，被称为我国目录学之

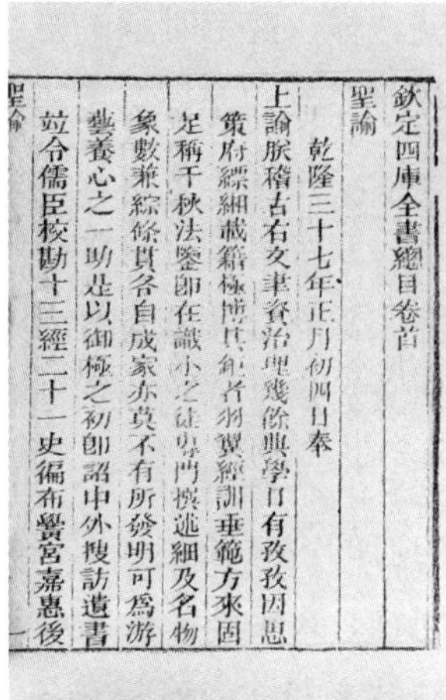
欽定四庫全書總目卷首
聖諭
乾隆三十七年正月初四日奉
上諭朕稽古右文聿資治理幾餘典學日有孜孜因思
策府縹緗載籍極博其巨者羽翼經訓垂範方來固
足稱千秋法鑒即在識小之徒專門撰述細及名物
象數兼綜條貫各自成家亦莫不有所發明可爲游
藝養心之一助是以御極之初即詔中外搜訪遺書
並合儒臣校勘十三經二十一史徧布黌宮嘉惠後

《四库全书总目》书影

肇端，在我国学术史上有非常重要的价值。《七略》在唐代也亡佚了，但幸运的是，东汉班固编撰《汉书·艺文志》时，基本原封不动地把《七略》抄录下来，所以我们可以根据《艺文志》来窥探《七略》的内容。

《七略》共分为七卷，一卷即一《略》。“七略”分别是《辑略》、《六艺略》、《诸子略》、《诗赋略》、《兵书略》、《术数略》、《方技略》。其中《辑略》是阐述其他“六略”的内容主旨和学术源流，属于全书的概要。其他“六略”就是六类书的目录。班固在编纂《艺文志》时，将《辑略》删去，仅将其中的部分内容附注于各类书目之后。从“六略”可以了解当时的人们的知识体系，汉代的学者们把知识划分为六大类。其中引人注意的是“六艺”的划分，“六艺”是对儒家典籍的分类。儒家本来与道家、墨家等学说同属于“诸子”的范畴，而在《七略》中，儒家典籍被单独划分为一类，与诸子相对，并且排列在各种图书分类的第一位，这种知识划分体系正是元帝、成帝时期儒学一家独尊地位的体现。

以上介绍的是元帝、成帝时期的图书整理情况。而在儒学内部，其学术发展也呈现出新的趋势，那就是“今古文经学”之争。在汉代，儒家最为重要的典籍是《诗经》、《尚书》、《周易》、《仪礼》、《春秋》。汉初只设有儒学博士，文景时期陆续出现专治《诗》、《尚书》、《春秋》的博士。建元五年，刚刚即位的武帝增设《礼》、《易》博士，使五部儒家经典皆有博士传袭。虽然五经各有博士，但是对于每一种经典的解读还存在许多流派。宣帝即位后，给一些影响较大的解经流派也设置了博士。如为《尚书》增设大夏侯、小夏侯二家博士；为《周易》设置了施雠、孟喜、梁丘贺三家博士，元帝时又增设京房一家博士；为《春秋》设置了严彭祖、颜安乐二家博士；为《仪礼》设置了大戴、小戴二家博士。

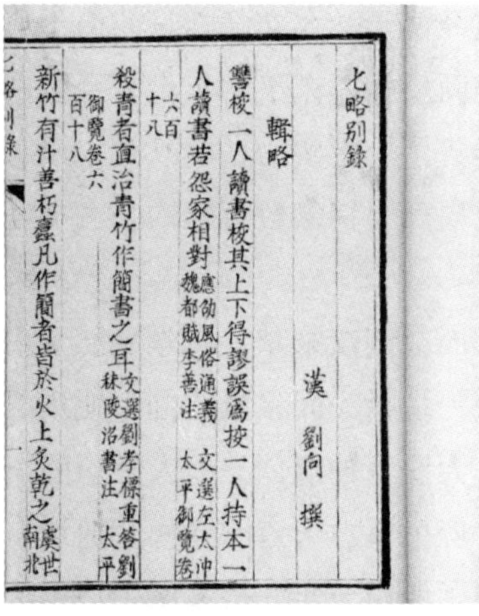
七略別錄
輯略
漢 劉向 撰
讎校一人讀書校其上下得謬誤爲校一人持本一
人讀書若怨家相對爲讎
殺青者直治青竹作簡書之耳
新竹有汗善朽蠹凡作簡者皆於火上炙乾之

《汉书·艺文志》所辑《七略》书影

就这样，武帝时期的五经七家博士到了元帝时期激增为十四家博士。这些学派虽然对经典的理解有所不同，但是他们研读的文本都是一样的，因此各家之间独立发展，相安无事。

武帝时期，全国各地陆续有古本儒家典籍发现，并被进献到宫廷。这些古本儒家典籍是用战国时期六国文字书写的，因而被称作“古文经”。而社会流传的儒家典籍是秦代以来儒生们代代相传的文本，是用秦汉通行的隶书书写的，被称作“今文经”。元帝、成帝时期，跟随父亲在宫廷校订书籍的刘歆看到了深藏在内府的古文经，意识到这些古本具有重要价值。一些学术界争论不休的典籍阐释问题，其实都源于文本错讹，而这些错讹用古本一对照便可解决。哀帝建平年间，刘歆上书称当前儒家各流派使用的文本存在诸多问题，再加上代代相传，错误更是不少，反倒是古文经在文本面貌上更接近经典原貌，因而请求为古文经《左氏春秋》、《毛诗》、《周礼》和《古文尚书》设立博士。刘歆上书一经公布，立刻引起朝廷的轩然大波。古文经被立入学官将严重动摇此前十四家经学博士的正统地位，于是招致博士们的强烈反对。这时的朝廷高官大多研习今文经出身，他们也加入反对的队伍。如光禄大夫龚胜以告老还乡为要挟，大司空师丹则直接弹劾刘歆，要求将其罢官。迫于强大的压力，哀帝只好外放刘歆去地方任官，古文经被立入学官的第一次尝试以失败而告终。

到了平帝时期，王莽已经基本控制了朝政，王莽与刘歆曾同在太学学习，关系很好，再加上王莽热心制度改革，而刘歆可以在古文经中找到很多制度改革的理论依据，《周礼》所记载的官制也为王莽规划新官制提供了现成的蓝图，最终在王莽的支持下，古文经被立于官学，设置了古文经博士。今文经师只能迫于形势而忍气吞声，当王莽倒台以后，今文经学立刻全面反扑，东汉初年古文经被全部废除。但是经过王莽的扶持，古文经在学界也具备了一定实力，所以在东汉时期围绕古文经学的存废，学界又经历了几次反复，揭开了持续数百年的今古文经学之争的大幕。

今古文经学之争是围绕儒学典籍文本展开的。而在西汉末年，儒学发展又出现了新的趋势，即“谶纬说”的兴起。汉代的“谶”是指民间宗教信仰中使用的符命或符图，故又有符谶、图谶之说。武帝时期，大儒董仲舒创立天人感应的儒学理论体系，其宗旨是说天道的运行与人世存在对应关系。天道的变化会通过自然现象展现出来，预示人世社会也要发生变化。到了西汉末年，很多儒生指出天道变化有时会以特殊符号和文字的形式展示给人间，世人如果能够正确解读这些图谶，就可以预测未来。据说昭帝元凤三年（前 78），上林苑一棵枯死的柳树突然复活，树叶被虫子咬出类似文字的图案，依稀可以辨识为“公孙病已立”。当时没有人知道文字的含义，直到宣帝当上皇帝，大家才恍然大悟，原来“公孙病已立”是预示“卫太子的孙子病已将立为皇帝”。据说宣帝听说这件事深感惊奇，相信上天确实会通过图谶预示人间变化，因而对图谶之说非常推崇。许多儒生加入研习图谶的行列，并使用儒家经典阐释图谶的寓意，儒学开始出现阐释图谶的门类。而所谓的“纬”是指纬书，与经书相对。经书是儒家经典，是儒家理念的基本纲要，要想深刻理解儒家理论必须要对经书进行阐释，这些对经学阐释的书籍被称为“纬书”。儒生认为只有经书、纬书相配才能详细解释儒家经典中蕴含的天地和人世的种种规律。图谶和纬书带有强烈的神秘主义色彩，而阐释的空间又十分巨大，往往成为带有政治野心的政治家寻找理论支持的工具。西汉末年，全国各地出现了各式各样的图谶，儒生们热衷于对图谶进行解读。另一些儒生则从儒家典籍中不断解读出各种人世社会的变化规律。痴迷于儒学的成帝、哀帝对儒生们所著纬书和图谶解读深信不疑，反过来又推动了“谶纬说”的流行。不过谶纬说的真正高峰，还是要到王莽执政时期，心怀篡权野心的王莽正需要“谶纬学说”来向天下预示自己取代汉朝的合理性。

“上林”瓦当（西汉，兴平县茂陵附近出土）。汉武帝建上林苑，此类瓦当是当时上林苑建筑所用。

文字瓦当（西汉，汉长安城未央宫遗址发掘出土）。瓦当有“长乐未央”、“长生无极”等字样，反映人们对吉祥平安的渴求。

第三节　西汉末年的社会危机

元帝痴迷于儒学，整日关心的是如何实践儒家的治国理念，而把朝政交给大臣们去处理。而在朝廷之中，朝臣们逐渐分化为各种政治集团，为了争夺朝政实权，他们互相攻击，国家政治变得越来越混乱。

宣帝亲政后，重用儒生，随着儒学官员日益增多，他们在朝廷上结成紧密的利益团体。宣帝为元帝选定的三个顾命大臣中，萧望之、周堪都属于儒学官员集团，他们从儒家的治国理念出发，强调皇权的至尊，反对外戚身份的史高干预朝政。为了对抗儒学官员，史高转而联合中书令石显。为何中书令会成为史高联合的对象？这还要从“中书令”这个官职的由来说起。武帝时期，皇帝把丞相的权力分散到尚书，使尚书逐渐成为国家政务决策机构。武帝在位末年，一度让宦官主持尚书事务，并设置“中书令”作为主持尚书事务宦官的官职。宣帝亲政后，有鉴于霍光通过尚书掌控朝政的教训，恢复设置“中书令”，让宦官重新管理尚书。控制了尚书的宦官，权势迅速膨胀，宣帝末年中书令弘恭便权倾一时。元帝即位后，出任中书令的是石显，萧望之、周堪认为宦官控制尚书危害极大，主张撤销中书令，让儒生管理尚书。面对儒学官员的步步紧逼，外戚史高和宦官石显联合起来，共同对抗儒学官员。儒学官员们虽然不断上书批评中书令，但由于石显控制着皇帝文书的转奏，他把批评自己和史高的上书压下来，伺机反击。最后萧望之、周堪都被石显设计陷害，被迫自杀。此后也陆续有官员试图打击石显，但结果或是罢官，或是入狱，均以失败而告终。整个元帝在位时期，石显牢牢控制着朝政，这也是汉代历史上第一次出现宦官专权的局面。

成帝做太子时，对石显专权有所了解，即皇帝位后，罢黜了石显。宦官专权虽然结束，取而代之的却是外戚专权，外戚与儒学官员之间随即展开了激烈的政治斗争。而成帝荒淫好色，整日想着如何选妃，任凭朝政混乱无序。朝廷上激烈的政治斗争，使得各个政治集团势不两立，各个政治集团都试图控制官员的任免权，扩大己方在政界的影响。石显专权时，凡是依附他的官员都会被任用为地方大员。外戚王氏专权时也是如此。久而久之，地方官员也卷入朝廷政治斗争，他们更关心朝廷政局的变动，而对地方政务毫不上心。

元帝、成帝对朝政的放任，以及朝臣之间激烈的政治斗争，使得西汉官场的吏治越来越腐败。宣帝时期的清明吏治不复存在，官场逐渐被贪财好权之人充斥，一时人们慨叹“孝宣之业衰焉”。贪官污吏们致力于增加赋敛、贪赃索贿，组建政治联盟，然后把搜刮来的钱财进奉给当权的宦官和外戚，排斥异己，为升迁扫清道路。

就在朝政日趋腐败的同时，西汉社会也在悄然发生变化。西汉立国两百年来，累积了无数功臣、官僚、皇亲国戚。这些人在家乡大肆购地置业，转变为地方豪强。刘邦初即位时，深知地方豪强对地方政务的干扰，所以建立了迁徙富户豪强于陵县的制度。到了元帝时期，地方豪强盘根错节，势力稳固，迁民政策难以为继，元帝索性放弃了迁民政策，宣布以后不再兴建陵县，任凭地方豪强坐大、坐强。

地方豪强的迅速壮大，直接导致小农经济的破产，在社会上最为直接的表现是土地的高度集中和严重的奴婢问题。地方豪强不断欺凌没有势力的平民百姓。豪强还与地方官吏勾结，为自己的违法行为提供保护，并把赋税转嫁给平民。平民遭到豪强和官府的双重盘剥，经济负担极为沉重，即使是在丰收之年，也不足以上缴赋税和应付官吏的强取豪夺，许多平民只能靠借贷维持生计，最后只能卖掉土地来偿还债务。失去土地的平民只有两条路：一是依附豪强做奴婢，为豪强劳作、服务。二是背井离乡，过流亡生活。正是在这样的状况下，西汉末年基层社会迅速分化。基层乡村几乎都被豪强控制，土地为豪强所霸占，平民则沦为豪强的奴婢。

土地的高度集中和平民的奴婢化成为西汉末年严重的社会问题。很多大臣意识到社会问题如果不能得到解决，将严重动摇国家稳定。哀帝在位时期，大司马师丹上书指出，社会两极分化严重，豪强家财百万,百姓贫穷潦倒，当务之急是果断采取措施，限制豪强的土地规模和奴婢数量。哀帝命丞相、大司空商议对策，最后朝廷制定了限田和限奴令，规定了从诸侯王到各级官员允许拥有的土地和奴婢数量，凡是超出规制的土地和奴婢将被没收。但这时的西汉政府，对社会的控制能力已大大削弱，而遍布全国的官僚豪强又怎肯交出土地和奴婢，所以这项政策一出台，立即遭到强烈抵制。到了哀帝去世以后，再也没有人提起这项法令了。

混乱的吏治与豪强的欺压，使平民的生活境遇越来越差，一些不愿做奴婢，或是不堪官员、豪强欺压的平民背井离乡，过着流离的生活。武帝末年如秦末般

燕居观赏画像石（汉代，陕西米脂县官庄出土）。画面上的舞伎正用各色舞姿为主人作助兴演出。两大楹柱显示了大院的富贵。

严重的流民问题再度重现，幸而得到及时解决；哀帝时期全国流民又多达数十万。司隶校尉鲍宣曾经上书哀帝，总结出导致百姓流亡的七种原因，即著名的“七亡”：“阴阳不和，水旱为灾，一亡也；县官重责更赋租税，二亡也；贪吏并公，受取不已，三亡也；豪强大姓蚕食亡厌，四亡也；苛吏徭役，失农桑时，五亡也；部落鼓鸣，男女遮迣，六亡也；盗贼劫略，取民财物，七亡也。”鲍宣精辟地总结出自然灾害、赋役沉重、贪官敛财、豪强欺压、吏治严苛、社会治安不佳是导致流民问题严重的主要原因。除了“七亡”，鲍宣还总结了导致平民死亡的七项原因，即“七死”。从中可以看出：西汉末年平民百姓的悲惨境遇。

流散于各地的流民脱离了政府的控制，为社会平添了诸多不安定的因素，一旦遇到突变，会立刻引发反对政府的叛乱。成帝即位以后，大规模的地方叛乱开始显现，并且愈演愈烈，几乎不可收拾。建始四年（前 29），长安人傰宗率领数百人反叛，盘踞于终南山，时刻威胁着长安的安全，京辅都尉王尊采取了极为残酷的镇压手段，历时一年才将这伙武装消灭。河平三年（前 26），东郡（今河南省北部）人侯幕辟兄弟揭竿而起，自称将军，连破数县。阳朔三年（前 22），颍川郡铁官徒一百余人在申屠圣的领导下起义，他们杀官吏，释囚徒，转战九郡，最后丞相长史亲自督战，调动数郡兵力才将叛乱镇压下去。然而仅仅过了八年，山阳郡（今山东省西南部）铁官徒二百余人又大举反叛，队伍转战十九郡国，东郡太守、汝南都尉先后战死，耗时一年才得以平定。鸿嘉三年（前 18），广汉郡郑躬率众起义，自称“山君”，在山区建立根据地，成帝先后撤换数任广汉太守和益州刺史，采取剿抚并用的方式才将其消灭。西汉政府的武力镇压并没有收到显著成效，到了哀帝、平帝时期，全国各地的武装叛乱多如牛毛，政府已经无法控制了。

第十章　王氏专权与短命的“新朝”

第一节　王氏外戚势力的确立

宣帝在民间时，主要依靠外祖母家史氏和妻家许氏的庇护。霍光去世以后，宣帝开始提拔史氏、许氏，任命两家子弟为官，分散霍氏的权势。而当霍氏被彻底诛灭，宣帝即全面任用史氏、许氏，希望凭借外戚的势力来巩固皇位。不仅史氏、许氏，宣帝还寻访到母亲王氏家族的下落，王氏也得到重用。史氏、许氏、王氏等外戚政治势力的兴起，成为宣帝、元帝时期朝廷政治的一大特征。

宣帝的岳父是暴室啬夫许广汉。宣帝即位以后，立许氏为皇后，按照惯例，皇后的父亲应该封为列侯。但是霍光以许广汉受过宫刑为由，加以反对，宣帝不敢强求。当诛灭霍氏后，宣帝马上封许广汉为平恩侯。许广汉封侯仅仅七年就去世了。许广汉没有儿子，宣帝重用许广汉的弟弟许延寿，让他做大司马、车骑将军，在朝辅政，地位与当年的霍光相当。元帝即位以后，很怀念母亲许皇后，于是封许延寿的二儿子许嘉为平恩侯，延续许广汉的爵位。元帝还把许嘉的女儿许配给太子，希望能够延续许氏的权势。

宣帝即位时，外祖父史恭已经去世，史恭有三个儿子，全部被分封为列侯，其中史高最受重用。宣帝临终前，任命史高为大司马、车骑将军，让他以顾命大臣的身份辅佐元帝。史高后来与中书令石显联合，逼死了另外两个顾命大臣萧望之、周堪。此举严重打击了儒臣集团的势力，奠定了外戚专权的政治局面。史高去世后，其子史丹成为史氏家族的代表。元帝让史丹做太子的老师。元帝在位末年，常有改立太子的想法，幸得史丹极力袒护，才使刘骜保住了太子的位置。成帝即位后，对史丹非常感激，加以提拔。鸿嘉元年（前20），史丹被封为列侯，个人权势达到了顶峰。

宣帝刚出生不久，母亲王氏就死于巫蛊之祸。宣帝即位时，对母亲的家世一无所知，后来经过多方寻找，终于找到了王氏家族的下落。这时宣帝还有两个舅舅王武、王无故在世，宣帝分封二人为列侯。王武去世以后，儿子王商嗣列侯位。王商为人小心谨慎，口碑很好，宣帝觉得王氏家族中只有王商可以委以重任，将其召至身边重点培养。元帝时期，王商位至右将军、光禄大夫。王商也曾护佑太子，所以成帝对王商十分感激，后来提拔为丞相。

除了上述史氏、许氏、王氏，成帝母亲王皇后的王氏家族也迅速崛起，并有后来居上之势。成帝的母亲叫王政君，是魏郡元成县（今河北省大名县）人，年轻时以宫人的身份被送入太子宫，被太子临幸。此前太子宫中嫔妃无数，然而十余年却没有子嗣，王政君只被太子临幸一次就怀上孩子。当时宣帝年事已高，得知太子有了子嗣，非常高兴。王政君的儿子一降生，就被宣帝召入宫中抚养。宣帝还亲自给孩子起名为刘骜，对小皇孙喜爱有加。

元帝即位后，封刘骜为太子，王政君也被封为皇后。王政君的父亲王禁被封为阳平侯。王禁死后，大儿子王凤继承爵位。元帝后来有改立太子的想法，王皇后和太子为此惴惴不安，幸得史丹、王商、许嘉等外戚的努力，才保住了太子的位置。成帝即位，王政君升为皇太后，开始提升王氏的地位，先是分封弟弟王崇为列侯，河平二年又把其余的五个弟弟也分封为列侯。这样一来，王禁的八个儿子，除了王曼早死未能封侯，其余七个儿子全部成为列侯。王氏一门共有七个列侯，权势盛极一时。

成帝即位之初，朝廷大权被两个王氏、史氏、许氏四个外戚家族把持。四大家族共主朝政，难免会产生矛盾。很快四个家族开始出现利益冲突，政治斗争不断升级。四个家族中，率先失势的是许氏。元帝在位晚年，任命许嘉为大司马、大将军，让其辅佐朝政，还把许嘉的女儿选为太子妃。但成帝不喜欢许氏，又不能违抗元帝的遗愿，即位后仍然立许氏为皇后。这时的许氏家族已经失去了政治靠山，建始三年（前30）成帝罢免了许嘉大司马、大将军的职位，转由舅舅王凤接任。许嘉被罢免后很快病逝，这使许皇后的位置变得岌岌可危。此后王凤逐渐控制了朝廷大权，他授意属下不断攻击许氏家族。鸿嘉三年（前18），许皇后的姐姐私下诅咒王凤的行为败露，成帝下令废掉许皇后，任官的许氏子弟全部罢免，并被逐出长安。九年后，成帝又将许皇后赐死，许氏家族彻底败落。

继许氏倒台的，是宣帝母族王氏。成帝即位后，王商因为护佑成帝有功，受到成帝的敬重，位至丞相。已经身为大司马、大将军的王凤想拉拢王商。一次他找到王商，希望王商帮助自己的亲属谋取官位，遭到拒绝，两家由此交恶。王凤唆使属下暗地收集王商的罪证。王凤知道，王商是三朝旧臣，而且深受成帝敬重，仅凭自己难以扳倒，于是转而寻求史丹的支持。史丹也与王商不合，史氏、王氏结成政治联盟。

河平四年（前 25）三月发生了日蚀。太中大夫张匡在王凤的授意下上书成帝，称王商罪行累累，触怒天意。成帝惶恐，征询王凤和史丹的意见，二人都称王商罪不可赦，最后成帝下令罢免王商。王商获知罢免的消息，呕血而死。王氏子弟在朝中任官者，都被王凤调到地方，宣帝母族在朝中的势力随之凋零。

王商死后，外戚只剩下王氏、史氏两家，而这时的史氏，除了史丹，没有人在朝廷担任要职。而史丹年事已高，沉迷于骄奢的生活，对政治不再上心。等到几年后史丹病逝，史氏家族再也没有能够掌握实权的人物。朝廷大权实际已被王凤牢牢掌控。王氏家族最终能够击败其他外戚，具有一定必然性。因为其他三家外戚在宫廷里已经没有能够保护各自利益的政治后盾。而王氏家族却有皇太后王政君这个靠山。在王政君的干预下，每当外戚们发生矛盾，成帝最后总是会偏袒王氏。王氏最后能够独霸政坛，也就不足为怪了。

阳朔年间，王凤已经完全控制了朝政，大小事务皆由他决定，连成帝也无法干预。一次有人向成帝推荐刘歆，成帝见了刘歆非常赏识，当即任命为中常侍。身边的人都劝成帝征询王凤的意见，成帝说中常侍又不是什么要职，难道我堂堂一个皇帝还做不了主？结果别人把消息告知王凤，王凤非常生气。原来刘歆的父

迎宾客六博图画像石（汉代，陕西绥德县汉墓出土）。右室两人隔案对坐作“六博”之戏。图像生动地表现了汉代上层社会豪华安适的生活场景。

亲刘向看不惯王氏把持朝政，曾经上书成帝请求罢黜王氏。王凤对这件事一直耿耿于怀，最后迫使成帝收回成命，把刘歆逐出宫廷。定陶王刘康与成帝从小在宫中长大，关系很好，成帝经常把刘康召到长安来一起生活。王凤认为皇帝和藩王混在一起，不成体统，迫使刘康回国。刘康临行时，成帝与他执手相泣，却没有任何办法。

京兆尹王章察觉到成帝对王凤的不满，秘密揭发王凤的罪行。成帝常常召见王章，共同商量对付王凤的办法。然而，整个宫廷都被皇太后安插了眼线。王章与成帝的密谋，很快就被皇太后获知，并通报给王凤。王凤随即上书成帝，检讨错误，请求罢官还乡。皇太后则绝食痛哭，给成帝施加压力。成帝见状立刻慌了手脚，下诏挽留王凤，还把王章送交廷尉惩处。从此以后，朝廷中再也没有官员敢批评王凤。

阳朔三年（前22），王凤病逝，此后王凤的弟弟王音、王商、王根先后出任大司马、大将军，朝权一直被王氏牢牢掌控。绥和元年（前8），王根年事已高，王氏子弟由于从小骄奢淫逸，都无法委以重任。反倒是贫寒出身的王莽在朝中颇有威望。该年王根上书成帝，请求把大司马、大将军的职位转交给王莽，获得批准。王莽由此成为新一任王氏执政者。但是好景不长，很快王莽就遇到重大的政治危机。

成帝以好色出名，淫逸的生活严重损害了身体健康，导致他一直没有子嗣。到了绥和元年，已经在位二十余年的成帝不得不考虑继承人的问题。成帝与定陶王刘康关系很好，但刘康已死，其子刘欣继承王位。元延四年，刘欣到长安觐见，成帝见到刘欣聪明机灵，而且熟读诗书，非常喜欢。这时刘欣的祖母、元帝的妃子傅昭仪还在世。傅昭仪谙熟人事，看出成帝对刘欣的喜爱，不惜重金买通赵皇后和辅政的大司马、大将军王根，请求二人说服成帝立刘欣为太子。赵皇后和王根觉得拥立刘欣也不失为良策，如果刘欣当上皇帝一定会报答自己。最后在傅昭仪、赵皇后和王根的推动下，成帝于绥和元年下令立刘欣为太子。

刘欣刚刚被立为太子，第二年成帝就病逝了。刘欣成为皇帝，是为哀帝。刘欣的祖母傅昭仪和母亲丁氏也摇身一变，成为太皇太后和皇太后。王氏与新皇帝之间并无血缘关系，按照汉朝制度，大司马、大将军的职位应该移交给傅氏和丁氏。王政君也觉得王氏应该回避，授意王莽交出朝权。就这样，傅昭仪的侄子傅喜取代王莽成为大司马、大将军。傅昭仪见到傅氏获得了大司马、大将军的职位，野心开始膨胀，她授意傅喜给自己上尊号，使自己的地位与王政君相当。傅喜认为这么做有些过分，没有答应，傅昭仪非常气愤，罢免了傅喜，让哀帝的舅舅丁明出任大司马、大将军。此后，傅昭仪把傅氏、丁氏子弟全部分封为列侯，并委以重任，王氏子弟则被排挤，陆续被逐出长安。为了延续傅氏家族的权势，傅昭仪还挑选侄女立为哀帝的皇后。逐渐控制大权的傅昭仪渐渐不把王政君放在眼里，甚至与之交谈时还直呼为“王妪”（王老太太）。由于哀帝的缘故，王氏只能默默忍受，形势的发展似乎预示着，王氏也将如同史氏、许氏一样，逐渐淡出政坛。

然而，傅昭仪、丁氏都不如王政君长命。哀帝即位的第二年，丁氏就去世了，而到了元寿元年（前2），傅氏也去世了。傅氏去世以后，哀帝不愿意再由外戚辅政，而是重用宠臣董贤。董贤原本是哀帝的舍人，相貌美丽，很受哀帝宠爱，两人终日厮守在一起。一次两人一同睡觉，哀帝醒来后，发现睡在身旁的董贤压着自己的衣袖，为了不吵醒董贤，哀帝命人把衣袖剪掉，这就是典故“断袖之宠”的由来。现在越来越多的学者倾向于认定，哀帝与董贤是同性恋的关系。当时丞相王嘉和大司马丁明都认为二人关系不成体统，不断上书要求驱逐董贤，哀帝非常不满，借机害死了王嘉，丁明因为有傅昭仪袒护，而未被加害。元寿元年，傅昭仪去世，哀帝立刻罢免了丁明，让董贤做大司马、大将军。董贤哪里懂得执政，只是终日与哀帝厮混。董贤当上大司马不到一年，哀帝突然病逝，大权重新回到王政君手中，王政君即刻召回王莽，取代董贤。王莽控制朝权以后，逼迫董贤自杀，把朝廷中任官的傅氏和丁氏全部罢免，驱逐回乡。为了发泄对傅氏、丁氏的怨恨，王莽下令取消傅氏、丁氏太皇太后、皇太后的尊号，还把两人的陵园夷平，将二人尸骨迁葬回定陶国。吸取了以往的教训，在拥立新皇帝以后，王莽再也不肯把大司马、大将军的职位交给别人，而由自己牢牢掌控。王氏有惊无险地度过了哀帝在位时期的政治危机，重新成为独揽朝权的外戚集团。

第二节 王莽篡汉

王莽是王政君的弟弟王曼之子。成帝即位以后，王政君的兄弟全部被封为列侯，但这时王曼已经去世，所以王莽没有像其他王氏同辈一样，成为侯家子弟，依然过着普通人的生活。王莽生活节俭，对待老母十分孝顺。王莽的哥哥也很早去世，留下寡嫂和未成年的侄子，王莽主动把抚养孤儿寡嫂的担子承担下来。王莽酷爱儒学，专攻《礼记》，平时一副儒生装束。阳朔年间，大司马、大将军王凤病重，这时的王氏子弟娇生惯养，哪里懂得照顾病人，更经受不起劳累，只有王莽整日守在床榻旁，精心照料，还亲自为王凤尝药，一连数月没有更衣，蓬头垢面。王凤被王莽的行为所打动，想到王莽仍然孤苦贫弱，心里非常不好受，临终前托付成帝和皇太后一定要关照王莽。成帝于是把王莽召入宫中，做黄门郎，陪伴在自己身边，王莽由此开始步入政坛。

王莽在政坛上具有得天独厚的优势。首先王莽属于外戚王氏，是权力核心集团成员；王莽又精通儒学，以儒生自居，因此又能得到儒学官员的支持；再加上王莽出身贫寒，以孝顺仁厚闻名，不像其他官宦子弟举止放荡，在朝廷、民间有很好的口碑。所以王莽一步入政坛，就显现出极强的发展潜力。

永始元年（前 16），大司马王商上书成帝，说哥哥王曼至死没有封侯，他愿意拿出一部分封地送给王莽，请求封王莽为列侯。成帝批准了王商的请求，封王莽为新都侯，置封国于南阳郡。成为列侯以后，王莽的仕途更为顺利，短短几年就位至光禄大夫。王莽虽然成为朝廷重臣，但依然保持着节俭的生活和谨慎的态度，皇帝赏赐的物品都转赠给宾客。他还主动结交各级官员、儒士，听到社会上谁有才能却家境贫苦，就会派人送去钱财接济，所

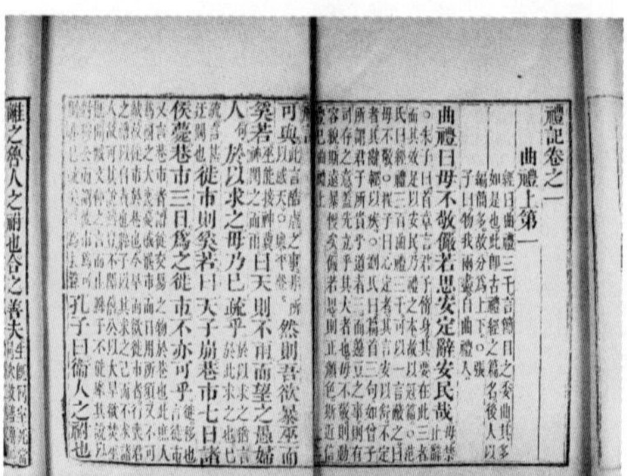
禮記卷之一
曲禮上第一
曲禮曰毋不敬儼若思安定辭安民哉

《礼记》书影

以王莽声誉极佳，上至官员、下至百姓都夸耀王莽的人品，其声名甚至超越了他的叔叔们。

当时王氏子弟大多生活奢侈，淫逸放荡。同辈人中最被人看好的，除了王莽，还有王政君的外甥淳于长。淳于长也因照顾病重的王凤而受到举荐，与王莽一同入宫为郎。两人同时步入政坛，但淳于长此后因为支持赵飞燕而深得成帝赏识，赵飞燕成为皇后以后，反过来支持淳于长，淳于长因此被封为列侯。淳于长在政界的迅速崛起，被王莽视为最大威胁。很快王莽找到了扳倒淳于长的机会。原来淳于长与许皇后的姐姐有暧昧关系。许皇后被废以后，眼见淳于长在政界平步青云，就通过姐姐与淳于长联系，希望淳于长能够帮助恢复皇后的身份。淳于长知道此事不可能办成，又不愿让许氏失望，就不断写信安慰许氏说正在努力去办，让她安心等待消息，来来往往通了近一年的信。这件事被王莽获知，正巧大司马、大将军王根年老多病，正在王莽、淳于长二人之间物色接班人。王莽见事不宜迟，借探病之机，将此事汇报给王根。想恢复旧外戚许氏的权势，这对于王氏来说，是绝对不能容忍的。王根大怒，进宫向皇太后报告，皇太后马上让成帝严查此事，最后淳于长和许氏被迫自杀，淳于长全家被流放岭南。王莽成功地扳倒了最大的政治对手。这件事情充分显现了王莽狡诈的政治手腕，所谓宽仁忠厚的形象，只不过是为了蒙蔽众人而有意树立的假象。

绥和元年（前8），王根上书请退，同时推举王莽接替自己的职位。上书很快得到批准，王莽顺理成章地成为大司马、大将军，仅仅十几年时间，王莽从皇帝身边的郎官一跃而成为掌握全国最高权力的执政者，而这时他才三十八岁。

王莽知道，作为第一个王氏子侄辈的执政者，自己的政治地位仍然不牢靠。他决意进一步提高声名，于是搞出一系列动作。例如他每天在衙署办公到很晚，树立勤政的形象；选拔社会底层有才之士为属僚，做出求贤若渴的姿态；自己和家人穿着粗布衣服，把朝廷的赏赐分送给属僚和百姓，向世人展示不贪图财物的“高风”。如此作为的大司马、大将军可谓西汉开国以来绝无仅有，满朝上下都惊叹王莽高尚的品行。就在王莽努力积攒政治信誉的时候，一场突发的变故，几乎使他之前的努力付之东流。

绥和二年，成帝暴亡，定陶王刘欣成为了皇帝。刘欣的祖母傅昭仪、母亲丁氏成为新的外戚。王政君认为王氏毕竟不是新皇帝的外戚，建议王莽辞去大司马、大将军的职务。王莽岂肯把拼命争取来的职权拱手让人，而新即位的哀帝也下诏挽留，王莽得以继续留任。但是随着傅昭仪逐渐控制朝中局势，王莽的职位难以

绿釉骑马陶俑（汉，陕西兴平县南位道常村出土）。骑者服饰为西域风格，说明当年西域胡人通过丝绸之路到长安。

保持。终于，傅昭仪在给自己"上尊号"的问题上找到了借口，把王莽罢免了。

随着朝廷要职逐渐被傅氏、丁氏占据，傅昭仪开始对王氏一族采取行动，清除王氏在朝廷的势力。王氏子弟相继被赶出长安，回到各自的封国居住，连前任大司马、大将军王根也未能幸免。成都侯王商的儿子甚至被削夺了列侯的爵位。王莽也被赶回到南阳郡的封国。王莽深知，自己如同俎上肉一般，任由傅氏、丁氏宰割，唯有小心谨慎，不让别人抓住把柄才能保住身家性命。西汉时期的列侯虽然有封国，但是封国的行政事务由朝廷派驻的长官"相"管理，"相"的另一项重要任务是监视列侯。为此，王莽不惜耗费重金去贿赂新都侯国相，使其不向上级汇报自己的过失。然而就在王莽蛰伏的时候，他的二儿子却犯下了谋杀奴婢的罪行。大家都以为王莽将会牵连入狱，而王莽却做出了让所有人吃惊的举动：逼迫儿子自杀谢罪。王莽在封国低调生活了三年，期间有数百人上书，要求朝廷重新起用王莽。元寿元年（前2），傅昭仪去世，哀帝任命董贤为大司马、大将军，但是董贤哪里有治国经验，国家政务被搞得一塌糊涂。这时发生了日蚀，官员纷纷上书称这是上天对王莽遭遇不公的警示，哀帝于是把王莽从封国召回，作为自己的政务顾问。

王莽回到长安不到一年，哀帝病逝。哀帝没有子嗣，身为太皇太后的王政君重新成为汉帝国的最高权力者。王政君在哀帝病逝的当天，立刻进驻未央宫，收缴了皇帝的玺印，急召王莽入宫主事，并命令宫廷内外的宿卫部队全部由王莽指挥。王莽入宫做的第一件事，是彻底清除前朝政治势力，大司马、大将军董贤，成帝赵皇后，哀帝傅皇后被逼迫自杀，傅氏、丁氏族人则全部被流放。铲除了前朝势力，接下来需要考虑的是新皇帝的人选。通过反复考量，王莽和王政君最终决定立中山王刘衎为皇帝。选择刘衎主要出于两点考虑，一是刘衎的祖母冯氏家族在哀帝时期已被傅昭仪全部消灭，没有强劲的外戚势力；二是刘衎只有九岁，便于王莽掌控。这就样，刘衎被召至长安，成为王氏操控下的傀儡，是为平帝。

这一次王莽吸取了傅氏、丁氏专权的教训，不许平帝的母亲卫氏来长安，让她继续留在中山国。卫氏思念儿子，日夜啼哭，王莽的长子王宇动了恻隐之心，替卫氏求情，王莽竟然杀掉王宇，然后将卫氏全族治罪流放。扶风功曹申屠刚上书，建议重用平帝外戚冯氏、卫氏，安定汉家社稷。王莽看过书信，以太皇太后的名义罢免了申屠刚。元始三年（公元 3），王莽把自己的女儿选立为平帝的皇后，这样一来，王氏将继续独占外戚的地位。

元始元年（公元 1），王莽授意益州郡塞外蛮夷进献白雉。根据儒家典籍记载，周公在辅佐周成王的时候，西南蛮夷曾经进献白雉，王莽此举意在展示自己已获得天命，将如周公一般辅佐年幼的皇帝治理国家。大臣见状纷纷上书，要求进封王莽。太皇太后于是下诏进封王莽为“安汉公”，其爵位在列侯之上。王政君年事已高，无心于政事。王莽趁机进言，称日后小事交由自己处置即可，无需太皇太后操心。王政君下诏批准，王莽由此专断朝政。

控制朝政的王莽开始继续推行成帝以来的国家制度改革。王莽这么做，一是因为自己是儒生出身，痴迷于儒家学说；二是可以借助制度改革，获取儒学官员的支持。王莽首先提拔儒士刘歆，让他做制度改革的总规划师。在刘歆的操作下，王莽于元始三年更改了婚礼制度和车服制度，这两项制度改革涉及百姓日常生活，对社会影响极大。王莽还在各级官府设立官稷（祭祀农神的机构）和官学，其中官学制度完全仿照儒家经典的记载，在郡国置学，在县邑置校，在乡聚置庠、序。政府分别在学和校派驻五经教官，在庠和序派驻教授孝经的教师。儒学由此借助国家的力量，建设了系统的地方教育机构，影响深入到社会基层。元始四年，王莽又根据儒家经典设置了皇家祭祀场所，内有明堂、

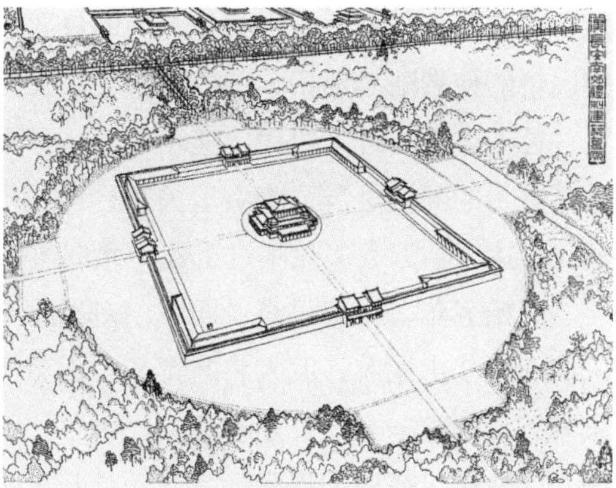

汉长安南郊礼制建筑复原图

导引图复原图（西汉，长沙马王堆三号墓出土）

辟雍、灵台等设施。二十世纪五十年代以来，考古工作者在汉长安城南郊发现了大规模的礼制建筑遗址，经确认这些遗址就是王莽兴建的明堂和辟雍。元始五年，王莽又进一步明确了郊祀制度，彻底废除了甘泉和汾阴的祭祀。元始四年，群臣上书皇帝，说古代周公辅政，用了七年时间才确定国家制度，如今王莽执政不过五年，国家礼制已经完备，王莽的功绩已经超越了周公，“安汉公”的称号已不相匹配，请求上“宰衡”之号。上书得到批准，成为“宰衡”的王莽，地位在诸侯王之上。

元始五年（公元 5）正月，王莽在落成不久的明堂举行了隆重的朝会。诸侯王二十八人，列侯一百二十余人以及刘氏宗族九百余人参会，场面十分壮观。随后，王莽又率领群臣举行祭祀天地的仪式。此后几个月内，王莽派往全国各地体察民情的使者陆续返回，他们汇报说，在王莽的改革下，各地风俗齐整、官无狱讼、邑无盗贼、野无饥民、道不拾遗，可谓前所未有的盛世场景。当然，这只不过是官员的阿谀之辞，事实上关东已经发生了多起严重的反叛事件，背井离乡的流民多达十余万人，只不过王莽不允许通报罢了。

元始五年，平帝已经十四岁，对王莽专权深感不满。王莽意识到平帝很难像以前那样任由摆布，派人将其毒死。王莽厌倦了反复选立刘氏皇帝，他认为王氏永享尊贵的唯一方式就是取代刘氏天下，开创全新的王朝。王莽于是又使出发动群众的伎俩，在他的授意下，武功县长上报，境内的古井中发现一块写有文字的白色巨石，文字是“告安汉公莽为皇帝。”王莽让人将此事汇报给太皇太后，结果太皇太后勃然大怒，说这是妖言惑众，坚决反对王莽称帝。王莽见时机尚不成熟，于是在刘氏宗室中选了一个二岁的小孩刘婴为皇帝，同时上书称刘婴太小，无法行使皇帝权力，由自己做摄皇帝（又称“假皇帝”）代为行使皇帝职权，待皇帝成年，再将权力交回。太皇太后也知道这只不过是遮人耳目，但毕竟名义上保住了汉家江山，再加上自己对朝政已无力掌控，只能下诏应允。

王莽立刘婴为皇帝后，改年号为“居摄”，暗示自己居皇帝位摄政。天下人都知道，王莽由“假皇帝”变为“真皇帝”只不过是时间问题。安众侯刘崇认为宗室有责任护卫刘汉天下，率领家丁数百人攻打南阳郡首府宛城，结果兵败被杀。为了惩戒其他刘氏宗族，王莽下诏斥责刘崇的反叛行为。二十世纪初，在内蒙古额济纳河流域的汉代烽燧遗址，出土了写有斥责刘崇诏书的残简，可见王莽诏书下发到了全国基层，让各级官员认真学习。

居摄二年（公元 7），东郡太守翟义联合汉室宗亲严乡侯刘信、武平侯刘璜共同起兵。翟义立刘信为皇帝，发书关东各郡国，号召共讨王莽，得到数个郡国的响应，关东各地的流民也纷纷加入，短时间内聚集十余万人，关东震动。王莽调集关西的精锐部队出关平叛，还下令关东各郡国也出兵助剿。关西精锐部队的调离，一时造成京城空虚，京畿冒出数支反政府武装，他们抢夺长安城外的行宫离苑，焚烧宫殿的火光在未央宫看得一清二楚。太皇太后和王莽都非常恐惧，幸好翟义的反叛被迅速平定，政府军随即返回关西，将各支反政府武装一一剿灭，长安的危机才告解除。

两年之内，刘崇、翟义等人的反叛，暗示着汉室在民间还有相当威望，很多人依然拥护汉朝。王莽认为两次反叛都迅速平定，正是得到上天护佑，当真皇帝的时机已经成熟。看准形势的各地官员纷纷上书进献各种祥瑞，如新井、石牛、石碑等等，这些祥瑞的共同特点是均写有王莽称帝的内容。而这时刚刚兴起的谶纬学说也派上了用场，儒生们借助各种符谶，演绎着王莽称帝的种种征象。王莽把这些祥瑞进献给太皇太后，说上天已经昭示自己可以当皇帝了，请太皇太后交出汉朝的传国玉玺。太皇太后非常气愤，但知道已经无法阻止王莽当皇帝的野心，于是把传国玉玺摔到地上，愤怒地说：“既然要建立新王朝，还要汉朝的传国玉玺做什么！”这时的王莽已经不再需要太皇太后的庇护，无论她持什么态度，都无法改变王莽称帝的决心。

第三节 新朝：遵循儒家理念构建的理想国家

初始元年（公元8）某日黄昏，一个名叫哀章的梓潼人（今四川省梓潼县）身穿黄衣，手持铜盒站在汉高祖庙前，把手中的铜盒交给管理高帝庙的官员。官员打开铜盒，发现里面装着两卷策书。一卷书写着汉高祖要把天下传给王莽。另一卷则详细记载着新王朝的官员名单。官员不敢怠慢，立刻把消息上报。王莽得知消息，认为天命终于降临，他率领百官来到高帝庙迎接策书，然后通告天下自己将承受天命，从即日起晋升为“真皇帝”。从明年开始，改国号为“新”，改年号为始建国元年，以十二月为正月，服色尚黄。

王莽革除汉室，建立新朝的做法，使后世一直将其视为乱臣贼子。而在新朝建立以后，王莽又推行眼花缭乱的改革，因而人们又将其看做是不顾社会现实的妄想家。其实，王莽并非一个盲目狂热之人，在他建立新朝之前，被公认为是恭俭礼让、富有政治经验，而且热心学术和公益事业的执政楷模，并被视为可以引领汉朝走出社会危机的希望。王莽最终选择取代汉朝，既有社会因素，又有个人因素。社会因素是，自成帝在位以来，儒学成为国家主流意识形态，儒学主张按照儒家经典来规划国家。虽然成帝及其后几任皇帝都进行了儒学化的制度改革，但是改革的基础毕竟是旧制度，在改革的过程中不断受到旧势力的阻挠，这种渐进的、缓慢的局部改革并不能满足儒生的需要，他们希望能够有一场较为彻底的变革。个人因素是，王莽怀有完美的政治理想。从小熟读儒家经典的他，对经典宣扬的尧舜盛世深信不疑，而且认为这样的王道乐土是可以实现的。在他看来，如果把旧有的制度完全打破，按照儒家政治理念建立一个全新的国家，那么传说中的三代盛世将得以重现。正是在社会和个人的儒学理想的推动下，王莽最终走上了建设理想儒学国家的道路。

王莽建立新朝以后，迫不及待地构建全新的国家。首先他要实现策书传递给他的天命。其实，这份策书是哀章伪造的。策书中勾勒了新王朝的政治结构，主要是由四辅（太师、太傅、国师、国将）、三公（大司马、大司空、大司徒）、四将（更始将军、卫将军、立国将军、前将军）共十一人组成的最高官员系统。其中的四辅、三公是哀帝、平帝时期就已经实施的官制，哀章在列举四辅、三公的名单时，基本抄录了当时在位的官员名字，稍有改动的是把自己的名字加入四辅，列为国将。唯一创新的是“四将”，之中的卫将军和前将军是原来就有的官职。更始将军和立国将军则是哀章想象出来的，由于朝廷没有对应的官员，哀章就胡编了王兴、王盛（寓意为“王氏兴盛”）两个名字。没想到王莽对这份名单十分看重，下令在长安寻找这两个人。最后找到城门令史王兴和卖饼的平民王盛，二人随即被委以将军之号，稀里糊涂地成为新朝的最高官员。

接下来，王莽继续推动国家制度改革。在官员名称上，汉朝原来的官名被全部废掉，取而代之的是刘歆根据《周礼》、《尚书》等儒家经典制造的官名。如大司农更为义和，大鸿胪更为典乐、大理更为作士等等。除了官名，王莽还对官员级别和属员配置进行统一规划，把朝廷官员划分为三公、九卿、二十七大夫、八十一元士，这一结构乃直接承袭《周礼》。为了凑足这一数字，王莽新设了很多官职，如管理皇帝舆服的太赘，还对应宫廷“六尚”设置了“五司”（司恭、司从、司明、司聪、司睿，取自《尚书·洪范》）。朝廷官员要改，地方官员也要改，郡太守和都尉分别改名为太尹和太尉，县令改为宰，其他官员名称也逐一变更。

爵位制度的改革也十分巨大。汉代的二十一等爵制被全部废除。王莽根据古礼，把爵位分为诸侯、大夫、士三个级别。诸侯一级相当于汉代的诸侯王和列侯，王莽废掉王号，依照古书记载将诸侯划分为公、侯、伯、子、男五级。其余爵位与官员秩级挂钩，中二千石赐卿爵，二千石赐上大夫爵，比二千石赐中大夫爵，千石赐下大夫爵，六百石赐元士爵，五百石赐命士爵，四百石赐中士爵，三百石赐下士爵，百石赐庶士爵。

对于一个国家来说，除了官制、爵制，行政区划也是非常重要的政治制度。王莽对国家行政区划也进行了大刀阔斧的改革。西汉末年的全国行政制度为十二州、一百零三郡国，这是历史发展的自然结果。王莽认为这样的行政区划不合乎礼法。另外西汉定都长安，地理位置偏西，与关东的交通联系不便，王莽于是决定迁都洛阳。他更长安为“新室西都”，更洛阳为“新室东都”，首创了两都制，同时命人对洛阳城重新规划，并在洛阳营建明堂、天坛、地坛、宗庙等礼制建筑，为将来正式迁都作准备。确定以洛阳为新都城后，王莽把全国行政区划按照《尚书·禹贡》重新划分为九州，还增设了二十五部，另外将一百零三郡国拆分为一百二十五郡国，每部监察五郡，从而形成州、部、郡、县的四级行政建制。还以洛阳为中心，将天下划分为东西南北中五方，每方各有二十五郡。王莽根据距离洛阳的远近，基于《尚书 · 禹贡》“五服”圈层式地理划分理念，把一百二十五郡国划分为内郡、近郡、边郡三个层次。经过这样的整合，全国行政区划表面看来十分规整，似乎形成了一种理想的国家地理建构。

对地方行政区划改革的另一项重要内容是更改政区名称。西汉的郡名、县名除了极少部分得到保留，其余全部更改。王莽所更改的郡名、县名大多见于《汉书 · 地理志》的记载。谭其骧先生指出，王莽更改地名存在一定规律，大多是根据原有地名文字之音训进行改易，[1]或取同义，或取反义。如“临”、“监”二字意义相同，凡汉代地名带有“临”字的，均改为“监”字。又如“离”、“合”两字意义相反，故汉代地名带有“离”字的，均改为“合”。这种依据文字音训更改地名的方法，显然受到儒家传授经书时所使用训诂方法的影响，这也可能是王莽采用儒学改制的变通方式。王莽对地名的改变并没有明确的方案，许多地名一改再改。史书记载，有的地名改变了好多次，到最后谁也搞不明白，只能改回汉代的旧名。

王莽改制还涉及货币制度。汉代的货币只有五铢钱一种，而王莽认为社会上应该存在不同价值的货币，所以在居摄二年新推出了三种货币：重十二铢的大钱，价值相当于五十个五铢钱；效仿战国刀币的刀钱，价值相当于五百个五铢钱；镶嵌有黄金文字的刀钱（即大名鼎鼎的“金错刀”），价值相当于五千个五铢钱。不过这些新货币还是以旧有的五铢钱货币体系为基础。到了王莽称帝以后，全部推倒重来，宣布废除五铢钱、刀钱，只保留重十二铢的大钱，另外铸造重量仅为一铢的小钱，用来替换原有的五铢钱。大钱和小钱仍保持一比五十的币值。然而大小钱的货币制度执行不到一年，王莽又推出“宝货五品”，即制造材质分别为金、银、铜、龟、贝的货币，每种材质的货币又分为各种品类，共二十八种货币，可谓我国历史上最为混乱的货币制度。这种货币制度根本无法执行，新

王莽货币

货币不能流通，社会依然沿用之前的大小钱。天凤元年（14），王莽再度宣布货币改革。这一次，政府废除了大小钱，改为流通货布、货泉两种货币，一货布值二十五货泉，其实就是大小钱货币制度的改头换面。

前面提到，土地兼并和平民沦为奴婢是西汉末年最为突出的社会问题。王莽为了解决这两个问题，有针对性地实施了改革。首先，王莽以恢复上古的井田制为名，宣布土地全部收归国有，全国的土地被称为“王田”，不许买卖。国家将对王田重新丈量，然后根据各户的人口状况进行分配，一个拥有八口男丁之家，最多只能拥有王田一井，即九百亩，超出的土地则由政府分配给其他贫苦家庭。而奴婢则改称为“私属”，也不许买卖，原来各豪强的奴婢将作为家庭成员看待，主人不得随意驱使。根据这些法令，全国的土地将被重新分配，原本失去土地的流民将会领取到新的田地，而奴婢也将恢复平民的身份。看起来真是一项惠政！但是在地方已经坐拥巨大势力的豪强岂肯将土地和奴婢交出？而朝中大臣哪一个不是富户豪强？所以法令一经推出，立刻遭到抵制，地方政府无法丈量土地，更谈不上重新分配，奴婢的地位也没有任何改变。法令推出不到三年，王莽就不得不宣布废除，土地兼并、奴婢买卖一切照旧。

在国家经济领域，王莽又相继推出五均、赊贷、六筦政策。所谓五均，是指在全国五大商业城市长安、洛阳、宛、临淄、成都设置均官，均官主要负责管理市场交易。市场上交易的各种商品都由政府制定指导价格，买卖双方必须按照政府定价交易，如果交易价超高，买卖双方要受处罚。如果出售的商品卖不出去，政府可以按照指导价格收购。所谓赊贷，其实就是官营金融业。即政府出资向民间提供借贷，百姓可以向政府申请贷款，各地政府则执行中央统一制定的贷款利息。而六筦则是指盐、铁、酒、开矿、山川物产，外加之前推行的五均、赊贷，共六项内容。“筦”即“管”，即指政府管理，也就是说上述六项内容全部由政府经营。这些经济政策的出台，显然针对商人、金融商、手工业生产者，

铜方斗（新朝）

也就是把一切经济活动都置于政府管理之下。其实这些严苛的经济政策在汉武帝时期也曾不同程度地实行过，但是汉武帝和王莽执行这些政策却持不同目的。汉武帝是为了扩大国家财政收入，所以采取的是与商人、手工业者合作的方式，很多官营机构的官员都由商人、手工业者出任。而王莽却是基于儒家“重农抑商”的理念，其目的是阻止商人、手工业者对农民进行剥削或独占自然资源，所以王莽明令不许商人、手工业者参与政府的上述制度。这种由国家专制一切经济生产的政策，无疑会遭到全国商人、手工业者的强烈反对。

除了以上所举，王莽还进行了各种各样的制度改革，以建立一套符合儒家治国理念的国家制度。王莽以为，只要这些制度得到执行，那么儒家宣传的三代盛世将会重现人间。但事实并非王莽想象的那样，由于王莽的这些制度改革与原有制度完全割裂，相反给国家日常行政和政务运行带来极大困难。例如王莽进行的地名改革把原来的地名全部废除，当国家下发政令时，不得不在文书中不厌其烦地把新旧地名的对应关系一一列举。一份文书几乎成了地名对照表。还有一些文书刚刚写好，就传来了变更新地名的消息，而不得不重写。甚至还有文书因为地名的改易而不知发往何处。货币制度的几番废革，使百姓对新币制彻底失望，他们不愿使用新朝货币，而依然使用汉朝的五铢钱。新的土地政策、经济政策虽然是依照儒家经典制定的，但儒家宣扬的制度是基于西周时代的社会情况，到了王莽所处的时代已经发生了根本变化，这些政策根本无法执行。新的经济政策几乎断绝了商人、高利贷者和手工业者的活路。所以在王莽改制的同时，中央和地方已经出现抵制和拖延改制的现象，还有一些官吏富豪抓住新制度的漏洞牟利。面对这样的情况，王莽认为是地方官员和奸猾之人趁火打劫，而非新制度本身存在问题。于是王莽又采取暴力手段，强行推行新制度，对抵制和违抗的官员、百姓处以极刑。官员和百姓们生活在恐惧之中，无不渴望能够回到以前的生活。被王莽废掉的汉朝由此在民间又重新焕发生命力，而被王莽视为千古盛世的新朝却开始出现崩塌的征兆。

第四节　新朝灭亡

新朝的覆灭是从与周边民族政权关系的处置失当开始的。汉宣帝时期匈奴归附汉朝，宣帝对匈奴采取优待政策，通过赏赐和联姻巩固双方的臣属关系。在政治地位上，宣帝明确把匈奴排在诸侯王之上，这种安排被后来的皇帝继承，也得到了单于的承认。新朝建立以后，王莽派五威将军王骏出使匈奴，更换汉朝颁赐的玺印。对于新印章的内容，王莽事先没有告知，单于以为新玺印与旧玺印没有太大差别，于是交回汉朝玺印，领取了新玺印。但当换印的仪式结束后，单于才发现新玺印的印文是“新匈奴单于章”，而以前汉朝颁赐的玺印印文是“匈奴单于玺”，两者存在两点明显不同：一是新玺印在匈奴称号前加上了“新”字，强调匈奴是臣属于新朝的附庸政权。二是新玺印改“玺”为“章”，玺是皇帝、诸侯王印章的称呼，而“章”是官员印章的称呼，这一变更意味着单于的地位已经下降到新朝官员的级别。王骏早预料到单于不愿接受新玺印，在收回汉朝玺印后，立刻将其砸碎。果然单于找到王骏，要求换回汉朝的玺印。王骏出示砸碎的旧玺印，单于没有办法，不情愿地接受了新玺印。这件事严重影响了匈奴与新朝的关系。

之前汉朝与匈奴曾有约定，匈奴与其他民族政权同样受到汉朝保护，因此匈奴不能役使其他民族政权。换印风波后，单于拒绝执行约定，首先征服了东方的乌桓，此后又接受了车师的归附，并向西域拓展影响。汉朝原本在车师国设置戊己校尉，负责屯田和监督车师国。王莽篡汉以后，不断派使者出使西域，宣谕新朝的国威，车师国王不堪迎来送往，想投靠匈奴。戊己校尉陈良对王莽篡汉也心存不满，于是联合车师国王投降了匈奴。单于没有惩处陈良，反而封其为乌贲都尉。匈奴的行为等于公开与新朝作对，王莽大怒，决定武力征讨匈奴，树立新朝的国际威信。始建国二年（10），王莽下令改“匈奴单于”为“降奴服于”，同时从内地征调三十万大军，由十二位将军统领，分兵征剿匈奴，还派出使者前往匈奴各部，分封各部首领为单于，王莽计划分封十五个单于，分裂匈奴势力。单于见状宣布不再臣属汉朝，下令各部匈奴可以率兵入塞抢夺，一时边境烽火再起，北部边疆陷于战乱之中。

王莽虽然调集了三十万大军，但是军粮和军需物资一直无法供应到位，所以大军只能驻守在塞内，无法出击。为了使大军尽快出击，王莽下达了极为严苛的命令，要求内地征调民夫、粮食，限期一年送达前线，就连地处江淮流域的南方郡国也不能免除。王莽这种不计后果的极端命令，引起了朝中大臣的担忧，他们纷纷上书，请求罢兵，与匈奴重新和亲。王莽认为饶恕匈奴，将严重损害新朝的形象，不肯善罢甘休，而是要求各地按照原来的命令行事。

汉元帝时期，朝廷将宫女王嫱——即著名的“王昭君”嫁给单于。王嫱深受单于宠爱，生下许多子女，这些子女后来成为匈奴贵族。王昭君的子女们不希望看到匈奴与中原王朝交恶，于是利用自己的政治影响，说服单于重新与新朝和亲。正巧始建国五年（13），单于去世，新单于即位，有意与新朝修复关系。天凤二年（15），双方宣布重修于好，单于下令各部首领不许侵犯汉塞，还把之前归附的陈良等将领送交新朝处置。如果此时王莽认真修复与匈奴的关系，或许会使北方边疆重归安定，但是王莽还是想找机会惩罚匈奴。天凤五年，单于病逝，王莽认为机会来了。他拥立在长安的匈奴贵族须卜当为单于，并派兵护送其返回匈奴即位。新即位的单于非常恼怒，断绝与新朝的关系，双方重新开战。王莽这次下令征发全国罪犯组成敢死队，还号召全国百姓捐资助战，指示北方各郡筹备军队和物资，再度出征匈奴。但此时内地已是叛乱四起，王莽的计划根本无法实施。

始建国五年（13），西域的焉耆国反叛，杀死了西域都护但钦，新朝在西域的统治秩序被打乱。天凤三年（16），已经与匈奴达成和议的王莽抽调兵力，命令五威将军王骏和新任命的西域都护李崇、戊己校尉郭钦征剿焉耆国。王莽本以为大军一到，焉耆必定开城投降。岂料西域各国对王莽的西域政策心怀不满，结果临阵倒戈，与焉耆国一同攻打新朝军队。新朝军队全军覆灭，王骏战死，李崇率领残部躲避到尚未反叛的龟兹，郭钦逃回玉门关。新朝在西域的统治宣告终结。

单于与昭君浮雕像

东北地区的高句丽，原本为扶余族的一支，西汉末年定居于鸭绿江流域，归附汉朝，被封为王。始建国二年，王莽征发高句丽助剿匈奴，高句丽不愿出兵，再加上对王莽降封号为“侯”感到不满，索性起兵反叛，杀死了辽西太守。虽然后来高句丽王被新朝派来的严尤诱杀，但高句丽始终不肯归附，直到新朝灭亡都在坚持作战。西南地区的句町是昭帝时期分封的民族政权，位于今云南省广南县境。王莽贬低民族首领封号，引起句町王的不满，宣布不再归附新朝。王莽遂于始建国四年命牂牁大尹出兵讨伐，杀死了句町王。句町王死后，其亲族率部继续反抗，并得到其他西南夷的响应。天凤四年，王莽又任命平蛮将军冯茂征调巴、蜀、犍为等郡部队征讨，战争持续了三年，西南各郡损失惨重，没能平定西南夷的反叛。除了匈奴、高句丽和西南夷，西部的羌、氐也纷纷叛乱，王莽一厢情愿的做法引发了民族政权的集体反抗，新朝失去了领导周边民族政权的能力。

连年的对外战争给全国百姓带来沉重的负担。《汉书·食货志》记载，王莽在北部边境屯兵二十万，其粮食、物资和兵源都从内地补充。由于花销巨大，王莽想方设法地增加税收，甚至还制定了直接收缴财产的法令，其做法无异于强取豪夺。受到新法令的鼓励，地方官吏借机横征暴敛。当时有官员向王莽反映，由于法令严苛，百姓稍不留意就会获罪，即使足不出户也可能受到牵连，每年辛辛苦苦的劳作所得，不足以缴纳赋税和满足官吏的搜刮，几乎没有生路。在这种情况下，内地百姓纷纷逃离家乡，加入流民的队伍，他们占聚山泽，跟政府对抗。始建国年间，并州、平州已出现严重的流民问题，遍地空城。匈奴与新朝关系破裂后，边郡百姓为了躲避战乱，纷纷向内地逃亡，地方官吏无法阻止。游荡于关东各地的流民脱离了政府的控制，随时都有可能汇聚成巨大的武装力量。终于，全国范围的叛乱之火被一个叫吕母的妇人点燃了。

吕母是琅邪郡海曲县（今山东省日照市）人，颇有家财，她的儿子在地方做小官，后来因为过失被县宰冤杀。汉代复仇行为特别盛行，吕母发誓要为儿子报仇。她变卖家产，购置兵器和酒食，招徕贫苦少年。吕母本来是想收买几个亡命之徒为儿子报仇，不想周围的流民听说吕母招兵买马，纷纷汇集过来，一下聚集了数百人。吕母家财耗尽，请求众人给儿子报仇，流民们都愿意出力。天凤四年（17），吕母率领流民攻入海曲县城，杀死了县宰。吕母攻占县城的消息不胫而走，流民们早已痛恨官府，误以为吕母起兵反叛，都朝着海曲县聚集，最后各地汇集而来的流民达到数万人。吕母被推举为领袖，随后率部攻城夺邑，烽火蔓延至整个琅邪郡。

听到吕母攻取琅邪郡的消息，各地的流民们纷纷结成武装，也开始攻打城邑，斩杀官吏，公开与政府对抗。全国各地的反政府武装不计其数，如东海郡的力子都部，河北地区的铜马部，泰山周围的城头子部，平原郡的迟昭平部，南郡的张霸部、庐江郡的王州公部等等，都是数万人的武装力量，在这之中最为著名，而且对后来历史发展起到决定性作用的，当属赤眉、绿林两部。

天凤五年（18），琅邪郡人樊崇听说吕母起义的消息，带领亲信数百人进入沂蒙山、泰山地区打游击，周边郡国的流民陆续加入，不到一年就发展到数万人。吕母死后，其属部也加入樊崇的队伍。樊崇的势力大大增强，开始走出山区，攻打周边郡国。樊崇势不可挡，周边郡国相继沦陷，只有北海郡太守田况殊死抵抗。王莽注意到樊崇发展势头迅猛，命太师景尚亲赴齐地督战，但是田况与景尚不和，二人不能协同作战，结果景尚战死，樊崇部则发展成十余万人的武装集团。王莽知道如果不能将樊崇剿灭，朝廷将失去对齐地的控制，于是又派新任太师王匡和更始将军廉丹率领十万政府军征剿。政府军在刚刚进入齐地时，接连击溃了几支反政府武装，放松了警惕，孤军深入，樊崇抓住有力战机，集中主力部队与政府军决战。决战当日，樊崇为了与官军区别，命令部队把眉毛涂成红色，“赤眉军”由此得名。双方的决战最后以政府军的惨败而收场，王匡只身逃脱，廉丹战死，赤眉军由此突出齐地，向西拓展。而政府军只能固守荥阳，基本失去了对关东的掌控能力。

天凤四年（17），江夏郡新市（今湖北省京山县境）人王匡拉起一支队伍进入绿林山（今大洪山），绿林军由此得名。绿林山地处江夏、南阳、南郡交界，各地流民纷纷向此汇聚，很快发展到数千人。地皇二年（21），王莽命荆州牧率军围剿绿林军，结果被王匡击败，绿林军乘胜出山，攻克周边县邑，声势很大，队伍发展至数万人。地皇三年（22），绿林山爆发了严重的瘟疫，王匡决定率领部队分头突击。他率领一部分人马向南阳郡突围，另由属下成丹率领一部分人马向南郡突围。王匡率领的部众号“新市兵”，成丹率领的部众号“下江兵”。“新市兵”发展顺利，一路上不断有新的武装力量汇入。而“下江兵”在南郡遭到官军的袭击，损失惨重，最后不得不北上与“新市兵”重新会合。绿林军最终在南阳郡站稳了脚跟。

在当时的南阳郡分布着很多刘氏宗室，这些汉室宗亲一直对王莽篡汉心怀不满，居摄元年率领家丁攻打宛城的安众侯刘崇就是其中的代表人物。地皇年间，天下局势动荡，刘氏宗室趁机反叛。其中较为著名的有刘縯、刘秀兄弟和刘玄。刘縯、刘秀、刘玄都是春陵侯刘买的后代。刘玄因为触犯法律而藏匿于平林，后

虎纹空心砖（汉代，陕西咸阳市出土）。画面上两虎生威、让人敬畏。

加入平林兵。刘縯、刘秀则独立拉起一支队伍对抗政府。地皇三年，刘縯、刘秀率军攻打宛城，被官军击溃，几乎全军覆灭，两兄弟只能率领残部投靠平林兵。这时王匡率领的新市兵已经进入南阳郡境内，平林兵加入新市兵，成为绿林军的属部。对于绿林军在南阳郡的发展，王莽非常恐慌，下令南阳太守甄阜围剿。甄阜调集了十万官军在棘阳围堵绿林军，结果被绿林军击败，甄阜战死，绿林军乘胜攻占周边县邑，基本控制了南阳郡。这时的绿林军已经是十余万人的武装集团，各部首领汇集于育阳召开会议，大家一致商定拥立刘氏宗室建立政权。最后率先加入绿林军的刘玄被推举为皇帝，建年号更始，并任命各部首领为三公九卿，王匡则被任命为定国上公，掌握最高兵权，一个新的政权体系初具雏形。

在新莽末年各地流民武装中，绿林军是率先拥立刘氏为帝的，并建立了相对完善的政权体系，再加上南阳郡邻近洛阳、长安，因而具有很大影响。王莽将更始政权视为心腹大患，决定集中兵力率先消灭更始政权。地皇四年（23），更始政权走出南阳郡，向颍川郡发起进攻。而王莽则从全国各地征调了四十二万大军，发誓要将更始政权彻底剿灭。当年四月，大司徒王寻、大司空王邑亲率大军把更始政权先头部队围困于昆阳城。当时固守昆阳城的更始军队只有数千人，新莽军队将领劝说王寻放弃昆阳，直接围攻宛城的更始主力。但王寻认为，大军刚到，应先将更始政权先头部队消灭，以壮军威。困守在昆阳城内的更始军队见到近五十万大军早已魂飞魄散，本欲出城投降，却被刘秀劝阻。刘秀动员大家坚守城池，自己突围去搬救兵。后来刘秀率领征集到的三千人杀回，王寻、王邑等人猝不及防，被刘秀突破了防线，全军溃败。昆阳之战，更始军队以不到一万人的兵力击溃了新莽近五十万大军，是我国军事史上以少胜多的经典战例。而经过昆阳之战，新莽主力尽失，注定了败亡的结局。

昆阳之战结束后，新莽政权失去了抵抗能力。更始军队则兵分两路，一路由王匡率领向洛阳进发，一路由申屠建率领，攻取武关，向长安进发。王匡属部没有遭遇任何抵抗，大军行进至洛阳城外，守军即开城投降。地皇四年十月，更始帝从宛城迁都洛阳，这时赤眉军已经攻破荥阳，兵临洛阳城下。更始帝与赤眉军领袖樊崇会面，樊崇同意接受更始帝的领导，两支最具实力的武装集团以和平的方式实现联合。申屠建率领攻取长安的部队，进军也非常顺利。听说更始军队即将入关，关中的豪强纷纷起兵，自称汉将军，围攻长安城。王莽调集驻扎在长安城的南北军，准备孤注一掷。但大军出击以后，或是溃散，或是被灭。王莽又想到秦代章邯利用刑徒反击起义军的历史，他赦免了长安城的刑徒，将他们武装起来，让他们出城迎击更始军队。但刑徒们刚出城门，就四散逃跑。这时王莽已经没有军队可供调动，只能下令关闭城门，固守长安城。关中的起义军则放火焚烧了城外的宫苑和明堂，火光映红了黑夜，在长安城中看得一清二楚。

王莽人生最后的时光到来了。地皇四年九月，关中起义军攻入长安城，城中仅存的军队无法抵挡起义军的进攻，只能退守皇宫。地皇四年十月初一，在起义军入长安城的第三天，皇宫也被攻破，王莽被属下数千人护送至未央宫渐台。这是一处四面环水的高台建筑，王莽亲信在此进行最后的抵抗。各路起义军将渐台包围了数百层。王莽亲信一开始利用弓弩阻击起义军，当弓箭耗尽后，又与起义军短兵相接，最后全部战死。十月初三黄昏，王莽在混乱中被起义军分尸。起义军随后把王莽的首级交给进抵长安城外的申屠建，申屠建把首级传送至更始政权的都城宛城，王莽的首级被悬挂于宛城的街市，任由百姓随意践踏。王莽幻想建立的理想国家仅仅存在了十五年就土崩瓦解。传说中的三代盛世并没有出现，王莽最后留给世间的是烽烟四起的乱世。

注释：

① 谭其骧：《新莽职方考》附考《莽改汉郡县名通例》，收入《长水集》上册，人民出版社 1987 年版。

第十一章　东汉的建立

第一节　刘秀的发迹

景帝二年（前 155），汉景帝分封皇子刘发为长沙王。元朔年间，武帝颁布“推恩令”，允许诸侯王分裂领地作为王子的封地，刘发把长沙国春陵县（今湖南省宁远县）分封给儿子刘买。长沙国地势低洼，气候潮湿，被视为不适宜生活的地方。为此汉武帝又制定了一项政策，允许长沙王子侯以减少封户为代价，迁徙到内地居住。这些迁徙到内地的长沙王子侯，被朝廷集中安置于南阳郡。初元四年（前 45），刘买的孙子刘仁上书朝廷，请求把封国迁徙到内地，得到批准。春陵侯国迁徙到南阳郡白水乡（今湖北省枣阳县），春陵侯家族由此在南阳郡定居下来。

汉光武帝刘秀像

刘秀的曾祖父刘外，是春陵侯刘买的儿子。刘外并没有继承侯爵，但仍然居住在舂陵侯国。初元四年，刘秀的祖父刘回带着家人跟随舂陵侯刘仁一同迁徙到南阳郡定居，一家在当地繁衍，逐渐成为南阳郡的望族。刘氏与当地豪族通婚，在南阳形成盘根错节的人际关系网。刘秀出生时，他的家族在南阳郡颇有名望，而且拥有广阔的良田和众多的奴婢，属于地方豪强。刘秀年轻时曾经到长安学习《尚书》，也算儒生出身，学成回家后，一门心思地经营家族产业。刘秀的哥哥刘縯喜欢结交侠义之士，常常嘲笑刘秀胸无大志。

地皇二年（21），各地叛乱纷起，刘縯认为时机成熟，集合了七八千的子弟，号称舂陵兵，攻取了棘阳、湖阳两县，然后率军向宛城进发。刘縯率领部众行进至小长安乡时，被南阳太守甄阜率领的官兵击溃，刘縯的姐姐刘元、弟弟刘仲等亲属数十人遇难，湖阳、棘阳、舂陵都被官军占领，刘縯只能带着残部投靠平林兵。这时王匡率领的新市兵进入南阳郡，平林兵与新市兵联合。新市兵得到补充，王匡决心与官军死战。双方在棘阳遭遇，此前熟悉地方情况的刘縯已经攻占了官军的军营，致使官军军心动摇，而新市兵攻势异常凶猛，最后官军全线溃败，甄阜战死。此役使得新市兵在南阳郡站稳了脚跟。

棘阳一战，树立了新市兵的威望，各地武装纷纷前来投靠，新市兵迅速壮大到十余万人。这时全军上下都认为应该拥立刘氏建立政权，于是王匡召集各路武装首领在育阳召开大会，商议帝位人选。刘縯在棘阳之战中发挥了重要作用，拥立为帝的呼声很高，但是平林兵系统的首领更愿意拥立较早投靠的刘玄。最后经

武氏祠“水陆攻战”画像石（东汉，山东嘉祥县武宅山出土）。反映了当年攻战的场面。

过商议，大家确定立刘玄为帝，定年号为更始，由刘縯出任大司徒。

新市兵诸首领召开会议时，刘縯并不在场，他获知会议结果，虽然心中不服，但也只能接受。因为当务之急是尽快平定南阳郡，扫清官军的残余势力。刘縯接受了大司徒的任命，率兵攻打宛城。而弟弟刘秀率领另一支部队去攻打颍川郡。此前的刘秀一直扮演刘縯跟班的角色，现在却要独当一面。而刘秀率领部队刚刚进入颍川郡，就遭遇了前所未有的危机。

前文已述，王莽听说刘玄称帝，非常恼怒，决心集中兵力剿灭更始政权。他调集全国各地的军队四十二万人，由大司徒王寻、大司空王邑率领，浩浩荡荡地开赴南阳郡。新莽大军行进到南阳郡边界，正好遭遇刘秀率领的先头部队，于是把刘秀围困于昆阳城。王寻、王邑决心攻破昆阳城以壮军威。刘秀劝说大家坚守城池。为了鼓舞士气，刘秀仅率十三骑兵乘夜色突围，向附近反政府武装寻求支援。

面对新莽大军，各武装首领都不敢出手相救，刘秀最后只征集到三千余人。刘秀知道昆阳城难以持久，率领仅有的三千人前去救援。当部队来到城外，面对一眼望不到边际的新莽军营，谁也不敢前进。刘秀见状，亲自冲入新莽军营，接连砍杀数十人。诸将士见到平时文弱的刘秀如此勇猛，信心倍增，也冲入新莽军营。王寻、王邑等人根本没有想到有人敢来救援，一时乱了阵脚，组织防守为时已晚，刘秀等人突入到营帐，斩杀了王寻，王邑只身逃脱。刘秀一边冲杀，一边高喊："更始主力马上就到了！"这时新莽军队已乱作一团，昆阳城内的守军见状也冲出城外，与刘秀一同作战。新莽军队遭到内外夹击，开始溃败，数十万人四散逃亡，相互挤压践踏而死的人不计其数，昆阳城外的滍水都被新莽军队的尸体填满了。近五十万新莽大军死的死，散的散，第二天昆阳城外除了堆积如山的尸体和物资辎重，已见不到任何新莽军队的身影。

昆阳之战使原本默默无闻的刘秀声名大振，与此同时，刘縯也顺利地攻取了宛城，拔掉了新莽政权在南阳郡的最后据点。刘縯、刘秀兄弟显赫的战绩引发了他人的嫉妒。刘玄的属下认为刘縯胸怀大志，再加上战绩和声名日益显赫，日后必然威胁帝位，力劝刘玄除掉刘縯。刘玄本来不忍心对同宗下手，但这时已经出现拥护刘縯的呼声，为了保住帝位，刘玄痛下决心，派人将刘縯杀害。

刘縯被杀的消息传来的时候，刘秀刚刚率军攻占了颍川郡。大家都以为，刘秀会与更始政权决裂，然而刘秀的做法却让所有人出乎意料。刘秀只身返回宛城，面见刘玄表明忠心，然后留在刘玄身边服务。刘玄觉得刘秀到底还是一个胸无大

大裙汉俑（西汉，汉长安城遗址出土）。此细腰大喇叭长裙体现了东方艺术含蓄之美。

志之人，放弃了杀掉刘秀的想法。

地皇四年（23）十月，王莽被关中豪杰杀死，首级传送至宛城。见到新莽政权覆灭，刘玄开始考虑统一国家的大业。这时王匡顺利进占洛阳的消息也传来了。刘玄决定迁都洛阳，任命刘秀为司隶校尉，就是未来京畿的最高监察官，然后率领文武百官向洛阳开进。当年十月，刘玄进驻洛阳。这时候更始政权建立才几个月，还没有摆脱农民武装的习气。更始官员们穿着各类服装，装载着抢夺来的战利品，大摇大摆地进了城。城中百姓看到这群人，内心大失所望。反倒是刘秀见过世面，知道官员威仪的重要性。他派人找来官服和依仗，队列有序地开进洛阳城。洛阳百姓见到刘秀的队伍，不禁感慨："这才像是汉朝官员的模样"。

刘玄入驻洛阳，传令天下，凡主动归附更始政权的，一律保留原职。这时，樊崇率领赤眉军已经攻破荥阳，来到洛阳城外。樊崇见到刘玄已经控制洛阳，表示归附。新莽末年，赤眉和绿林是势力最大的两支武装，现在赤眉归附于绿林，刘玄觉得天下大势已定。当时民间有谚语："谐不谐，在赤眉。得不得，在河北。"赤眉已经归附，按道理刘玄应该去镇服河北了。但是刘玄另有打算，长安是天下财富聚集之地，当前关中局势混乱，等到他平定了河北，长安的财富可能就不属于他了。最后刘玄决定，抢先进入关中，收缴长安财富。

更始二年（24）二月，刘玄率领部众离开洛阳，向长安挺进，同时宣布将定都长安。至于河北，刘玄与亲信商议后，决定让刘秀去收拾残局。刘玄没有给刘秀一兵一卒，只是任命了一个大司马的头衔，让他去招抚河北的流民武装和旧官员。然而刘玄万万没有想到，正是他的这个决定，让刘秀最终赢取了天下，而自己却落得身死功败的下场。

第二节　经略河北与刘秀称帝

更始元年（23）十月，刘秀与十几个亲信在孟津渡过黄河，奔赴河北。之前的几个月，刘秀一直小心翼翼，生怕刘玄起了疑心，杀掉自己。现在他终于摆脱了危险，可以去开创一番事业了。但是摆在他面前的形势同样不容乐观，河北地区局势混乱，各种流民武装与新莽旧官员、前汉宗室混战，而自己没有一兵一卒，要想稳定局面谈何容易。

刘秀初到河北，摆出恭敬爱民的姿态，他以更始帝的名义，宣布废除王莽颁布的各种法令，恢复汉朝的制度，去探望地方官员和豪强，保留旧官员的官职，宣传新政权的政策。河北的官员和豪强见状非常高兴，纷纷派人向刘秀致意。

刘秀率先来到河北南部重镇邯郸，前汉赵王的儿子刘林亲自去见刘秀。他想恢复赵王的爵位，为了向刘秀示好，他建议挖开黄河大堤，用河水去冲灌黄河南岸的赤眉军军营。刘秀认为赤眉军已经归附了更始政权，偷袭是背信弃义的做法，没有同意，对于恢复赵王爵位一事也只字未提。刘林非常生气，等到刘秀离开邯郸，他找到好友算命先生王朗，两人共同决定反叛更始政权。刘林诈称王朗是汉成帝与宫女的私生子，然后于当年十二月率领亲信占据邯郸官衙，立王朗为皇帝，随后以皇帝的名义向河北各地发布命令，很多官员和百姓信以为真，纷纷投靠王朗政权。

刘秀在北上的途中，获知王朗称帝的消息，决定抢先控制燕地重镇蓟城。然而，王朗早与蓟城的前汉广阳王子刘接取得联系。刘接抢先攻占蓟城官署，还散布谣言说蓟城已经归附王朗。刘秀刚到蓟城南门，听说蓟城已经归附王朗，正在抓捕自己，吓得不敢进城，急忙向南逃遁。刘秀计划逃回洛阳，一路上不敢入城邑，不敢走大道，走到饶阳（今河北省饶阳县）时，粮食早已吃光。刘秀没有办法，诈称是王朗派来的使者，进驻地方官府设置的驿站，让驿站官吏准备饭食。官吏刚把饭食摆上桌，刘秀的属下就不顾一切地争抢。官吏看出其中有诈，派人到驿站外面敲锣大喊“王朗的军队到了”。众人大惊，抛下食物，纷纷争抢车辆逃跑。刘秀一行落荒而逃，跑到滹沱河也顾不得河面冰冻不实，急忙驾车过河，结果冰面开裂，车辆人马掉入河中。刘秀丢弃车辆，带着亲信跑到下博城外。众人不敢进城，蜷缩在道旁，狼狈到了极点。这时一位过路老人指点说，信都太守是听命于更始政权的，让刘秀快去投奔。刘秀大喜过望，率着亲信直奔信都郡。信都太守任光听说刘秀来到城外，亲自出城迎接。刘秀接管了信都郡的军队，发兵攻打附近的巨鹿郡，巨鹿郡的官员很快归附。刘秀控制了信都、巨鹿两郡，拥有了一支万余人的部队，算是有了落脚之地。

这时王朗控制着河北南部，刘秀控制着河北东部，当务之急是看谁能够控制河北的其他地区。刘秀首先进兵中山郡，而王朗则说服前汉真定王刘扬归附自己。刘扬控制着真定郡，拥有兵马十余万，直接影响着河北局势的发展。刘秀希望能够争取刘扬，他一边委派刘氏宗亲刘植去劝说刘扬，一边迎娶刘扬的外甥女郭氏，建立联姻关系。最终刘扬转投刘秀，发兵协助进攻王朗，连下常山郡数座城池，把王朗的势力压制在河北南方。就在这时，刘秀又得到了上谷、渔阳两郡的支持，最终改变了与王朗的力量对比。

新莽时期，耿况出任上谷太守，新莽覆灭以后，耿况认为自己是王莽任命的官员，恐难服众，非常惶恐。正巧更始皇帝派出宣谕地方的使者到来，耿况立刻上书归附，还派儿子耿弇携带上谷郡的籍册文书前往长安，向刘玄献忠。耿弇走到邯郸，正赶上王朗称帝反叛。同行的人见到王朗势力很盛，建议直接归附王朗。耿弇坚决反对，没有跟随其他人投降王朗，听说刘秀正在河北替更始帝招抚旧官员，于是带着籍册去投奔刘秀。耿弇劝说刘秀跟随自己回上谷郡，作为对抗王朗的基地。刘秀与耿弇来到蓟城，遇到刘接据城搜捕刘秀。刘秀与耿弇走散，刘秀南逃，耿弇则回到上谷郡。

当时王朗接连劝降故真定王刘扬和故广阳王子刘接，士气正旺，耿况也动了投靠王朗的念头。耿弇力劝父亲不要投靠王朗，而应当联合附近渔阳郡太守彭宠共同支持刘秀。彭宠是南阳人，新莽时期被征调到渔阳郡屯戍。新莽灭亡后，渔阳太守逃亡，郡中群龙无首，正巧更始帝派出的使者韩鸿来到渔阳郡。更始政权的官员基本都是南阳郡人，韩鸿也不例外，而且与彭宠是同乡，韩鸿假传更始帝的诏令，立彭宠为渔阳郡太守。彭宠自然拥护更始政权，听说耿况派人与自己联络，立刻答应，双方随即联合发兵。当时上谷、渔阳没有受到战乱的破坏，再加上两郡地处边陲，拥有强大的武装力量，特别是拥有一支战斗力极强的骑兵部队。两郡联军一路南进，势如破竹，接连攻克了二十余座城池，其中还包括燕地重镇蓟城。

刘秀在刘扬的帮助下，虽然遏制了王朗向北扩张的势头，但是王朗仍然牢牢控制着河北南部，刘秀几次出击都没有收效，双方呈胶着状态。这时上谷、渔阳联军的到来，大大增强了刘秀的实力。不久更始帝派来征讨王朗政权的谢躬也率军赶到，三方合力围攻王朗。王朗招架不住，邯郸城破，王朗被杀。刘秀攻入邯郸宫殿时，缴获了河北各地官员写给王朗的书信，刘秀下令将这些书信付之一炬，表示不计前嫌。河北各地官员听说后，非常敬佩刘秀的度量，纷纷归附。

王朗政权的覆灭意味着刘秀已经控制了河北的大势。原来归附王朗和犹豫不决的官员都转投刘秀。更始帝眼见刘秀势力壮大，又起了猜忌之心。他先是派人封刘秀为萧王，然后征召刘秀和部下去长安，把河北兵权交给自己派去的使者。刘秀知道自己一旦脱离河北，将成为瓮中之鳖，任由刘玄宰割。刘秀以河北流民武装尚未平定为由，拒绝前往长安，还逮捕了刘玄派来接管河北各郡的官员。刘玄由此怨恨刘秀，知道刘秀迟早要脱离更始政权。

不过，刘秀说的也不完全是假话。当时河北地区活跃着各种流民武装，如铜马、高湖、大枪等等，数量不下数十支，人数达到百余万。他们仍然以攻城略地的方式，抢夺官府和豪强，破坏地方秩序。刘秀要想完全控制河北，赢取当地豪强和官员的支持，就必须消灭这些武装。刘秀决定率先攻打势力最大的铜马部。他集中军队，在鄡县（今河北省深县）与铜马部决战，铜马部且战且退，最后在馆陶被刘秀彻底击溃。铜马部残部在败逃的途中，又得到高湖、重连等武装的支援，重振旗鼓，在蒲阳（今河北省完县）与刘秀再度决战，又被击溃。各部首领纷纷投降，刘秀则分封他们为列侯。这些武装首领以为刘秀迟早会消灭自己，私下一直在做叛逃的准备。刘秀得知情况，让这些首领依旧统领自己的部众，还常常亲自到各首领的营帐中与他们宴饮。各首领觉得刘秀跟以往的官员不同，确实是推心置腹，最后都放弃了叛逃的念头。刘秀由此整编了数十万的部队，实力大大增强。当时的铜马部，实力仅逊于绿林、赤眉，刘秀将铜马部收编，成为影响天下局势的实权人物，关中官员甚至称呼刘秀为“铜马帝”，暗示他已经具备了称帝的实力。

尚书令谢躬是刘玄派来征讨王朗政权的将领。刘秀拒绝前往长安，刘玄指使谢躬监视刘秀，还授意可以伺机除掉刘秀。但是刘秀兵强马壮，特别是收编铜马部以后，已拥有近百万的部队，而谢躬手中区区数万人根本不是对手。谢躬的妻子劝他尽早离开河北，谢躬不听。当刘秀消灭河北的流民武装后，决心除掉这个刘玄安插的心腹大患。他趁谢躬征讨流民武装青犊部，出兵攻占了谢躬的军营。

谢躬回到军营，被刘秀属下处死，自此刘秀彻底铲除了更始政权在河北的势力。

已经牢牢控制河北的刘秀接下来采取了两项行动，一是亲率主力继续围剿河北地区残存的流民武装；一是命大将邓禹率领两万精兵，向河内郡挺进。河内郡境内盘踞着多支流民武装，另有赤眉军一部，当获知刘秀进军河内郡，这些武装选择主动退出，以避刘秀锋芒。邓禹很快占据河内郡，还派兵封锁孟津，黄河以北地区尽被刘秀掌控。此后，刘秀没有让部队继续渡河南下，而是观望河南和关中的形势。这时赤眉军和更始政权正在混战，刘秀想等到局势明朗再作下一步打算，同时命令邓禹、寇恂等人率领精锐部队翻越太行山，向河东地区扩张势力。

更始三年春，河北境内的尤来、大枪、五幡等部被悉数剿灭，河北局势趋于稳定。这时诸将都进劝刘秀称帝，刘秀认为更始皇帝尚在，拒绝了诸将的请求。到了当年六月，诸将再度进劝称帝，这时候刘秀口风有所松动，表示愿意考虑。刘秀态度之所以发生改变，是因为他已经获知赤眉军攻入关中的消息，更始政权的覆灭只是时间问题，当务之急是尽快称帝，以填补更始政权覆灭后的权力真空。

更始二年（24）二月，刘玄率领文武百官迁都长安。刘玄进驻长安后首先分封属下。一时间刘玄的亲信或封为王侯，或委任为将、尉，就连军营中的厨子、马夫，也得了一官半职，他们穿着花衣花裤，打着仪仗，在长安大街招摇过市，甚至为了争抢道路而群殴，长安百姓深感厌恶，编了“灶下养，中郎将。烂羊胃，骑都尉。烂羊头，关内侯”的顺口溜加以嘲讽。而身为皇帝的刘玄，素养也好不到哪里，每天上朝见到将领开口就问：“今天都抢到什么啦？”宫中的侍卫都是前汉的官员，见到皇帝如此作风，都相视惊叹。

刘玄本来只是南阳郡小地主，没有见过世面。进入长安时，除了未央宫被焚毁以外，其余宫殿都保持完好，宫女、侍卫还有数千人。刘玄哪里见过如此豪华的场景，觉得人生理想已经实现，开始过奢侈荒淫的生活，连奏事的官员都懒得见。将领李淑劝谏刘玄尽快消灭各地武装，发布诏令让百姓安居兴业，而不是贪图享乐。刘玄刚享了几天福，哪里听得进去，下令将李淑投入监狱，至于平定流民武装的事则全部委任给各地将领。将领们打着剿灭盗贼的旗号，劫掠乡里，天下官民对更始政权大失所望。

赤眉军首领樊崇自从在洛阳拜见刘玄以后，认为没有受到礼遇，拒绝在朝中任职。此后听说刘玄在长安的所作所为，更不把更始政权放在眼里。樊崇心中愤愤不平，认为自己与刘玄都出于草莽，而且实力相当，凭什么刘玄就能做皇帝。与此同时，赤眉军各部将领情绪低落，他们眼见长安的财富被更始政权独占，自己在新政权中也没有什么前途，萌生了回家务农的念头。樊崇知道再这样下去，几十万的队伍将彻底涣散。樊崇与众将领商议，与其自生自灭，还不如推翻更始政权。更始二年冬，樊崇率领三十万赤眉军朝关中开进。刘玄听说赤眉军叛变，急忙命令王匡率领部队封锁关塞，但为时已晚，樊崇攻破了武关、浑陆关，大军先锋已经进入关中。刘玄孤注一掷，将仅剩的精锐部队交给大将苏茂，结果苏茂在弘农被赤眉军击败。赤眉军进驻华阴，兵锋直指长安城。

眼看长安近在咫尺，赤眉将领们认为自己没有名号，入长安城后难以服众，不如拥立一个刘氏皇帝。樊崇在军中找到放牛童刘盆子。刘盆子是前汉城阳王后裔，樊崇立刘盆子为皇帝，自己出任御史大夫，还任命了丞相和大司马，搭建了一个草台朝廷。赤眉军兵临城下，更始政权内部大乱，王匡、申屠建等元老提议放弃长安，回老家南阳郡重整旗鼓。刘玄不愿放弃长安，坚决反对，最后引发更始政权的内讧，两派在长安城激战。王匡等人战败，出城投降了赤眉军。这时的刘玄已是孤家寡人，而赤眉军则陆续入城，刘玄先是逃出长安，在城外躲藏了一段时间，后来走投无路，也投降了赤眉。樊崇最初承诺分封刘玄为长沙王，后来觉得留着他是心头隐患，最后还是把刘玄杀掉了。

樊崇终于如愿地推翻了更始政权，现在要由自己来组建新国家了。但是樊崇是流民出身，个人素养还不如刘玄，同样不知道如何管理国家。刚刚进入长安时，关中豪杰对刘盆子政权心存顾虑，还在观望。赤眉军数十万人得不到给养，军心难以安定，樊崇索性又干起了打家劫舍的老本行，让部众直接去抢。一时间，关中各地烽烟四起，百姓见到赤眉军的行径，都非常痛恨，盼着赤眉政权赶快倒台。

获知赤眉军进入关中，刘秀开始筹备称帝。但他觉得只有属下劝进还不行，因为各地自立的皇帝太多了，他不愿意当一个只被属下承认的皇帝。对于那些善于把握政治形势的人，不会错过历史赋予的机遇。一个叫彊华的儒生看准时机，编了一套《赤伏符》进献给刘秀。刘秀也是儒生出身，对谶纬之说非常迷信，得到《赤伏符》大喜过望，当即厚赏彊华，随后在鄗城举行了隆重的告天仪式，宣布接受天命，登基为皇帝，建年号为“建武”（25），还改鄗城为高邑，以示纪念。

刘秀称帝前后，逐渐向河南渗透势力。当时坐镇河南郡的是更始政权重臣朱鲔。在刘玄初入长安时，朱鲔反对刘玄滥封王侯，结果被刘玄贬到洛阳，让他统领河南郡事务。身在洛阳的朱鲔一直关注着刘秀的动向。更始二年春，朱鲔听说刘秀率主力在河北围剿流民武装，决定主动出击，抢夺河内郡，解除刘秀对洛阳的威胁。朱鲔以数万精兵渡河，当时河内郡空虚，众人劝说太守寇恂放弃河内郡。

寇恂却以为，一旦退却，将失去攻取河南的前头阵地。寇恂最后下令主动迎击朱鲔，双方激战于温县。这时在东郡作战的冯异听到消息，率领部队日夜兼程赶到温县。寇恂得知援军赶到，命部下大喊："刘秀的主力到了！"更始军队闻讯大惊，惊慌逃窜，数万人全军覆灭。朱鲔仅率少量残部逃回洛阳城，冯异、寇恂乘胜渡河追击，象征性地将洛阳城围困了一夜，然后撤军而去。自此朱鲔不敢出击，固守洛阳城待援。

不久，已经称帝的刘秀率领主力南下，渡过黄河再度将洛阳围困。九月，赤眉军攻入长安的消息传来，朱鲔知道大势已去，开城投降。刘秀释放了朱鲔，还封他为列侯，并予以重用。十月，刘秀宣布定都洛阳。洛阳地处天下之中，交通四通八达，刘秀占据洛阳，无疑在各路政权中抢占了先机。

从建武元年末到建武二年（26）初，刘秀在洛阳逐渐完善朝廷机构和建制，分封功臣，任命各级朝廷官员。尤为引人注意的是，刘秀修复了王莽时期修建在洛阳城南的礼制建筑，还在洛阳城内修建了汉室宗庙，另外安排官员恢复汉朝礼仪。刘秀的上述举动有很深的用意。当时各地称帝者甚多，但都在忙着抢地盘。刘秀兴修礼制建筑，重建宗庙的举动意在宣示自己是承天命、继承汉朝法统的政权。的确，刘秀的做法与此前刘玄、樊崇一味抢掠的行为形成了鲜明的对比，百姓们认为刘秀才是能够恢复汉朝的领袖，愿意支持建武政权。

更始政权灭亡后，关东地区的更始诸将失去了统领。刘秀抓住时机，对更始旧将施行招抚。当时颍川、南阳、淮阳、汝南四郡还控制在更始旧将手中。建武二年三月，刘秀委派执金吾贾复和大司马吴汉分别进军颍川郡和南阳郡。刘秀当年曾在颍川郡作战，在当地颇有威信。贾复进军颍川郡，几乎没有遭遇抵抗，地方武装便纷纷归附。贾复乘胜引兵攻入淮阳郡，淮阳太守暴汜知道无法对抗刘秀，直接向贾复投降。吴汉进军南阳郡也较为顺利，当时控制南阳郡的是刘玄分封的宛王刘赐和邓王王常，刘赐和王常过去与刘秀都是更始政权的创立者，关系很好，获知更始帝死亡的消息，两人先后归附建武政权。刘秀把刘赐和王常迎接到洛阳，厚加礼遇，还派人分封南阳郡的刘氏宗亲，就连刘玄的三个儿子也被封为列侯。至当年五月，南阳郡基本平定，贾复也率军进入汝南郡，基本控制了全郡的局势。

建武二年，赤眉军在关中的处境越来越艰难，经过数月的劫掠，关中已是白骨遍地，城邑皆空。稍有势力的豪强据城自保，拒不与赤眉军合作，赤眉军的物资给养难以为继。与此同时，已经占据河东的刘秀，命邓禹渡过黄河，向关中扩展势力。而割据陇右的隗嚣、割据汉中的延岑也与关中豪强暗中联络。建武二年九月，延岑率军翻越秦岭，进抵长安城东南的杜陵，樊崇率领赤眉军主力迎战。赤眉军本来人数占优，在交战之初取得一定优势，但是赤眉军在关中人心尽失。关中百姓听到征讨赤眉军的军队到来，都纷纷拿起武器，配合延岑的军队，结果赤眉军转胜为败，一下损失了十余万人。赤眉军转攻谷口，又被汉中另一个军阀王嘉击败。杜陵、谷口之战的失败，使得赤眉军难以在关中立足，樊崇与众首领经过商议，决定返回关东，在转移之前，樊崇下达了摧毁长安的命令，长安城内外的宫殿、行宫被赤眉军焚毁，就连西汉的帝陵也遭到盗掘，陪葬品成为赤眉军的战利品。这座承载着西汉二百余年辉煌的伟大都城，在赤眉军的烽火下逐渐坍塌。

当时赤眉军还有二十余万人，他们在樊崇的带领下，装载着从长安掠夺的各种财宝浩浩荡荡地向关外开进。挡在他们面前的是刚刚建立不久的建武政权，刘秀调集了手下的精锐干将邓禹、冯异，还把河北的军队调过来，在湖县阻击赤眉军。赤眉军战斗力很强，将邓禹击败，一举突破了湖县（今河南省三门峡市）的防线，进入弘农郡。建武政权也似乎如更始政权一样不堪一击，而刘秀却发誓决不让赤眉军逃回关东，必须在洛阳以西将其剿灭。刘秀几乎动员了一切可以调动的军事力量封锁弘农郡与河南郡之间的道路，还亲自坐镇弘农郡西部重镇宜阳。赤眉军最初全力攻打函谷关，被冯异击败，损失八万余人。樊崇见函谷关大路不通，转而攻打宜阳，而刘秀正率领主力在此迎击。赤眉军几度攻打宜阳，都被击退，十余万人得不到粮食补给，陷入绝境。最后樊崇只能带着刘盆子向刘秀投降。刘秀厚待樊崇、刘盆子等人，对于十余万赤眉军，则加以收编，凡是不愿继续从军的，允许回归故里。新莽末年以来左右天下局势的赤眉军自此退出历史的舞台。

刘秀收编了赤眉军，实力再度得到扩充，于是命冯异率军再入关中。关中逐渐被刘秀收复，长安城也回到刘秀手中。刘秀仅仅用了一年的时间就收复洛阳、长安两座前汉时代的重要都邑，收编了铜马、绿林、赤眉三大武装，成为全国最具影响的政治势力。

第三节　天下的重新统一

建武二年，刘秀虽然收编了赤眉军，占据了长安、洛阳，但这时的建武政权只控制着河北地区、河东地区南部以及长安、洛阳附近，其余地区仍然被大大小小的割据势力和流民武装占据。刘秀充分吸取了更始政权败亡的教训，决定抓紧时机，将各地武装逐一剿灭，尽早实现全国统一。

建武二年五月，随着淮阳郡、汝南郡的归附，建武政权不可避免地与刘永政权发生冲突。刘永是前汉梁王之子，新莽末年占据梁郡。刘玄进驻洛阳后，刘永率先归附，被刘玄封为梁王。更始政权与赤眉军混战时，刘永趁乱占据了济阴、山阳两郡，还有周边汝南郡、淮阳郡、楚郡、沛郡的部分城池。建武元年（25）十一月，获知更始政权覆灭，刘永自立为皇帝。建武二年四月、五月，刘秀的部队开入淮阳郡、汝南郡，与刘永势力遭遇。刘秀决定先下手为强，他命大将盖延率大军把刘永围困在睢阳。睢阳围困战持续了几个月，刘永得不到增援，率少量部众突围。建武三年春，刘永又重新占据睢阳。为了防止刘永势力死灰复燃，刘秀又命吴汉率军支援盖延再度将睢阳围困。最后刘永在突围的途中被属下斩杀。刘永死后，余部又立其子刘纡为梁王，继续抵抗。但这时的刘纡已经难成气候，只能在梁地作小规模的袭扰。

建武二年五月，刘秀部将邓奉在返回南阳探亲时，因不满吴汉对同宗的抢夺而反叛，还联合当地不愿归附的更始旧将共同对抗刘秀。刘秀收编赤眉军后，亲自率军征讨，迫使邓奉投降。其后刘秀命岑彭率军继续进攻南郡。当时南郡被秦丰和田戎占据。建武三年（27）初，秦丰联合从关中退出的延岑袭扰南阳郡，被岑彭击败，延岑随后转投公孙述，秦丰则退回南郡。建武五年（29），岑彭生擒秦丰，田戎在南郡无法立足，经由长江入蜀，也投奔公孙述去了。

秦丰、田戎兵败以后，岑彭率军渡过长江，长江以南的长沙、武陵、零陵、桂阳等郡相继归附。岭南诸郡自王莽覆灭以来，在交趾牧邓让统领下，闭关自守。岑彭与邓让相识，写信劝降，终使邓让率领岭南诸郡官员归附建武政权，刘秀不费一兵一卒，就收复了荆州和交趾。

赤眉军覆灭后，冯异率领军队开赴关中。当时关中大部分地区归附于延岑，其余地区则被地方豪强割据。冯异进占长安后与延岑遭遇。双方在长安城西南大战，最后延岑兵败，原本归附他的关中豪强纷纷倒向冯异。延岑无法在关中立足，而根据地汉中已被公孙述夺取，只能率领残部出武关逃往南阳郡。关中逐渐被冯异平定。

建武四年（28），刘秀决定消灭割据燕地的彭宠。当年刘秀经营河北，曾经得到彭宠的支持。然而刘秀称帝以后，两人却起了隔阂。彭宠本以为自己功勋卓著，刘秀称帝，自己就算不封王，也能做三公。但是刘秀并没有对彭宠加官进爵，反倒将原来彭宠的部将吴汉、王梁委任为三公。彭宠觉得没有得到礼遇，对刘秀颇为不满。建武二年，刘秀派置的幽州刺史朱浮与彭宠不和，朱浮暗地收集彭宠罪行，向刘秀汇报。刘秀故意把消息泄露给彭宠，想告诫他收敛行为，不想彭宠起兵造反。彭宠发动渔阳郡的军队，围攻朱浮于蓟城，朱浮弃城逃跑。彭宠占据蓟城以后，发文给周边的郡守，邀他们一同反叛。上谷郡太守耿况严辞拒绝，涿郡太守张丰则与之联合。彭宠此后又攻占了右北平郡，基本控制了燕地，自称燕王，派人与匈奴联合，成为北方颇有势力的割据集团。

彭宠在北方攻城略地的时候，刘秀正忙着稳定洛阳附近的局势，同时与赤眉军、刘永政权作战，无暇顾及后方，只能让朱浮、耿况等人坚守城池，防止彭宠向河北内地拓展势力。建武四年五月，已经稳定中原局势的刘秀御驾亲征。刘秀先命大将耿弇、祭遵等人围攻涿郡的张丰，将其擒获。而彭宠则仰仗匈奴的支持顽强抵抗。刘秀决定主动打击匈奴，消灭彭宠集团的后援。匈奴增援部队刚刚进入渔阳郡，便遭到耿况军队的截击，两名首领被斩杀。匈奴慌忙撤出边塞，不敢再支援彭宠。失去匈奴的支持，彭宠只能困守渔阳郡。刘秀知道彭宠大势已去，返回洛阳，只留少数部队继续围困。彭宠的属下感到前途无望，军心涣散。建武五年二月，彭宠被小奴刺杀，集团土崩瓦解，渔阳、右北平两郡先后归附。

建武四年六月，刘秀从河北前线返回洛阳，随即将兵锋指向割据东南的李宪政权。李宪于新莽末年割据庐江郡，自称淮南王，拥兵十余万，附近的九江、丹阳、会稽三郡也依附于李宪。建武三年，李宪称帝，建立政权。刘秀不愿看到李宪势力坐大，于建武四年八月亲征，把李宪围困在舒城。九江、丹阳、会稽三郡的官员先后背叛李宪，转投刘秀。建武六年（30），舒城被建武军队攻破，李宪被部下所杀。

刘秀消灭李宪政权，随即移兵攻打割据东海郡的董宪。董宪是在新莽覆灭之际趁乱而起的地方豪强。建武三年，已经称帝的刘永，封董宪为海西王，予以拉拢。刘永战死后，其残部东逃，大多被董宪收编。董宪还出兵帮助刘纡对抗刘秀。建武四年，刘秀部将庞萌叛变，率部投奔董宪，还帮助董宪攻下楚郡。建武五年，庐江郡局势已趋于稳定，刘秀开始向董宪、庞萌发动进攻。七月刘秀亲赴沛城督战，指挥军队攻入东海郡，董宪退保郯城。八月，刘秀又亲临郯城指挥作战，同时派兵收复了楚郡。董宪、庞萌抵挡不住，放弃郯城，退守朐城。朐城背靠大海，董宪、庞萌已无路可退。刘秀留下大将吴汉继续围困朐城，自己则率军去攻打张步。建武六年，走投无路的董宪、庞萌向梁地流窜，被当地百姓斩杀。董宪割据势力被彻底剿灭。

建武五年，刘秀在剿灭董宪、庞萌的同时，发起了征讨张步的战争。张步于新莽覆灭之时占据琅邪郡。更始政权灭亡后，齐地局势混乱，张步趁机控制了周边数郡，成为齐地颇有势力的武装集团。此后张步又趁着刘秀、刘永混战，吞并了齐地十二郡，发展成为关东最大的割据集团。刘永战死以后，张步又出兵扶持刘纡，继续对抗刘秀。次年，刘秀下令攻打张步。大将耿弇率军突破了张步苦心经营的历下防线，乘胜攻占了齐地重镇临淄。张步认为耿弇军队人数有限，再加上连续作战，已疲惫不堪，想一举将其消灭。张步调集了十余万大军，将临淄城团团围住，而耿弇则采取袭扰战术消耗敌方。正在鲁郡指挥围剿董宪、庞萌的刘秀，得知耿弇被围困，亲率主力救援。获知刘秀援军即将赶到，部将们都劝说耿弇固守城池。耿弇却认为敌军久攻临淄不下，士气低落，现在正可以给予敌军致命一击。耿弇于是亲率部众出城作战，张步大败，仅率少数部众逃脱。刘秀来到临淄城外，见到耿弇已将十余万张步主力击败，不禁感叹耿弇是可以与前汉韩信相匹敌的将才。

战败的张步已经彻底丧失了抵抗的意志，很快投降。耿弇将张步押送至洛阳，刘秀予以张步优待，分封他为列侯，还在洛阳城内为他准备了住宅，使其终老一生。张步投降以后，治下郡县先后归附，齐地逐渐平定。

建武六年，困守孤城的董宪、庞萌、李宪等人相继城破身死。自此关东地区悉数平定，刘秀率领部将返回洛阳，论功行赏。那些立有战功的将领，以及归附的武装首领都得以封官拜爵。关东的平定，只是刘秀统一全国军事进程的阶段性胜利。因为关西大部分地区仍然被各种割据集团占据，这些政治势力不消灭，刘秀还算不上真正的皇帝。该年四月，刘秀亲赴长安，名义上拜谒西汉帝陵，真实目的是要对西北最具实力的隗嚣集团下手。

隗嚣是陇西人，年少时颇有声名，被征召至长安跟随刘歆学习。新莽政权覆灭，陇西当地豪族趁势起兵，杀掉王莽派置的官吏，拥戴返乡的隗嚣为领袖。隗嚣攻克陇西诸郡，成为长安以西最大的政治势力。刘玄入主长安，征召隗嚣入朝。隗嚣对更始政权抱有幻想，前往长安，被委任为御史大夫。赤眉进军关中，隗嚣与王匡等人建议放弃关中，遭到刘玄拒绝。隗嚣率领亲信十余人逃回陇西，重新割据。此后隗嚣又相继击退赤眉军和公孙述的军事进攻，巩固了在陇西的地位。

建武三年，冯异进军关中，陆续降服地方豪强。隗嚣在来歙的劝说下，归附刘秀。建武五年，刘秀授意隗嚣发兵攻打公孙述，隗嚣推辞，与刘秀产生隔阂。建武六年，关东已基本平定，刘秀致信隗嚣，劝谕其入朝。隗嚣拒不从命。刘秀亲赴长安坐镇，兵分七路征讨隗嚣。刘秀低估了隗嚣的实力，七路大军相继战败，隗嚣还乘胜反击关中，幸得冯异顽强抵抗，才使隗嚣退兵。此战使刘秀意识到隗嚣实力强大，不得不重作计划。

击败刘秀的进攻，隗嚣公开与刘秀决裂，转而向公孙述称臣。建武七年，隗嚣大举发兵，想一举夺取关中，又被冯异、祭遵等人击败。建武六年、七年，建武政权在与隗嚣集团的对抗中，一直处于被动，然而建武八年来歙的一次军事突袭，彻底改变了战场的局面。

隗嚣割据陇西，主要依靠的是陇山天险。隗嚣以精兵把守陇山隘口，常使刘秀大军无功而返。来歙深知陇山交通的重要，私下派人寻找到一条越山捷径。建武八年春，来歙率领二千人翻越陇山，攻占陇西重镇略阳（今甘肃省秦安县），改变了战场的局面。隗嚣亲率数万精兵围攻略阳，而刘秀则命冯异、吴汉等人火速增援来歙。隗嚣采取决河灌城、地道突袭等方式围攻略阳数月，均无功而返。而此时刘秀亲率大军攻入陇西，控制河西五郡的窦融也率大军配合作战。隗嚣集团随即崩溃，十余万人投降，隗嚣则退守西成（今甘肃省西和县）。刘秀认为大势已定，只留下吴汉、岑彭率少量军队继续围困隗嚣，自己返回洛阳。汉军围攻隗嚣近半年，仍未能将其攻下，这时公孙述派来的援军赶到，与隗嚣里应外合，将汉军击败。汉军撤回关中，陇西各郡县又相继被隗嚣夺回。

建武八年征讨陇西军事行动的失败，严重打击了刘秀的信心，转而考虑以优抚的形式拉拢隗嚣。而来歙认为，经过此前的军事行动，隗氏集团已元气大伤，如果汉军一鼓作气，完全可以将隗氏集团铲除。刘秀最后采纳建议，让来歙组织大军再次征讨陇西。建武九年八月，来歙、冯异等五将军翻越陇山。这时隗嚣已经病死，其子隗纯继续抵抗。隗氏集团没有能力与建武政权对抗，陇西各城池相继被攻陷，隗纯率残部退守落门聚，最后矢尽粮绝，不得不开城投降。

陇西刚刚平定，刘秀立刻命令部队南下，向公孙述政权发动进攻。当时诸将认为汉军需要稳定陇西局势，加以休整。而刘秀指出，汉军刚刚取得胜利，应当乘胜继续进攻。倘若停止军事进攻，将会给公孙述喘息之机。刘秀刚刚攻占陇西，就发兵蜀地，这正是典故“得陇望蜀”的由来。

公孙述本为关中人，于新莽末年起兵蜀地，逐渐发展为蜀地最有影响的割据势力。更始二年，刘玄派遣军队入蜀，被公孙述击败，公孙述遂自称蜀王，建立政权。此后，公孙述趁着更始政权与赤眉混战之机，兼并了蜀地各郡，还出兵占据了汉中，最终据有整个西南地区，于建武元年称帝。建武六年，闻知刘秀兵败关中，公孙述发兵沿长江而下，想趁机夺取荆州，但被岑彭击败。此次失利使公孙述放弃了夺取关东的野心，选择固守蜀地。

建武十一年，隗氏势力刚被剿灭，刘秀即命令来歙率军南下，同时命令镇守荆州的岑彭溯江而上。来歙很快攻占武都郡，蜀地北门洞开。岑彭则突破三峡天险。面对两路汉军的大举进攻，公孙述使出暗杀的手段，派遣刺客先后刺杀了来歙、岑彭。但公孙述的计谋并没得逞，刘秀分别委派盖延、吴汉接管北路、东路大军，继续向蜀地发动进攻。建武十二年初，吴汉率领大军将成都围困，同时派兵诏谕蜀地各郡县，蜀地官吏纷纷归附。当年七月，公孙述见困守孤城无望，率军出城决战，兵败身亡，残部开城投降。吴汉纵兵入城劫掠，公孙氏被满门抄斩，公孙氏政权自此覆灭。

蜀地平定以后，刘秀调转兵锋，直指最后一个割据政权——卢芳集团。卢芳本来是安定郡豪强，新莽末年割据安定郡，后来被隗嚣击败，逃奔匈奴。新莽政权覆灭后，北方朔方、五原、云中、雁门、代五郡豪强纷纷投靠匈奴，匈奴立卢芳为皇帝，将其护送至塞内，让他建立割据北方的政权，作为匈奴抵御中原王朝的屏障。建武十三年，刘秀大兵压境，卢芳属下知道无力对抗，纷纷投降，卢芳众叛亲离，只身逃奔匈奴。

从建武二年消灭刘永政权开始，到建武十三年卢芳政权覆灭，刘秀历经十年余终于剿灭了各地的割据政权，一个新的统一王朝终于在战火中建立起来。

第四节　东汉新政

消灭了公孙述、卢芳割据集团，刘秀在形式上完成了国家统一，一个全新的王朝得以确立。刘秀是汉室宗亲，再加上称帝以来一直以恢复汉朝江山为口号，因此他仍将自己创立的王朝称为汉朝。后世往往将刘秀建立的汉朝称为后汉，又因定都洛阳，亦称之为东汉。

为了表明自己是继承西汉的正统王朝，刘秀在统一天下后，立刻颁布诏书，恢复汉朝制度。王莽所推行的各种制度被全部废除，重新实施前汉的制度。被王莽罢废的西汉诸侯王、王子侯，都重新封置，刘氏宗室的种种特权也得以恢复。刘秀还效仿刘邦，把子弟分封为诸侯王，让他们镇抚关东，作为新王朝的藩属。刘秀还派人前往关中，整修西汉帝陵，把长安残存的典籍、文物搬运到洛阳，那个被王莽消灭的汉朝似乎真的复活了。

刘秀做出的种种努力，其目的是恢复汉朝的统治秩序，但在全面继承汉朝制度的同时，西汉末年严重的社会危机也被承袭，那就是严重的土地兼并和奴婢问题。而这些问题得不到解决，仍然会有爆发绿林、赤眉之乱的可能。对此刘秀心知肚明，所以在重建国家制度的同时，他也在努力调整政策，试图建立更为稳固的社会秩序。

早在刘秀称帝之初，就宣布解放奴婢。但当时的刘秀只控制有河北地区，这条法令其实不过是新王朝展示解决奴婢问题的决心，起不到任何实际效力。建武六年（30），刘秀基本平定了关东，下诏赦免王莽时期因罪被罚没为奴的吏民。此后赦免官奴婢成为刘秀配合对外征伐战争的政治策略，每当刘秀征讨割据政权时，首先会发布诏令，赦免对方境内的官奴婢，其用意是瓦解、分化对方的抵抗力量。等到完成天下统一，赦免奴婢的行动也随之停止。刘秀赦免奴婢的政策主要实施于官奴婢，对于大量依附于地方豪强的私奴婢，则没有予以赦免。对于这部分私奴婢，刘秀主要采取提高人身地位的办法。建武十一年（35），刘秀先后下达三道诏令，规定不得杀害、虐待奴婢，一些针对奴婢的严酷处罚条令也被废除。

渔猎与收获（汉代画像砖）

盐井图（汉代画像砖）

屋边绿化（汉代画像砖）

弋射收获图（汉代画像砖）

建武十五年（39），刘秀决定采取措施解决土地高度集中的问题。要想解决这个问题，首先需要搞清地方土地的实际占有情况。刘秀遂于当年下令，要求各郡长官彻查地方的土地状况，即“度田”。豪强们都知道“度田”是在为日后清算土地做准备，于是勾结地方官员，隐瞒实际占有的土地数量。当时陈留太守派遣属下去朝廷汇报“度田”执行状况时，告诫属吏，到了朝廷，可以打听其他郡的度田情况，但千万不要询问河南郡、南阳郡的情况，还在一块木牍上写下“河南、南阳不可问”的字句作为提醒。但属吏到了洛阳后，一时疏忽，把这块木牍随着其他文书一同上交朝廷。刘秀看到这块木牍，叫来陈留郡属吏询问缘由。属吏百般抵赖，说木牍是在街上捡到的，不知道这话是什么意思。当时正在一旁的皇子刘阳说道：“这应当是陈留太守告诫的话，意思是河南郡为帝都所在，居住着朝廷高官；南阳郡为皇帝家乡，居住着皇亲国戚。两地土地逾制的情况非常严重，千万不要询问度田的执行情况。”这个故事说明当时“度田”不实乃是世人皆知的事情。为了贯彻度田，刘秀处死了执行政策不力的河南尹和十几个郡守，继任者迫于压力，不得不强行推行度田，结果导致一些豪强的武装反抗。刘秀见状只得取消度田，其试图解决土地兼并的举措不了了之。

奴婢和土地问题不能有效解决的根本原因是，刘秀建立的王朝代表着地方豪强的利益。刘秀本人也是地方豪强出身，他能够统一天下，正是获益于各地豪强地主的支持。而刘秀为了能够尽早实现全国统一，当时也给予地方豪强种种承诺。土地和奴婢是地方豪强的根本利益，所以两个问题在东汉王朝并不能得到切实解决，而只能任由其发展。

虽然土地和奴婢问题没有得到真正解决，但刘秀还是竭尽所能地调整统治政策，缓和严重的社会矛盾，出现了社会经济的发展和繁荣。建武六年（30），刘秀下诏降低田租为三十税一，恢复到了文景时期的薄税水平。另外，每当地方发生灾害，刘秀也会下诏减免税收。这些举措可减轻百姓负担，有利于社会生产力的恢复。刘秀对西汉末年和新莽时期的吏治腐败深有感触，所以在国家政治逐渐平稳后，亲自参与地方官员的选任，不称职的官吏得到罢免或惩处，而有才干的官吏得到任用和提拔，因而在建武末年社会上涌现出一批鼓励生产、传播礼教的循吏，官场风气有所改观。刘秀还推动政府精简机构，于建武六年下令各州刺史裁减地方官吏，还废掉了四百多个县。对于中央官署也实行精简，建武十三年刘秀下诏撤销左右将军一职，其他官署属吏也有所裁撤。刘秀带头推行节俭，从不在个人享乐上耗费财力，外国进献的良马美器，分别派发给各官署使用。西汉时期在关中修建的行宫离苑，大多被罢废，田地交给百姓耕种。西汉时期，皇帝十分注重陵寝的修建，曾有全国财税收入的三分之一用于营造皇帝陵寝的说法。刘秀则明确表示，自己要效仿文帝，不在陵寝上投入过多财力，直到建武二十六年才营建陵寝，还对陵寝的规模做了限制。刘秀的舅舅樊宏死后，采取薄葬，得到刘秀的嘉奖，号召近臣宗亲效仿，尽可能避免铺张浪费。

刘秀采取的减免赋役、改善吏治、提倡节俭等做法，用意是缓减社会矛盾，这只是稳定新王朝统治秩序的一个方面。刘秀也有严苛的一面，就是通过大刀阔斧的制度改革，强化皇权，削弱地方势力，避免割据局面再度出现。在建武六年（30）平定关东后，刘秀下诏取消郡尉一职，地方军队转由郡守统领，到了第二年又宣布解散地方军队，刘秀此举是防止新莽末年地方官员拥兵割据的现象重现。出于强化对地方官监控的考虑，刘秀恢复了西汉的州制，派驻刺史，前面提到幽州刺史朱浮因严苛督查渔阳太守彭宠，而导致其反叛。建武十一年（35），刘秀又重新划分各刺史的监察范围，因当时北方诸郡还在卢芳集团的控制下，所以没有设置朔方刺史。而刺史的权责也大大增强，不仅监察官员，还可以参与地方人才的选举和官员的任免。建武十三年（37）天下统一后，刘秀下令解散各功臣的军队，只保留部分军队作为中央军由朝廷直接调配。吴汉、耿弇、邓禹等战将被刘秀优容起来，不再统领军队。至于边疆地区的屯戍军队也不再由郡守统领，而是由皇帝直接任命的将军统领，实际上把边防军也纳入中央军系统。

除了消除地方势力，刘秀还收夺三公的权力。王莽辅政时期建立了三公制度，三公成为朝廷官制序列中的最高官员，拥有很大权力。刘秀称帝后，没有废除三公制，但却不断收夺三公的权力。到了建武末年，三公成为虚职，只用来优容功臣元老，对朝政已不能发挥实质性的作用。与之相应的是，尚书的地位迅速提高，尚书令的秩级由六百石提高到千石，办事机构也得到扩充，下设六曹分管各类国家事务，其职能与西汉时期的丞相府无异。至此，尚书台由皇帝身边的秘书机构转变成为国家行政机构，在东汉政治生活中只有被皇帝加“录尚书事”头衔的三公，才算得上真正的实权人物。

刘秀有感于外戚篡汉，所以对外戚势力严加防范，称帝后即发布外戚不得封侯、不得干政的禁令。刘秀的舅舅樊宏知道皇帝提防外戚，做事谦虚谨慎，还告诫子弟收敛言行。郭皇后的弟弟郭况，十六岁入宫为郎，服侍刘秀。刘秀对郭况极为宠信，但是却从来不委以实权，只是以赏赐财物的形式表示优容。建武十七年（41），刘秀废掉郭皇后，转立阴贵人为皇后。阴氏一族迅速崛起，很多宾客投靠阴贵人的弟弟阴兴、阴就。刘秀得知情况，将两家宾客绳之以法。阴氏知道刘秀此举意在打击外戚势力，从此再也不敢结党营私。建武二十年（44），刘秀欲任命阴兴为大司马，阴兴极力推辞，刘秀欣然应允。刘秀在位期间，外戚没有显赫的权势，外戚子弟也小心恭谨。

经过刘秀的不懈努力，国家运行逐渐步入正轨，社会秩序恢复正常，似乎新王朝已经摆脱了新莽战乱带来的损害。官员陆续上书，建议举行泰山封禅大典。刘秀觉得自己的功绩难以与汉武帝媲美，有所顾虑，这时又是谶纬帮了他的忙。建武三十二年（56）的一天夜里，刘秀阅读图谶《河图会昌符》，自认为发现了上天暗示封禅的谶语。大臣们得知后，从各种谶纬书中找出应当封禅的三十六条理由。刘秀顺水推舟，于当年举行了封禅泰山的大典，返回洛阳后下令改元为建武中元，还下令重修洛阳南郊的礼制建筑，在洛阳北郊修建祭祀后土的方丘，为来年的祭祀天地大典做准备。刘秀这一系列举动同样是为了宣示自己帝位的正统性，也带有彰显功绩的用意。在刘秀看来，自己拯救天下于乱世，重建了统一的中原王朝，延续了刘氏的江山，这样的功绩即使不能与武帝相媲美，也无愧于“中兴之主”的称号。

第十二章　东汉的复兴

第一节　重塑皇权

建武中元二年（57），洛阳北郊的后土祠还未完工，一心筹备祭祀天地大典的刘秀却溘然辞世。皇太子刘庄当日接受皇帝印绶，继承帝位，是为汉明帝。与父亲致力于重建汉朝江山，稳定天下秩序不同，刘庄即位后首先考虑的是如何稳固皇位，消除兄弟对皇位的威胁。

刘秀共有十一个儿子，刘庄是第四子，他本来并非皇位继承人。建武二年，刘秀把郭皇后之子刘彊立为太子。建武十七年，郭氏因失宠被废，刘秀转立阴贵人为皇后。刘彊深知，母亲被废，太子地位难以持久，于是数次上书请求降为藩王。建武十九年，刘秀降刘彊为东海王，改立阴皇后之子刘阳为太子，改其名为刘庄。

刘秀平定天下后，效仿汉高祖，把儿子分封为诸侯王，让他们去镇抚关东各地。刘庄深知，兄弟们在地方拥兵自重，不出几代，一定会酿成如同“七国之乱”一样的宗室内乱。刘庄即位后，决心解决藩王问题，不留后患。在藩王中，对皇位威胁最大的无疑是废太子刘彊。刘秀刚刚去世，山阳王刘荆就写匿名信给刘彊，怂恿他起兵夺回帝位。刘彊知道自己没有实力，将匿名信上呈明帝。明帝即帝位后不久，刘彊就病逝了。当时正值壮年的刘彊突然病逝，实在是非常蹊跷。但无论如何，刘彊的病逝使明帝少了最具威胁的帝位竞争者。

刘荆对刘庄的即位心怀不满，怂恿刘彊谋反未成，就开始做起兵的准备。明帝早已获知消息，但因为刚刚即位，不便对兄弟下手，只能暂且将刘荆迁徙为广陵王，缩小他的封地，限制其力量，同时指示广陵国官员监视刘荆的举动。永平十年（67），明帝见时机成熟，授意广陵国官员检举刘荆罪行，并委派官员进行调查审讯。刘荆迫于压力自杀，这个最具政治野心的藩王被明帝除掉了。

明帝并不满足于铲除具有政治野心的藩王，他还要在藩王中树立绝对权威。这一举措的直接结果，就是“楚王之狱”的发生。楚王刘英为许美人所生，在刘秀皇子中地位最低。但刘英善于交际，就国后结交天下游侠、方士，特别是当时佛教刚刚经由海路传播到东部沿海地区。刘英对佛教极为痴迷，出资修建佛寺，推动佛教传播，身边汇集了一批佛教信徒。刘英广结天下游侠、官员、方士的举动令明帝十分反感，而刘英推广佛教的做法，难免会引发利用宗教笼络人心的猜忌。永平十三年（70），有人检举刘英与方士私造图谶，这令明帝非常愤怒。图谶在东汉是非常敏感的政治话题，新莽末年以来，包括刘秀在内的地方豪强大多利用图谶假称天命、蛊惑人心，以实现政治目的。身为诸侯王的刘英私造图谶，显然触犯了政治忌讳。明帝立刻派人彻查此事，调查范围不断扩大，许多宗室和官员受到牵连，先后有数千人被捕治罪。刘英先是被废为列侯，次年又被逼自杀。此后，济南王刘康、淮阳王刘延也因私造图谶而受到明帝严惩，前者被削夺了六县的封地，后者则被迁徙为阜陵王。经过楚王、济南王、淮阳王等人的狱案，诸侯王们都小心谨慎，朝廷官员也不敢与诸侯王结交，诸侯王的势力被大大压制，再也无法对皇权构成威胁。

刘秀之子受封为诸侯王，领有一郡之地，实力很大。有鉴于此，明帝开始对诸侯王分封制度进行改革。永平十五年（72）明帝下令，日后皇子封为诸侯王最多只能领有半郡之地，这项制度在东汉时期得到严格执行。此后的诸侯王只领有数县，很难在政治上发挥影响。《后汉书》的作者范晔对明帝的做法赞赏有加，他认为东汉时期从未发生诸侯王起兵反叛的事件，这显然获益于明帝的上述举措。

白马寺外景

汉代，诸侯王和外戚是对皇权威胁最大的两股势力。明帝即位后，继续坚持刘秀压制外戚的政策，制定了外戚不得出任朝廷要职的禁令，还把禁令编入国家律令《令甲》昭示天下。尚书闫章极具政治才干，但因为他的妹妹身为贵人，所以在明帝一朝始终得不到重用。皇后马氏是国初功臣马援之女，为了防范马氏家族，明帝在命人绘制云台阁功臣像时，有意略去马援画像。马皇后也深明大义。永平十八年（75）明帝去世，章帝刘炟即位，马皇后升为皇太后。章帝想重用舅舅马廖、马防、马光，分封他们为列侯。马皇后不想打破光武帝、明帝的祖训，坚决反对，直到建初四年（79）三人才被封为列侯，但马皇后随即让三人辞去官职，前往封国居住。章帝在位期间，马氏在政治上的影响微乎其微。章和二年（88），章帝去世，十岁的太子刘肇即位，是为汉和帝。由于皇帝过于年幼，朝政只能交由皇太后窦氏处理，窦氏势力迅速崛起，朝权逐渐被窦太后的哥哥窦宪把持。窦宪控制了朝廷大权，公然破坏祖制，他自任大将军，位在三公之上，实际恢复了西汉末年外戚的政治特权。窦宪还安排窦氏族人出任朝廷要职，凡是批评窦宪专权的官员都遭到残酷的迫害。如果有刘氏宗室或官员与皇帝关系亲密，窦宪立刻会把此人排挤出朝廷，甚至不惜采取暗杀的手段。和帝在位初年，窦宪权势几乎与西汉末年的王凤相当。对于窦宪的跋扈，和帝看在眼里，恨在心头。他知道长此以往，窦宪将成为第二个王莽。永元四年（92），年仅十四岁的和帝联合宦官郑众将窦宪安插在宫廷的党羽全部剪除，然后派人收夺窦宪的大将军印绶。窦宪完全没有想到这个十几岁的小皇帝竟会有如此手段，虽然想反击，但是局势已被和帝控制，只能交出印绶，遵照诏令前往封国居住。到达封国不久，窦宪又被和帝逼迫自杀，窦氏专权不到四年，就被彻底铲除。此后终和帝一世，外戚势力再也未能东山再起。

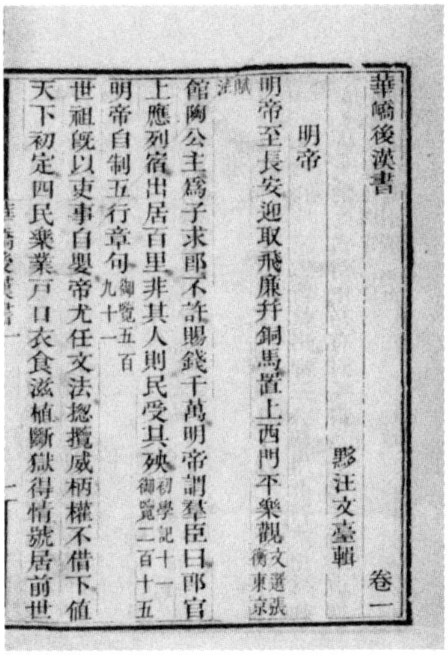

华峤《后汉书》书影

由于很好地限制了外戚势力，明帝、章帝、和帝时期，皇权不断得到强化，除了和帝刚刚即位的四年由外戚短暂把持朝政外，朝廷大权都控制在皇帝手中。西汉末年权臣架空皇帝的现象没有出现，皇帝可以直接操纵国家日常行政管理，特别是能够参与中央、地方官吏的任免和考核。一批廉洁奉公、公正执法、关心百姓疾苦的官吏被选拔上来。这些官吏直接听命于皇帝，把皇帝的政策贯彻到基层。在循吏的努力下，社会矛盾得到缓和，社会生产得到发展。也正是在循吏的帮助下，皇帝得以推行一系列稳定社会秩序的政策。

首先，皇帝逐步减轻刑罚，减少刑罚对百姓的伤害。明帝先后十一次下诏减轻刑罚。章帝废除了残酷法律五十余条，还废除了鞭刑。到了汉和帝时期，又进一步废除了宫刑。至此，对人体实施残害的刑罚被彻底废除，这是古代刑法的一大进步。

其次，皇帝还继续推行薄赋政策。明帝除了继续刘秀三十税一的低税制，还制定了遭遇灾害减免税收的制度，并多次下诏减免全国税收。而在章帝、和帝时期，每逢重大节庆或是自然灾害，皇帝常常下令百姓只需缴纳一半的租税。永元十六年（104），和帝还下诏免除全国贫民拖欠政府的种子和田租。薄赋政策的推行，大大减轻了百姓的经济负担，有利于社会生产力的恢复。

东汉初年，因为土地兼并而造成的流民问题依然严重。明帝即位以来，对流民问题极为关注，采取了一系列措施试图解决。明帝首先制定了“假民公田”政策，把政府土地借给失地贫民种垦，垦殖公田的最初几年免征赋税，还由政府提供农具和种子。这样一来，就把流民重新固定下来，使其重新纳入政府编户，此举既可以缓减流民带来的社会动乱，又可以增加政府收入，因而在章帝、和帝时期被继续推行。解决流民问题的另一项途径是发布赦令，赦免流民拖欠的债务和因为逃亡所承担的法律责任，鼓励他们回到家乡，重新成为国家编户。如建初元年章帝正式即位后，发布诏令允许流民返回原籍，还严令地方官员不得追讨流民债务，严禁官吏和豪强欺压流民。在上述政策的作用下，流民问题得到缓减，社会秩序也趋于稳定。

明帝、章帝、和帝在位的四十七年里，皇帝的权力不断得到巩固。东汉初期的这三位皇帝勤于政务，牢牢掌控着国家的行政运转，对于官员的进谏，能够做到择善而从，同时延续了勤俭作风。在皇帝的带动下，东汉初年的吏治有所改观，涌现出一批提倡农耕、鼓励生产、宣传教化的循吏，与西汉末年地方官员相互勾结、横征暴敛的官场风气形成鲜明对比。社会秩序日渐稳定，再度呈现出小康盛世的景象，其社会状态与西汉昭帝、宣帝、元帝时期极为相似，故西晋华峤称这一时期为：“中兴以来，追踪宣帝。”历经社会动乱之后，民心思安，而皇帝能够准确把握民心，采取去苛从简的施政方针，以“柔道”（刘秀自言“吾理天下，亦欲以柔道行之”）治理天下，使百姓在安定的社会环境下恢复生产，积蓄财力，国家收入随之增长，东汉的国力迅速增强起来。

第二节　儒学的重新定位

西汉末年，儒学在政治领域的影响逐渐扩大。特别是在王莽当政时期，以古文经学家为代表的儒生不但使其学说在国家意识形态领域占据了主导地位，还直接使用儒家学说参与了王莽改制。刘秀年轻时曾在长安太学研习《尚书》，对当时儒学干预政治的现象深有感触。建武二年，刚刚称帝的刘秀下诏要求臣下议论古今文经学之优劣。经过几年的讨论，最终于建武五年（29）下诏，废除王莽增设的古文经学博士，经学学官制度又恢复到元帝时代的十四家今文经学博士的格局。

其实刘秀本人对古文经学还是颇有兴趣的，特别是对古文《尚书》和《左氏春秋》都有研究。但他最终废除古文经学的学官设置，除了有今文经学家猛烈批评的因素，更重要的是有鉴于王莽执政时期古文经学严重干涉了国家政治。刘秀表面上看来是在袒护今文经学，但实质是杜绝儒生利用“古礼”干涉政务，让儒学回归到思想学术领域，不再主导国家政治。

刘秀并不满足于弱化儒学对政治的影响，他还想以皇帝的身份引导儒学的发展。刘秀直接参与到儒学研究之中，亲自删减不合经义的解经章句。刘秀还注重培养皇子的儒学修养，为皇子择取有名望的经师。后来继承帝位的明帝对儒学有极高的造诣，精通《春秋》和《尚书》，还曾亲自前往太学，给数千太学生讲经。章帝也继承了刘秀、刘庄热心儒学的传统，不但亲自研习儒学，还对经学大师礼遇有加，并提拔儒生做朝廷、地方官吏，其即位不久所召开的白虎观经学会议更是直接影响了东汉时期的儒学发展走向。

刘秀在位时期，今文经学重新夺回了正统地位，今文经学主张阐发经书中的微言大义，短时间内各种解经思潮纷出，对于经书词句往往存在多种解说，这给后人的研习带来极大不便。建初四年（79），议郎杨终上书，建议章帝效仿宣帝石渠阁故事，召开全国范围内的经学大会，议定统一的解经理念，作为儒生研习儒家经典的准则。章帝认为，召开经学大会论辩群经，可以达到塑造儒学权威性和正统性的目的，是扩大皇权在思想领域影响的绝佳机会，当即予以批准，下诏朝廷官员、博士、郎官、民间大儒以及太学生代表齐聚白虎观，共同讨论五经异同，并由皇帝本人临场决议优劣。

白虎观经学会议的参与者十分广泛，几乎涵盖了整个儒学界，社会各界的儒学研习者均有代表参加，与会者们针对五经解说的主要歧义之处，展开了激烈的讨论。如果不能达成共识，则将各种说法逐一记录，上呈皇帝评判，皇帝再以诏制的形式公布评判结果。白虎观经学会议持续了数月，最后形成一套官方认定的五经解说理念。对于每一个解经标准方案的确定过程，会议现场均有记录，这些记录称作《白虎议奏》。会议结束之后，章帝命班固对《白虎议奏》加以整理，下发儒学界，以便于儒生学习会议精神。班固于是在《白虎议奏》的基础上，编成《白虎通义》。《白虎通义》一直流传至今，是我们了解白虎观经学会议的重要资料。

白虎观经学会议是东汉官方对今文经学经义阐释的集中总结。会议表面上看是学术争论，即辨明经学阐释的异同，但实质却是以皇权控制经学，以皇帝决议的形式引导经学的发展方向。在白虎观经学会议中，鼓吹汉朝政权合法性的阐释均得到保留，章帝实现了利用皇权塑造适合汉朝统治理念之正统儒学的目的，强化了儒学作为维护皇权统治工具的现实作用。

虽然建武年间古文经学失去了正统地位，但并未销声匿迹，而是在社会继续流传，并且在明帝、章帝时期出现再度勃兴的趋势。古文经学能够在短时间内再度兴起，存在两方面的原因。一是古文经学在王莽执政时期处于主流意识形态的地位，在王莽等人的推动下，大量儒生和官员投身于古文经学研究，新朝的重要官员几乎都是古文经学背景出身。刘秀重建汉朝后，许多新莽时期的高官和儒师投奔建武政权，继续得到重用。虽然刘秀废除了古文经学的学官建制，但是这些儒师依然依靠自身的力量传授古文经学。例如新莽时期研习《左氏春秋》的大师郑兴，在建武政权建立后被委任以大中大夫。致仕后在家讲授《左氏春秋》、《周礼》，许多儒生慕名前来学习，一些新莽时代的古文经学家也常常与之切磋经义，郑家成为建武时期古文经学研究的中心。古文经学也成为郑氏的家学，郑兴之子郑众精通古文经学，章帝时位至大司农，追随

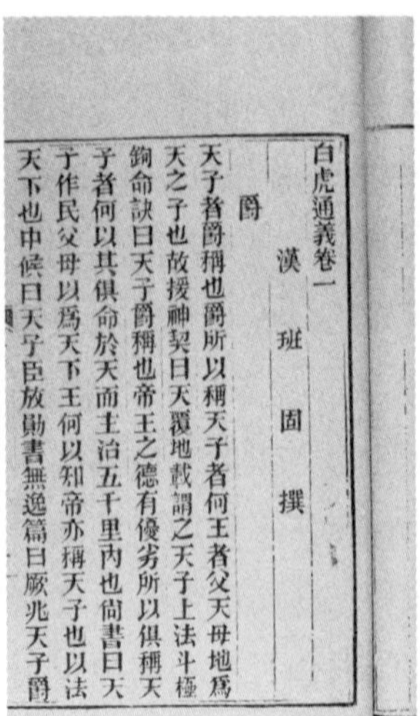
白虎通義卷一
漢 班固 撰
爵
天子者爵稱也爵所以稱天子者何王者父天母地爲
天之子也故援神契曰天覆地載謂之天子上法斗極
鉤命訣曰天子爵稱也帝王之德有優劣所以俱稱天
子者何以其俱命於天而王治五千里內也尚書曰天
子作民父母以爲天下王何以知帝亦稱天子也以法
天下也中候曰天子臣放勛書無逸篇曰厥兆天子爵

《白虎通义》书影

其研习经学的门生无数。郑兴只是东汉初年诸多古文经学家的代表，当时的古文经师如杜林、卫宏、贾逵等人都在坚持讲授古文经学，对于古文经学的传承起到了重要作用。

导致古文经学重新兴起的另一个原因则是今文经学的发展走入歧途。前面提到，今文经学注重对儒家经典的阐发。到了东汉初年，今文经学的经义阐发达到了极致。东汉初年的桓谭曾经提到，今文经学家对《尚书》中《尧典》篇题二字的阐释就达到十余万言，对“若曰稽古”四字的阐释则达到三万言。这种对经典的过度阐释不仅没有意义，而且给儒生的学习带来极大不便。班固曾不无担忧地提到，儒生从幼年时研习经义，到了老年仍不能完全掌握，耗费了大量精力，实际不利于经学的传承。当时越来越多的士人意识到今文经学研究路数不切合实际，而注重文字训诂、名物考辨的古文经学反倒更接近学术研究“求真”的主旨。明帝、章帝对儒学有很深的造诣，他们也逐渐认识到今文经学的弊端，转而对古文经学投以更多的关注。明帝曾下诏征求古文经典，藏于内府，以便阅览。而章帝年轻时对古文《尚书》和《左氏春秋》有浓厚兴趣，即位后立刻召见古文经学大师贾逵。贾逵的父亲贾征是刘歆的弟子，其家世代研习《左氏春秋》，是当时古文经学界的权威。贾逵向章帝讲授古文经学，条理清晰，深受章帝赏识。贾逵趁机进言，请求恢复《左氏春秋》的学官建制。建初四年，章帝在主持白虎观经学会议时，邀请贾逵参会，并在会上提出复立《左氏春秋》博士的动议，但是遭到以李育为首的今文经学家的一致反对。迫于压力，章帝并未恢复《左氏春秋》的官学地位，却下诏允许贾逵在太学生中择取二十人学习《左氏春秋》，这些学生学成后，章帝将他们提拔为朝廷官员，这实际是利用皇权变相推广古文经学。古文经学在章帝时期虽然未能恢复正统地位，但已经得到了官方的认可，更有利于传播和发展。

王莽执政时期，古文经学和谶纬学说是进行制度改革和改朝换代的两件法宝。刘秀对古文经学总体持否定态度，但对谶纬学说却深信不疑，其狂热程度丝毫不逊色于王莽。刘秀在进行称帝、封禅等重大决策时，都要寻找谶纬作为依据。刘秀称帝主要依靠儒生彊华进献的《赤伏符》。《赤伏符》中有一句“王梁主卫作玄武”，当时野王县（今河南省沁阳）令恰好叫王梁，而秦始皇曾把卫国遗族迁徙至野王县。刘秀认为王梁正应了谶语，任命他为大司空。这与王莽按照哀章伪造的谶语任命卖饼郎王盛为将军的做法毫无二致。建武元年，公孙述与刘秀同时称帝，公孙述是利用一种符谶《西狩获麟谶》作为称帝的依据。为了争夺天命，刘秀专门研究了《西狩获麟谶》，然后写了一长篇论文，批驳公孙述的看法，对《西狩获麟谶》作了全新的解读，要公孙述顺从真正天意，归附自己。刘秀对谶纬学说实在是用心，常常为研究谶纬而废寝忘食。刘秀还向大儒桓谭和郑兴讨教谶纬之学，二人表示“谶纬学说”不可取信，刘秀大为恼怒，从此不再重用两人。明帝、章帝完全继承了刘秀对谶纬的态度，明帝根据纬书《尚书璇玑钤》更改了乐官和郊庙之乐的名称，还命令东平王刘苍校订五经章句，使经义与图谶相符。明帝还做了一项工作，就是专断谶纬学说，使谶纬的使用和解释专为皇家服务，对于造作图谶的诸侯王予以严厉打击。章帝则重用谶纬大师樊修，命令其依照图谶改定郊祀礼仪和五经异说，在白虎观经学会议上也有关于图谶的专门讨论。

正是在皇帝的提倡下，东汉时期谶纬学说极为兴盛，当时的儒生大多兼习谶纬之术，太学中关于谶纬的讲授课程也非常热门，出现了儒生“争学图纬”的景象。一大批谶纬著作随之诞生，目前所知的谶纬类书籍基本都出现在东汉时期。而经学和谶纬学说的共同繁荣，则促使经学与谶纬学说合流。例如许多儒生利用图谶来解释经义，还有儒生把研习五经的方法用于研究纬书，这些都加速了经学谶纬化的进程。由于谶纬学说在皇室有着很深影响，谶纬学说还成为经学各派争夺政治、学术资源的工具。贾逵为了提高古文经学的地位，上书章帝，指出《左氏春秋》的很多记载可以与图谶相印证，章帝因此对《左氏春秋》极为看重，差一点就把其列为官学。

在刘秀、明帝、章帝等人的直接干预下，东汉初年的儒学发展呈现出新的趋势。其特征是古文经学与今文经学、经学与谶纬学说逐渐合流。经学不同派别之间的差距逐渐淡化，各家对经义的解释趋于统一。而这种渐趋统一之解经理念的形成，则是不断通过皇权干预得到确立，并在白虎观经学会议上达到极致。经过皇权的干预和改造，儒学无法像西汉末年那样凌驾于政治之上，而是转变为维护汉朝法统和皇权的工具，这正是东汉初年皇帝们改造儒学，给儒学重新定位的主要目的。

第三节　中原王朝威望的重建

明帝、章帝、和帝在位的近五十年里，皇帝基本牢牢控制着国家权力，国内政局稳定，社会矛盾缓和，百姓安居乐业，是东汉时代最为兴盛的时期。伴随着国家实力的恢复和增长，东汉王朝尝试改变与周边民族政权的关系。这种努力的最终目的，是恢复西汉时代以中原王朝为核心的政治秩序。

在周边民族政权中，对东汉王朝威胁最大的是匈奴。从王莽天凤年间开始，中原陷入长期战乱，给匈奴的发展创造了有利条件。匈奴趁中原王朝无暇北顾之机兼并了北方草原的游牧部落，还重新掌控了西域，并扶植中原北疆的割据势力，使其成为阻碍中原王朝北征匈奴的屏障。匈奴各部首领还经常入塞抢夺，给中原北疆的经济带来严重破坏。

建武三年，刘秀开始了统一天下的军事进程，在讨伐北方割据政权的过程中，始终避免与匈奴发生直接的军事冲突，这是因为他深知自己还不具备与匈奴直接对抗的实力。建武十三年，刘秀基本完成全国统一，剿灭了匈奴扶持的卢芳割据势力。单于见扶持傀儡政权的目的落空，直接领兵入塞抢夺，一度攻打到河东郡。刘秀无力防守，遂于建武十五年放弃北方的雁门、代、上谷三郡，将吏民内迁，退守恒山一线，又于建武二十年放弃了云中、五原、朔方、定襄、北地五郡，退守战国长城故塞。但刘秀的退却策略并未换得匈奴的退兵，匈奴反而变本加厉地入侵内地。建武二十年，匈奴攻入关中和上党郡、天水郡，一年后又攻入中山郡，杀掠百姓、抢夺财产，对此东汉朝廷完全处于被动挨打的境地。

就在匈奴全面压制中原王朝的时候，匈奴内部发生动乱。建武二十二年（46），单于病逝，没有按照约定传位给前任单于之子比，而是传位给自己的儿子乌达鞮侯。比非常不满，私下与汉朝约定内附。建武二十四年，比私通汉朝的行为暴露，单于决定斩杀比。比闻讯后，率部入五原塞，归附汉廷。刘秀按照西汉旧制，立比为呼韩邪单于，大加优待。匈奴由此再度分裂为南北两部。比在得到汉朝支持后，于次年发兵攻打北匈奴，取得决定性胜利。北匈奴逃奔漠北，原来归附北匈奴的部族转而依附南匈奴。为了感谢汉朝，比把自己的儿子送到洛阳做人质，还把匈奴控制的八个边郡故地归还给汉朝，汉朝则派置度辽将军监护南匈奴，进一步巩固了匈奴对汉朝的臣属关系。

北单于不甘失败，一边派使者要求与汉朝和亲，一边暗地分化南匈奴首领，鼓动他们背叛汉朝。永平八年（65），北匈奴与塞内部分南匈奴首领里应外合，攻打西河郡，造成极为严重的破坏。此后北匈奴又不断袭扰云中、朔方和河西诸郡，使汉朝北疆的军事压力陡增。最后明帝痛下决心，出兵讨伐北匈奴。永平十七年（74），明帝命耿秉、窦固等人，连同南单于，兵分四路出击北匈奴，北单于远遁。章和元年（87），草原东部的鲜卑兴起，大败北匈奴，斩杀北单于，迫使二十万匈奴归降汉朝。次年，南单于上书汉廷，建议趁北匈奴势微，将其一举剿灭。这时章帝刚刚去世，新即位的和帝年幼，由外戚窦宪辅政。窦宪想借征讨匈奴树立自己的威信，采纳了南单于的建议，大举发兵，北匈奴部众或降或逃，自此北匈奴无法在漠北立足，只能西迁至中亚。而漠北则被新兴起的鲜卑占据，日后鲜卑逐渐取代匈奴成为中原王朝的北部边患。

早在王莽时期的天凤三年（16），中原王朝在西域的统治已呈崩溃之势，此后匈奴趁机西进，西域北部诸国纷纷归附。地处西域南部的莎车国，国王延曾在元帝时入质长安，对汉朝文化非常仰慕，收留了原来西域都护的将士和家属，拒绝投降匈奴。莎车联合了西域南部的其他国家共同抵抗匈奴，使匈奴一直无法控制西域南线。建武十三年（37），刘秀基本完成了中原的统一，时任莎车国王的贤获知消息，派遣使者前往洛阳朝贡，请求东汉王朝重新派驻西域都护。而刘秀认为中原刚刚平定，朝廷还不具备掌控西域的实力，决定不向西域派驻官员。建武十八年，刘秀任命贤为西域都护，实际是让莎车国作为汉朝势力在西域的代理。对于刘秀的做法，敦煌太守裴遵持有异议，他认为委任西域国家君主为西域都护，无疑是在宣示汉朝将放弃对西域的直接管理，会使西域各国人心动摇。刘秀得到裴遵的上书，下令收回已颁发给贤的“西域都护”印绶，改授“汉大将军”一职。这令贤非常不满，与东汉断绝关系，走上军事称霸西域的道路。面对莎车国的军事扩张，西域各国纷纷向东汉求救，但是一再遭到刘秀的回绝。西域各国见寻求汉朝支援无望，转投匈奴，匈奴借机插手西域事务，联合西域各国讨伐莎车，最终于永平四年（61）将莎车国攻灭，斩杀贤，从而确立了匈奴在西域的统治地位。

永平十七年（74），明帝命耿秉、窦固等人征讨北匈奴，取得决定性胜利。窦固率军乘胜进占西域北部交通重镇车师，重新设置了西域都护和戊己校尉，此时距离西汉西域都护、戊己校尉的撤销已经过去了六十年。汉朝控制了车师，等于切断了匈奴通往西域各国的交通路线，明帝认为恢复汉朝威望的时机已经成熟，决定派出使团诏谕西域各国。而在这次出使活动中，一位优秀的外交人才涌现出来，这就是班超。

班超是东汉著名史学家班固的弟弟，班家以精通儒学而享誉朝廷，班超从小熟读经典，长大后受到班固的推荐，做了兰台令史，掌管皇室藏书。据说班超小时候非常仰慕西汉的张骞，一次在官署抄书，突然丢下笔，感叹大丈夫当如同张骞一样建功立业，而不应当在书堆中终老一生。这就是典故“投笔从戎”的由来。永平十七年（74），班超跟随窦固出征匈奴，立有战功，深得主帅窦固赏识。窦固得知明帝正在筹备出使西域的使团，就把班超推荐给明帝。明帝任命班超为司马，即使团中的最高武职官员，其地位仅次于主使。

班超等人出玉门关后，第一站是鄯善国。班超几乎与匈奴使团同时抵达，鄯善国王对于投靠哪一方犹豫不定。班超得知情况，率领全团三十余人，将一百余人的匈奴使团消灭。鄯善国王闻讯大惊，立刻表示臣服，还派质子入侍，汉朝由此控制了西域东部地区。班超出使鄯善的表现令明帝大为赞赏，命他再次出使西域。班超果然不负众望，使于阗、莎车、疏勒归附汉朝，汉朝由此控制了西域南线。

永平十八年（75），明帝去世，西域亲匈奴的焉耆、龟兹、姑墨等国反叛，杀死了西域都护陈睦，北匈奴也出兵车师，将戊己校尉耿恭围困。新即位的章帝不想在西域消耗国力，下令撤销西域都护，同时撤回了戊己校尉和在伊吾屯田的士兵，还让班超撤回国内。班超接到命令率部东撤，得知消息的各国君长痛哭挽留。班超深知，自己一旦撤离，之前的种种努力将付之东流，于是毅然决定留下来，维护东汉的威信。这时的西域各国人心惶惶，班超首先率领各国军队攻打叛汉的姑墨国，将其降服，这才使西域南线各国安定下来。建初五年（80），应班超的一再请求，章帝招募刑徒和志愿兵一千余人支援班超。汉朝援军的到来，极大地鼓舞了各国士气。元和元年（84），假司马和恭又率领八百士兵支援班超。章和元年（87），班超集合汉朝援军和各国军队，将已叛汉的莎车国击破。永元二年（90），又将拓展势力的月氏击败，稳定了东汉王朝在西域南部的统治地位。章和二年，外戚窦宪率大军出击北匈奴，大获全胜。永元三年（91），窦宪又发兵将迁徙到阿尔泰山的北匈奴击溃，迫使其西迁至中亚，西域反汉诸国失去了军事后援，纷纷归附汉朝。永元六年（94），班超联合西域各国将焉耆国攻破，自此西域各国全部归附汉朝，东汉恢复了在西域的统治地位。永元九年（97），班

胡人牵马铜俑（东汉，湖南衡阳市道子坪一号墓出土）。此为当时胡人的形象和装束。

超派遣使者出使西亚，向各国宣谕汉朝国威，使者甘英一直抵达地中海东岸，开创了中西交通的新纪录。永元十四年（102），年逾七旬的班超回到洛阳，他将三十年的时光献给了西域，在他的不懈努力下，西域终于重新纳入中原王朝的势力范围。

两汉之际，游牧于青海湖周围的羌人逐渐发展壮大，不断侵扰边塞。建武十一年（35），消灭陇西隗嚣割据势力后，马援率军进入羌地，降服羌人部落。为了加强对羌人的控制，马援把颇具实力的羌部内迁陇西、关中。马援的迁羌政策被后人继承。明帝、和帝都曾把叛乱的羌部迁徙到陇西、关中，自此羌人散处于关西地区。由于汉朝官吏对内迁羌人采取压迫政策，使得羌、汉矛盾不断激化，这也为东汉末年的羌乱埋下了伏笔。

东汉初年，东北边疆主要分布着游牧部落乌桓和一系列秽貊人建立的农耕渔猎政权，如高句丽、夫余、挹娄等等。东汉刚建立时，乌桓常常跟随匈奴入塞劫掠，刘秀曾命马援武力征讨乌桓，但收效甚微。建武二十二年（46），匈奴内乱，乌桓有转投汉朝之心。时任辽东太守的祭肜采取怀柔政策，成功招抚乌桓归附，高句丽、夫余、挹娄也相继归附。东汉王朝遵照西汉旧制，封高句丽、夫余、挹娄等国君主为王，在上谷郡设置乌桓校尉，监护乌桓各部。明、章、和三世，东北局势基本处于稳定状态。东北国际秩序的恢复，使得东汉王朝声名远播，地处日本列岛的部落也遣使朝贡。建武中元二年（57），倭奴国王遣使洛阳，刘秀向其颁赐印绶，这是日本列岛诸国首次朝贡中原王朝的记录。

汉代，在今天云南省西部地区分布着哀牢夷，与汉朝直属的越巂、益州两郡相邻。建武二十七年（51），哀牢夷人中的一支与越巂太守联系，愿意内附。刘秀划益州郡西部六县与内附的哀牢部落组成益州西部属国，任命郑纯为属国都尉。郑纯为政清廉，对夷人首领诚心相待，声名远播，不断有哀牢夷要求内附。永平十二年（69），哀牢王柳率属下七十余个部落五十五万人内附，明帝在益州西部属国的基础上设置永昌郡。永昌郡的设置，使东汉的西界一下拓展至高黎贡山，奠定了日后中原王朝的西南疆域格局。

在努力恢复周边民族政权臣属关系的同时，东汉王朝也强化了对境内各民族的控制。建武十六年（40），交趾郡雒族女首领征侧、征贰反叛，引发中南半岛九真、日南、合浦等郡的局势动荡。刘秀于建武十八年（42）命马援率军平叛，历时两年，将叛乱镇压下去，稳定了东汉王朝西南边陲的社会秩序。在今天的湘、渝、黔交界地区，东汉时期生活着诸多蛮部，其中以武陵蛮势力最大，于东汉初年占据武陵郡。刘秀多次派兵征剿皆无功而返，一代名将马援也病死于征剿武陵蛮的前线。此后刘秀改军事征讨为招抚，经过利诱分化，武陵蛮逐渐归附，此后双方基本处于相安无事的状态。

明帝至和帝时期，东汉王朝与周边政权臣属关系的确立是中原王朝实力恢复在对外关系上的体现。在西汉时期，周边民族政权要借助中原王朝的支持，来稳固自身在边疆的统治，特别是防止其他民族政权的攻伐，这便形成了一种以中原王朝为核心的国际关系秩序。新莽时期这种秩序崩溃了，各民族政权并未因此获得好处，反而陷入相互攻伐、争夺地区霸权的斗争中，这以西域局势的变化最为明显。到了东汉初年，各民族政权实际上都希望恢复西汉时期的国际秩序，结束动荡的局面。因此，我们不能把东汉初年中原王朝与周边政权臣属关系的建立看成是中原王朝对外军事扩张的结果，事实上这是各民族政权与中原王朝共同重建国际秩序的成果。到了和帝时期，随着北匈奴的西迁，东亚国际关系趋于稳定，各民族政权与中原王朝之间，各民族政权之间基本结成稳定的关系，这更有利于各方的经济、文化交流。但这种秩序并未维持太久，随着和帝的去世，东汉王朝的兴盛时代宣告结束，边疆地区再度陷入危机。

第十三章　东汉的衰落

第一节　外戚、宦官专权

和帝以后，新皇帝即位时都是未成年的孩童，没有能力掌控国家，只能由外戚代理国政，由此形成外戚操纵皇帝、独断朝纲的局面。而当皇帝成年，试图从外戚手中收夺权力，往往要依仗宦官。宦官的政治影响力由此大大提升，发展成为重要的政治力量。到了东汉末期，宦官与外戚相互抗衡，呈现出宦官、外戚交替专断朝政的现象。双方甚至多次发动宫廷政变，以暴力手段打击对方。皇权的旁落与外戚、宦官的交替专权，成为东汉中后期朝廷政治的主线。在宫廷斗争的消耗下，皇权对国家的控制能力逐渐削弱，最终导致边疆和地方秩序的瓦解，东汉王朝由此走向没落。

元兴元年（105），和帝突然去世，年仅二十七岁。和帝有两子，长子刘胜、少子刘隆。和帝去世时，并未选定继承人，未来帝位的归属便取决于皇后邓氏。刘胜、刘隆皆非邓氏所生，邓氏最后选定出生仅百余日的刘隆为帝。尚是婴儿的刘隆无法执政，大权便直接操控在邓氏手中。邓太后任命兄长邓骘为车骑将军，其余兄弟也身居要职，邓氏一门牢牢地掌控朝政。

仅仅几个月，刘隆夭折。邓太后早已选定十三岁的清河王子刘祜为帝位继承人。刘隆一死，邓太后立刻召刘祜入宫即位，是为安帝。车骑将军邓骘领兵护卫宫廷，确保权力平稳交接。邓氏还效仿王莽对待平帝母族的做法，不许安帝的母亲耿氏留居洛阳，让耿氏一族留在清河国，这样就把外戚耿氏排除出权力核心。

后来邓太后效仿吕后临朝称制，视安帝为傀儡。朝臣担心外戚乱政的历史重演，多次上书请求安帝亲政。邓太后则对上书的官员予以严惩。永初六年（112），刘祜已经成年，理应亲政。而邓太后称制如故，满朝文武丝毫没有办法。

对于邓氏的专权，安帝心怀不满。他的计划是效仿和帝，通过联合宦官来积蓄政治势力。永宁二年（121），邓太后去世，安帝亲政，立刻让宦官江京、李闰接管军权，还授意大臣检举邓氏的罪行。邓氏族人纷纷入狱，或死或流放。车骑将军邓骘被解职，勒令就国，随后又被改封到长沙郡。邓骘知道难逃一死，与儿子邓凤绝食而亡。邓氏外戚势力被彻底铲除。

安帝亲政后，开始重用母族耿氏和后族阎氏，耿氏、阎氏权势上升，帝舅耿宝、皇后兄弟阎显成为新的外戚权臣。不过，安帝在外戚专权下生活了十五年，对外戚势力有所防备。安帝的措施是提高宦官的政治地位，给予宦官更多实权，使宦官与外戚相互制衡。安帝分封江京、李闰为列侯，首开宦官封侯的制度，宦官得到了列侯爵位，政治地位大大提升。安帝还将宫廷中的部分职权交给宦官，宦官不再是服侍皇帝的奴仆，而拥有了领兵、起草诏书等权力，这为日后宦官专权埋下了伏笔。前人多抨击东汉末年宦官专权所引发的的政治腐败，却忽视宦官集团的崛起正是安帝刻意为之的制度设计。其目的是制约外戚，使外戚势力威胁帝位的局面不再重现。

延光四年（125），亲政仅五年的安帝突然病逝于出巡途中。安帝生前也没有选立皇嗣，但因为皇子只有刘保一人，似乎帝位人选并无悬念。但是阎皇后觉得刘保并非亲生，立为皇帝将无法保护阎氏的地位。经过密谋，阎皇后与阎显秘不发丧，假称皇帝病重，迅速返回洛阳，然后选定济北王子刘懿为帝位继承人，是为少帝。刘懿是一个几岁的小孩，懵懵懂懂地当上了皇帝，成为外戚阎氏的傀儡。待政局稳定后，阎氏立刻对外戚耿氏和宦官动手，耿宝被迫自杀，受到安帝宠信的宦官也被流放，江京、李闰则选择与阎氏合作，以保住自己的地位。

少帝即位后的政局发展，似乎预示阎氏将如同邓氏一样专断朝政，然而安帝设计的制衡机制开始发挥作用了。少帝即位以来，重病缠身，大家都知道帝位很快又要发生变化。对于皇子刘保，朝臣皆怀有同情，希望刘保能够继承帝位。宦官孙程看准时机，私下与刘保一方的官员沟通。在得到少帝病逝的消息后，孙程联合宫中掌握实权的十七个宦官一同发动宫廷政变，武装占据宫廷，召刘保入宫即位。阎皇后和阎显在获知政变的消息后，试图发动大臣反扑，但大臣们皆心向刘保，最后倒戈。阎显等人被捕，死于狱中，阎皇后则被幽禁，阎氏族人皆被流放。看似权势遮天的阎氏外戚，竟然在宦官打击下土崩瓦解，安帝利用宦官制衡外戚的机制收到了成效。

顺帝刘保即位后，将参与政变的十八个宦官全部分封为列侯，还允许宦官收养子继承侯位，首开宦官养子继承侯位的先河，甚至效仿汉高祖“白马之盟”，与孙程等人订立盟誓，承诺他们世代享受特权。宦官地位进一步上升，并且获得更多实权，影响力甚至延展至外朝，可以干预中央和地方的官员任免，一时逐末好利之徒纷纷勾结宦官，以谋得高官厚禄。

顺帝刚即位时，年仅十一岁，由于生母李氏早年被阎皇后杀害，所以没有母族外戚可以任用，朝廷大权控制在宦官手中。阳嘉元年（132），已经十七岁的顺帝选立梁氏为皇后，梁氏的父亲梁商按照旧制出任大将军，成为新的外戚势力。梁商吸取了邓氏、阎氏败亡的教训，身居要位后，并没有争权夺利，而是摆出恭谨的姿态，一面与宦官结交，维护与宦官集团的良好关系；一面与外朝士人结交，博取士人的支持。在梁商担任大将军的九年里，梁氏与宦官、士人关系较为融洽，朝廷政治出现难得的平和局面。然而这样的局面没有维持太久，永和六年（141），梁商病逝，其子梁冀袭位。梁冀是一个野心家，作风骄横恣暴。在成为大将军后，梁冀开始收夺权力，强化外戚势力在朝廷政治的主导地位。建康元年（144），年仅三十岁的顺帝病逝，梁皇后掌握着选立帝位继承人的权力，这是梁氏实现专断朝政的绝佳机会。经过密谋，梁氏选年仅二岁的刘炳为帝，梁冀则顺理成章地把持了朝廷大权。冲帝刘炳在位不到一年就病逝了，梁冀与梁皇后再度谋划，立八岁的勃海王子刘缵为帝，是为质帝。

质帝虽然年幼，但十分聪慧，对梁冀专权十分不满，曾经私下对人说梁冀是“跋扈将军”。梁冀闻讯，知道质帝成年后难以驾驭，命人把质帝毒死，首开东汉权臣弑君的先例。质帝死后，朝臣强烈要求选立成年的清河王刘蒜为帝，但梁冀和宦官们都希望选立未成年的小孩。最后梁氏与宦官达成协议，选立十五岁的蠡吾侯刘志为帝，是为桓帝，朝臣大失所望。

当上皇帝的刘志对梁冀感激涕零，即位后立刻加封梁氏，梁冀的兄弟全部封为列侯，梁冀的妹妹也被立为皇后。桓帝把所有政务都交给梁冀处理，梁冀独揽大权，对异己实施打击报复，当初反对梁冀的士人都受到清算，士人领袖李固、杜乔被处死，清河王刘蒜也被迫自杀。和平元年（150），梁太后去世，梁冀失去了约束，更加不可一世。梁冀利用手中的权势，抢占富户豪强的家产，掠夺平民为奴婢，还把国库视为己有，随意取用，用搜刮来的财富修建奢华的宅院，规模可与皇宫媲美。对于梁冀的作为，桓帝不但不予过问，还不断对梁冀加官进爵。梁氏一族的权势在东汉外戚集团中达到了顶峰。

梁冀根本没把桓帝放在眼里，视其如玩偶，随意摆布。其实桓帝内心对梁冀十分痛恨。延熹二年（159），梁皇后病逝，梁冀失去操控宫廷的权柄。桓帝认为时机成熟，召集掌握宫廷权力的五个宦官密谋，于当年八月发动宫廷政变。宦官具瑗领兵将梁冀府邸包围，逼迫梁冀自杀。梁氏一族被桓帝全部诛灭，外戚梁氏专权的时代宣告结束。

外戚势力的倒台，使朝廷大权重新回到宦官手中。与桓帝结盟的五个宦官，同日受封为列侯，世谓“五侯”。宦官单超甚至被桓帝任命为车骑将军。东汉的车骑将军等同于西汉的大司马、大将军，是专授予辅政外戚的权职。现在宦官出任此职，可见桓帝对宦官集团的倚重。单超死后，其余四侯更加跋扈，较梁冀有过之而无不及。百姓分别称宦官左悺为“左回天”（意为势可回天），称具瑗为“具独坐”（意为骄贵独尊），称徐璜为“徐卧虎”（意为恶猛如虎），称唐衡为“唐两堕”（意为恣意欲为）。四侯不仅独霸朝政，还在家乡置产购地，提拔亲属为地方高官，四大家族都发展成地方一霸。

桓帝把朝权委任给宦官，自己醉心于贪图享乐。桓帝十分好色，在梁氏当权时，迫于梁太后、梁皇后和梁冀的压力，不敢放纵。铲除梁氏后，桓帝先后采进宫女五六千人，以供淫乐。皇后更是如同走马灯一样轮换，先是立邓氏为皇后，后又改立窦氏，再后来又想立田氏为皇后，但还未及实施就因纵欲过度而病逝，享年三十六岁。

桓帝没有子嗣，侥幸成为皇太后的窦氏在与父亲窦武商量后，选立十二岁的

力士图画像石（东汉，徐州市铜山县洪楼东汉画像石墓出土）。画面上刻有七个力士，表现了汉代人的尚武精神。

解渎亭侯刘宏为皇帝，是为汉灵帝。这个孩皇帝的登基，可以使外戚和宦官继续专权，双方都乐于接受。但是新皇帝的即位，同样为窦氏的崛起提供了条件，这也让宦官集团极为警惕。果然，窦武成为车骑将军后，开始与士人集团结交。士人集团对宦官专断朝政早已心存不满，希望借助外戚势力将宦官集团铲除。建宁元年（168），窦武联合士人上书窦太后，请求诛杀宦官，窦太后犹豫不决。得到风声的宦官抢先下手，再度发动宫廷政变，劫持了窦太后和灵帝，随后发兵围捕窦氏。窦武被迫自杀，窦太后被幽禁，士人集团也受到严酷打击，引发第二次党锢之禁。建宁元年的宫廷政变，使新兴的外戚势力被剿灭，宦官集团得以继续把持朝政。

建宁元年以后，年幼的灵帝被宦官曹节、王甫牢牢把持。宦官集团的权势进一步提升，连诸侯王也畏惧宦官的权势。勃海王刘悝因为拒绝王甫索贿，被逼迫自杀，勃海国官员被投入监狱。曹节的弟弟手控军权，强抢属下之妻也无人敢过问。那些批评宦官专权的官员，无一例外遭到残酷迫害，满朝官员都慑服于宦官的淫威。

元和年间，王甫、曹节先后去世，皇帝又被宦官张让、赵忠把持。灵帝甚至说：“张（让）常侍是我公，赵（忠）常侍是我母。”在宦官调教下成长的灵帝，对政务毫无兴趣，完全痴迷于敛财和淫乐。灵帝创立了各种名目的税收，甚至还公开卖官，各种级别的官职都可买卖。有一个叫崔烈的人，出资五百万买到司徒之官，在拜见灵帝时，灵帝竟然说：“早知道这个官位那么值钱，我应该卖一千万。”这时东汉王朝的衰落已成定局，而宦官们仍然对专权乐此不疲，面对士人集团的猛烈抨击，宦官唆使皇帝建立鸿都门学，与太学相对抗。鸿都门学专门招收游乐之徒，然后授予官职，朝政被宦官们搞得乌烟瘴气。

中平六年（189），年仅三十四岁的灵帝病逝。他在位的二十一年里，朝廷政治被宦官牢牢把持，宦官与士人的矛盾进一步激化。地方义军四起，边境民族内侵，东汉王朝对地方和周边民族政权的控制力大大削弱，灭亡已成定局。然而外戚和宦官们仍然不肯放弃对宫廷权力的争夺。灵帝死后，外戚与宦官再度展开激烈的斗争，此时影响天下局势发展的力量已非朝廷，而是拥兵自重的地方军阀。随着地方军阀向洛阳的挺进，外戚和宦官如同尘土一样灰飞烟灭，只剩下孤立无援的小皇帝来面对残局。

第二节　士人集团的形成与党锢之禁

东汉时期的官员选任主要有三个途径。一是地方官员选拔人才送往朝廷任用（察举），二是朝廷官署征调地方上的人才（征辟），三是在国家最高学府太学策试人才任官（考试）。而衡量人才的标准主要是两条：道德品行（孝廉）和儒学修养（明经）。所以东汉时期的士人都非常重视这两方面，期望通过累积声名引起朝廷和地方官员的注意，从而走上仕宦之路。明帝、章帝、和帝时代，皇帝重视吏治，那些品行卓著、精通经义的士人被选任为官员的途径较为畅通，但是从安帝开始，外戚、宦官轮流专权，正常的仕宦之途已被堵塞。权贵们不断提拔亲信为官，这些亲信大多是趋炎附势、不学无术的小人，之所以能够在仕途上飞黄腾达，主要是依靠与权贵的私人关系，甚至是通过行贿的方式谋取官位。这些人充斥于朝廷，阻塞了士人的进阶之路。面对外戚、宦官独断官员任免的做法，士人们自发团结起来，共同抵制，以维护自身的利益。久而久之，士人们结成与权贵阶层相对抗的政治集团。外戚、宦官掌控的宫廷与士人占据的外朝之间的政治对立，形成了东汉末年国家政治的特点。

和帝去世以后，邓太后操纵皇帝的选立，以维持外戚邓氏的特权，其做法引起朝臣的不满。司空周章想效仿西汉时代的周勃，通过发动宫廷政变铲除邓氏，迎立皇长子刘胜为帝，但计划暴露，周章被迫自杀。周章反对外戚专权的做法赢得士人们的普遍同情。此后又有很多朝臣不顾安危上书，请求安帝亲政。安帝初年，朝臣们反对邓氏专权的行为大多出于自发，还没有出现结盟的局面，但却是后来士人集团崛起的先声。

永宁二年（121），安帝与宦官联合发动宫廷政变，铲除邓氏，继之而起的却是宦官专权。宦官们公然索贿，把行贿之人和亲信提拔为官员，这种做法损害了士人的利益，招致士人的强烈反对。朝臣杨震成为士人阶层抵制宦官专权的代表。杨震是关西望族，精通儒学经义，诸儒誉之为“关西孔子”，后被大将军邓骘征召为官。杨震为人清廉公正，从来不收受贿赂。在出任太常时，将不称职的博士罢黜，提拔有才学的人，受到儒士们的称赞。安帝亲政时，杨震位至三公，宦官们常常授意杨震征召自己的亲信为官，均遭到拒绝。杨震还多次上书，力陈宦官专权之弊，请求限制宦官。杨震的做法，维护了士人的利益，士人把以杨震为代表的官吏称为“清流”，而把依附宦官的官员称为“浊流”。这种官场上的清浊之分，表明士人自发地与权贵阶层划清界限，是士人集团出现的征兆。

顺帝在位期间，宦官权势极盛。宦官们直接干预中央、地方官员的任免，令士人非常厌恶。身为处士的李固直接上书顺帝，要求杜绝宦官参与官员任免。李固表达了士人的心声，其大胆直言的做法也深受士人赏识。顺帝见李固声名鹊起，征召他入宫为议郎。宦官们对李固恨之入骨，对其谣言中伤，外戚梁商为了对抗宦官集团而有意拉拢士人，出面营救李固，才使其免于牢狱之灾。顺帝在位末年，李固官至大司农，当时顺帝派出八位使者巡查天下州郡，选取地方人才。使者们为了讨好宦官，举荐宦官亲属为官，当即遭到李固强烈反对。顺帝迫于压力只能把使者推举的人全部废免，同时下令各州刺史清查不称职的官吏。李固又一次捍卫了士人的权益，成为士人阶层的精神领袖。

本初元年（146），大将军梁冀毒死质帝，打算立十五岁的蠡吾侯刘志为帝。李固坚决反对，主张立清河王刘蒜为帝。梁冀强行把刘志推上帝位，随后开始对士人进行打击报复。建和元年（147），清河官民拥立刘蒜为帝的密谋败露，梁冀借机大搞冤狱，将李固投入监狱。消息传出，数十位地方士人赴京请愿，梁太后见状只能宣布赦免李固。当赦免的消息传出后，洛阳吏民奔走相告。但梁冀却不顾满朝官员的反对，将李固全家诛灭。梁冀残酷的做法尽失人心。民间有谚语曰：“直如弦，死道边；曲如钩，反封侯。”延熹二年（159），桓帝联合宦官发动政变，梁冀被迫自杀，死讯传出，洛阳官民走上街头，相互庆贺。在梁冀与李固的对抗中，出现了地方士人与朝廷士人联合的趋势，另外还有朝臣杜乔、张纲等士人与李固共同抵制梁氏专权。这些现象表明，

制车轮画像石（东汉，山东嘉祥县洪山采集）。这是东汉手工业生产的真实写照。

一个影响遍及全国的士人集团已经形成。

顺帝、桓帝时期，太学是士人集团的重要阵营。当时太学有学生三千余人，都是选拔自全国各地的优秀士人。外戚、宦官垄断官员任免，阻断了太学生的仕途，因而太学生反抗权贵的情绪最为高涨。他们时刻关注着朝廷政治，拥戴那些维护士人权益的官员。而朝臣也注意到太学生的力量，他们往往利用在太学讲学的机会，向太学生宣传政治主张，发动太学生参与对抗权贵的政治斗争。永兴元年（153），朱穆出任冀州刺史，冀州籍的宦官们私下联系朱穆，请求照顾自己的亲属。朱穆赴任后，立刻清查宦官亲属，迫使四十余人解印逃脱。朱穆还严厉打击宦官家族为恶地方的行为。宦官决心反击，他们网织种种罪名诬告朱穆，最终使朱穆入狱。太学生一直把朱穆看作对抗宦官专权的榜样，获知朱穆入狱的消息，刘陶率数千太学生亲赴宫门请愿，请求释放朱穆。桓帝见到如此声势浩大的“学潮”，深感震动，不得不下令释放朱穆。太学生的政治诉求得到满足，这种以太学生为主体的集体抗议行动收到了成效。

延熹五年（162），洛阳爆发了第二次太学生请愿活动，这次活动是为了营救官员皇甫规。皇甫规出身名门，为人刚直不阿，早年因指斥梁冀专权而颇有声名。延熹五年，皇甫规平定羌乱有功，理应封侯，但是因为拒绝向宦官行贿，不但没有封侯，反被投入监狱。消息传出后，太学生张凤又联合同学三百余人前往宫门请愿，再度迫使朝廷让步，释放了皇甫规，太学生实现了自身的政治诉求。

太学生两次集体请愿活动的成功，使士人们意识到太学生已经成为一支影响政局发展的重要力量，加速了士人官员和太学生的合流。太学生们根据道德评判标准，选取士人官员的杰出代表作为精神领袖。敢于对抗宦官的李膺（字元礼）、范滂、郭泰、陈蕃（字仲举）、王畅（字叔茂）等人被推举为精神领袖。凡是被李膺接见的士人立刻身价倍增，被誉为“登龙门”。范滂在返回汝南郡老家时，地方士人前往迎接拜会的车子达数千辆。太学生们相互流传“天下楷模李元礼、不畏强权陈仲举、天下俊秀王叔茂”的评语，而批评宦官主导的官员选拔是“举秀才，不知书；察孝廉，父别居；寒素清白浊如泥，高第良将怯如鸡。”在强大的舆论攻势下，宦官们不得不收敛行为。

面对士人集团的崛起，宦官决心效仿梁冀，对士人阶层的精神领袖下手，打击士人集团的士气。延熹九年（166），宦官指使人诬告李膺结党营私、诽谤朝廷。对于此前的两次“学潮”，桓帝也心存不安，得到举报，立刻下令逮捕党人。李膺等名士悉数入狱，此后牵涉入狱的人数不断增加，朝廷和地方遭逮捕者达到数千人。很多人借逮捕党人来打击政敌，一些宦官子弟也牵连入狱。见到事态扩大，宦官请求桓帝停止打击行动。永康元年，桓帝下诏赦免党人，但党人终身不得为官，这就是著名的“党锢之祸”。

出乎宦官意料的是，“党锢之祸”并没有打击士人集团的士气，反而使李膺等人赢得了更高的声誉。凡是被朝廷列入禁锢名单的官员立刻转变为士人榜样，士人们择取三十五位名士，标榜以“三君”、“八俊”、“八顾”、“八及”、“八厨”的美名。这种品评名士的风气迅速扩散，山阳郡士人也择取当地二十四位名士，同样冠以“八俊”、“八顾”、“八及”之名，树立为地方士人榜样。党人虽然不能为官，却收获极高声誉，在政治上的影响力反而大大提升。

永康元年十二月，桓帝病逝，窦太后与父亲窦武立十二岁的刘宏为帝。窦武为了压制宦官，选择联合士人集团。窦武任命陈蕃为太傅，教导皇帝。陈蕃的重新起用，意味着党禁已被打破，李膺等人纷纷复出为官。宦官集团对窦武的举动十分警惕，时刻关注着局势的走向。建宁元年（168）九月，宦官集团获知窦武正在与陈蕃密谋铲除宦官的计划，随即发动宫廷政变，窦武、陈蕃相继遇害，窦太后也被囚禁，整个宫廷被宦官掌控。宦官随后向士人集团反扑，他们以皇帝的名义，颁布了极为残酷的法令，天下三十五名士和山阳二十四名士成为重点打击对象，李膺、范滂等人悉数遇害，党人亲属则被流放到边疆，先后有六七百位士人遇难。建宁四年，朝廷因改元而大赦天下，但明令党人不在赦免之列。熹平元年（172）五月，遭到幽禁的窦太后去世，有人在朱雀门书写抨击宦官的文字，随即引发宦官集团新一轮的残酷报复，作为士人集团重要阵营的太学遭到清洗，千余名反抗宦官的太学生惨遭杀害。熹平五年，永昌太守曹鸾上书，为党人伸冤，又引发宦官集团对士人集团的第三轮报复。这次的政治清洗已不仅局限于京城，宦官下诏要求州郡彻查党人的故吏、门生和亲属。这次行动使得党锢之禁的打击范围大大扩大，几乎所有士人都受到波及。经过连续三轮的残酷打击，士人集团遭受重创，无法在朝廷发挥政治影响。而中央到地方的官员任免完全由宦官们把持，宦官府宅前每天都聚集着来自全国的求官者。全国各地的官员基本都是贪财好利之徒，没有任何政治才干。中平元年（184），波及全国的黄巾起义爆发，面对起义军的凌厉攻势，那些只知道敛财的官员手足无措，这时灵帝才想到起用士人，但为时已晚。面对天下的动荡局面，士人阶层已经无法挽回东汉王朝灭亡的命运。

第三节　北疆统治秩序的崩溃

安帝以后，朝廷政治逐渐陷入混乱，年幼的皇帝不能亲政，外戚、宦官、士人集团相互倾轧、争权夺利，惨烈的政治斗争严重消耗了东汉王朝的国力。中央对地方的控制能力不断削弱，而处于中原王朝边疆地带的民族政权率先感受到中央王朝国力的下降，开始尝试突破原有的臣属关系。

各民族政权中，西域诸国距离中原最为遥远，对中原王朝国力的变化十分敏感。和帝时期，东汉王朝虽然恢复了在西域的统治地位，但很不稳固，稍有不慎，便会导致关系崩坏。永元十四年（102），朝廷批准年逾七旬的班超返回中原，由任尚接任西域都护职位。任尚在交接政务时，向班超请教管理西域的经验。班超告诫任尚，西域诸国各怀鬼胎，中原派遣的士兵大多是罪犯，在处理与诸国、与部下的关系时，千万不可过于严苛。任尚却对班超的告诫不以为然。

任尚在任期间，一改班超宽容的作风，代之以严峻的刑法，这令西域诸国非常反感。元兴元年（105），和帝去世，西域诸国随即反叛，将任尚围困于疏勒。大将军邓骘闻讯，命梁慬率河西四郡五千羌胡骑兵增援。西域各国听说汉朝援军将至，纷纷退兵。朝廷将行事不当的任尚撤换，由段禧接任西域都护。段禧上任后，认为西域都护驻扎的疏勒城过于狭小，想迁治龟兹城，于是采取诱骗的方式，迫使龟兹国王同意西域都护进驻。此举引发了龟兹贵族的不满，他们联合温宿、姑墨等国于永初元年（107）再度反叛，将段禧围困。朝廷得到消息，又命王弘率领陇西羌兵增援，未料羌兵中途反叛，致使中西交通断绝。朝廷见无力增援西域，下令撤销西域都护，把驻扎在西域的汉朝官吏、军队调回，中原王朝的势力暂时撤出了西域。

延光二年（123），西北羌乱平息，安帝也已亲政，开始筹备收复西域。安帝任命班超之子班勇为西域长史，从敦煌出发，宣谕西域诸国。自永初元年东汉势力撤出西域后，西域诸国纷纷投靠北匈奴，北匈奴派伊蠡王驻牧车师国，管理西域事务。班勇抵达西域后，首先说服鄯善、龟兹等国与汉朝联合攻打车师。永建元年（126），班勇又将驻牧于车师附近的匈奴呼衍王部击溃，将北匈奴势力逐出西域。次年，班勇将拒不归降的焉耆国击破，自此西域诸国重新归附东汉王朝。东汉王朝虽然重夺西域，但却没有恢复西域都护，而是改置西域长史。西域长史由敦煌太守节制，级别较低，表明朝廷对西域的重视程度有所降低。阳嘉年间（132 – 135）以后，不断有西域国家反叛，西域长史只能勉强维持局面。到了灵帝时期，中原大乱，中原王朝势力彻底撤出西域。

安帝以后，中原王朝之所以对西域的控制能力逐渐减弱，除了王朝内部政治混乱的因素，西北地区持续不断的羌乱也是重要原因，而东汉中后期的西北羌乱也严重破坏了东汉王朝的边疆统治秩序，加速了东汉的灭亡。

东汉初年，朝廷把反叛的羌人部落迁徙到陇西、关中安置，这些羌人部落成为地方政府压迫的对象。永初元年西域叛乱，朝廷征发陇西羌人赴西域平叛。羌人不愿背井离乡，再加上行军途中汉朝军官对羌人十分粗暴，最后导致羌兵的集体反叛。羌兵调转兵锋，杀回陇西，攻破沿途郡县，导致中西交通断绝。面对羌兵的内侵，大将军邓骘亲征，结果被羌人击败，羌人由此控制陇山以西大部分地区。永初二年（108），先零羌首领滇零在北地郡自称天子，建立政权，同时召集关中的羌部共同反汉。元初二年（115），东汉政府征调关东军队，同时联合南匈奴一同反扑，终于在元初五年平定羌乱，但东汉王朝却因此元气大伤。

永初年间的羌人反叛其实只是西北羌乱的前奏。永和五年（140），定居在金城郡境内的且冻、傅难两部再度起兵，他们联合塞外羌部一同攻破金城郡，随后长驱直入，翻过陇山进攻关中，焚烧了西汉帝陵，迫使东汉朝廷再次撤销北地、安定两郡。汉安元年（142），朝廷任命赵冲为护羌校尉，赵冲采取剿抚兼施的方法，对羌部瓦解分化，羌人部落陆续归降，最后在永嘉元年（145）平定叛乱。然而仅仅过了十余年，陇西羌人八部第三次联合反叛，接连攻陷河西、陇西郡县，此后不断有羌部加入，至延熹六年（163）基本占据陇山以西。东汉朝廷起用原护羌校尉段颎，整合西北军事力量，对反叛羌部强硬镇压。历经五年才基本平息了羌乱。

安帝永初年间到灵帝建宁年间羌人的三次大规模反叛，前后持续了五十余年，严重动摇了东汉王朝在西北地区的统治基础。陇西、关中地区经济萧条，县邑残破，尸骨遍野，很多郡县名存实亡，朝廷已经无力阻止羌、氐等民族在当地的发展。魏晋北朝时期，陇西地区大量少数民族政权的建立正是这种历史进程的结果。

南匈奴自从建武末年归附以来，与朝廷的关系较为融洽。然而随着永初年间羌乱的爆发，东汉王朝在西北的统治秩序严重动摇，南匈奴与汉廷的关系也发生了波动。永初三年，邓骘征羌失败，先零羌自立皇帝。南匈奴单于认为朝廷势力衰微，也起兵反叛，攻入西河郡，杀死监护匈奴的度辽将军王彪。出乎南单于意料的是，朝廷迅速组织军队围攻南匈奴，面对源源不断的汉军，南单于退兵谢罪，转而配合朝廷平叛羌乱。永和五年，西北地区爆发了第二次羌乱，南匈奴再度反叛，此次叛乱规模较大，南匈奴攻破了西河、上郡，迫使汉廷将两郡内迁。大将军梁商为了集中力量对付羌乱，对南匈奴采取优容政策，不仅不追究之前的反叛责任，还以重金诱惑南匈奴首领归附。南匈奴各部首领陆续归降，至汉安二年（143）叛乱基本平定。此后，鲜卑在塞外崛起，经常劫掠南匈奴各部。南匈奴选择与汉朝联合，共同抵御鲜卑。直到东汉灭亡，南匈奴一直与朝廷保持着良好的关系。

汉和帝时期北匈奴西迁以后，原来游牧于蒙古高原东部的鲜卑部落逐渐占据了整个蒙古高原，兼并了残留的北匈奴各部。但当时的鲜卑各部处于分裂状态，虽然对汉朝边疆时有袭扰，但还构不成严重的威胁。汉桓帝时期，檀石槐统一了鲜卑各部，建立了强大的军事联盟。檀石槐把鲜卑划分东、中、西三部，每部置大人，大人向檀石槐负责，檀石槐本人设王庭于雁门郡塞外。鲜卑的统一让东汉王朝感受到威胁，桓帝命张奂率军征讨鲜卑，结果被檀石槐击败。桓帝见军事征剿不成，转而提出和亲，又被檀石槐拒绝。灵帝初年，鲜卑连年袭扰汉朝边塞。熹平六年（177），朝廷动员汉、南匈奴联军三万，兵分三路征讨鲜卑，再次战败。此后汉朝处于被动防守的态势。光和四年（181）檀石槐病逝，其子和连无能，鲜卑各部纷纷独立，相互攻击，鲜卑对汉朝的军事压力大大减轻。

游牧于今辽西、内蒙古东部地区的乌桓在东汉初年恢复与中原王朝的臣属关系。此后，乌桓与南匈奴交往密切，常常与南匈奴联合行动。永初三年、永和五年南匈奴两次反叛，乌桓也共同起兵，而当南匈奴归附后，乌桓也退兵求和。灵帝时期，汉军屡败于鲜卑，在北部边疆采取守势。乌桓逐渐脱离汉朝，成为东北地区的割据势力，直到三国时期才被曹操征服。

总观东汉中后期的北部边疆局势，中原王朝的势力不断衰减，北方各族逐渐脱离中原王朝的控制。其中羌人对北疆局势影响尤大，几乎每次羌乱都会牵动西域各国以及南匈奴、乌桓与汉朝的关系变化。而北方的鲜卑则利用北匈奴西迁留下的势力真空，在蒙古高原迅速崛起，成为中原王朝新的威胁。羌人内侵引发北方局势的动荡以及鲜卑的崛起，是东汉中后期北方边疆局势变化的两条基本线索。

第十四章　东汉的灭亡

第一节　地方门阀与经学世家的崛起

西汉末年，地方豪强兼并土地、蓄养奴婢的现象十分突出，引发了严重的社会矛盾。东汉王朝的建立者刘秀也是地主豪强出身，又获得南阳、河北豪强的支持，因而对地方豪强采取笼络政策，对兼并土地、掠买奴婢的做法持默许态度。光武帝至和帝时期，皇帝能够有效控制国家行政运作，国家权力对地主势力可以起到制约作用。特别是当时的地方官员较为勤政，他们采取种种措施抑制地方豪强，鼓励生产，使得社会矛盾得以缓减。因此在东汉初年，地方豪强对国家的危害作用尚不明显。

安帝以后，皇帝多为孩童，朝廷大权被外戚和宦官轮番掌控，双方为了争夺宫廷控制权，展开了惨烈的政治斗争。朝廷无暇顾及地方事务，而地方官员大多由权贵亲信担任。这些权贵亲信并无治国安邦的理想，只知道利用手中的职权谋取私利。地主豪强抓住地方官员的心理，给予各种好处，使地方官员转变为“保护伞”。地方豪强失去了国家的约束，疯狂地攫取社会资源和财富，势力极度膨胀。

东汉中后期，豪强地主对土地的占有，达到了空前的规模。拥有上千顷土地的地主豪强比比皆是。甚至出现公侯封地不及富户豪强的现象，当时很多官员提到豪强地主“富过公侯”、“富拟封君”，呼吁朝廷加以限制。不仅兼并土地的规模不断扩大，豪强占有奴婢数量也大大超越了前代。仲长统提到，地方豪强的奴婢数以千计，为豪强地主提供各种服务，简直是宫廷的微缩，令很多官员自叹不如。那些破产的平民被迫自卖于豪强，沦为奴婢，那些没有破产的平民也无法摆脱豪强的控制，只能依附豪强，寻求庇护，形成所谓的“附户”。到了东汉末年，这些附户已完全从属于豪强，他们听命于豪强的驱使，演变为“部曲”，与豪强形成了实际上的主仆关系。

坐拥千亩良田、千百奴婢的豪强，生活极度奢侈。他们修建起一座座规模宏大的田庄。大田庄内有豪华的庐舍宅楼，宅院周边池陂广布、树木成林，有奴婢耕种良田、饲养牲畜。大田庄外，则是附户、部曲，他们依附于田庄，为田庄提供劳役和服务。豪强田庄与周围的附户形成了一个对内紧密相连，对外相对独立的经济实体。史学界把这种经济实体称为庄园经济。庄园经济也成为东汉时代特有的经济现象。

东汉的庄园经济极为发达，不仅有农业、畜牧业，一些大庄园还有独立的手工作坊、酿酒、染织的场所，甚至还修建有教育机构和娱乐设施，经济和文化完全可以自给自足。东汉时期的士人称豪强地主的大庄园“闭门成市”、“有求必给”，如同一个个独立的“王国”。这种壮观奢华的庄园景象，不仅见于文献的记载，还生动地保留在汉代的画像砖和墓室壁画中，令后人深感惊叹。

绿釉陶楼（东汉，山东高唐县城东固河采集）。方形四檐楼阁模型反映了东汉庄园经济的发展状况。

豪强地主为了保护庄园，秘密组建私属武装。最初，这种武装主要由奴婢承担，职责是警卫守备，看家护院，如同今日的保安。但是到了东汉末年，随着国家管制能力的削弱，以及社会治安的恶化，豪强地主开始公开组建武装。武装人员由庄园周边的附户和部曲担当，由豪强提供武器，加以训练，形成守护庄园的小型军队。黄巾起义爆发后，很多豪强在原有私属武装的

庭院画像砖（东汉，四川成都市青杠坡出土）。此图楼前一人持帚，旁有一犬，再现了当年地主庭院的景况。

基础上，招募流民，组建成军队。三国时期很多地方割据势力，就是由这种地主军队发展而来。

西汉时期的豪强地主为了维护自身利益，常常选择收买地方官员，让地方官员做保护伞。到了东汉时代，地主豪强已经不满足于获取官员的保护，而是极力加入官僚队伍，通过官僚化的途径来维护家族利益。东汉时期，郡守县令由朝廷派置，而郡府县衙的属吏则由郡守县令自行辟除。因为豪强地主在地方具有很大影响，豪强子弟往往成为郡守县令的辟除对象。久而久之，豪强地主与地方官员结成稳固的政治联盟，郡守县令在向朝廷推举孝廉时，优先考虑豪强子弟，地主豪强势力由此渗透进官僚体制。东汉中后期，官员选拔越来越看重士人的声名，而地方评议是士人获取声名的主要途径，豪强地主利用强大的经济、政治实力掌控地方评议，为自家子弟积累声名，使其顺利进入仕途。到了东汉末年，地方豪强掌控了地方官场，由此发展成为垄断地方政治、经济的大门阀。东汉末年全国各地都有这类大门阀，他们拥有规模庞大的庄园，编练有私人武装，掌控着地方官场，成为牢不可破的地方利益集团。最后连朝廷派置的郡守县令也无法管理地方事务，只能把政务交给地方门阀处理。桓帝时期位居“八顾”的名士范滂，是汝南郡征羌县的门阀，在当地很有势力。朝廷任命宗资（南阳人）为汝南太守，宗资到任后，把郡务全部交给范滂打理。桓帝任命的南阳太守成缙（弘农人），无法掌控地方事务，只能委托当地门阀岑晊出面协调。当时社会流传着“汝南‘太守’范孟博（滂），南阳宗资主画诺”，“南阳‘太守’岑公孝（晊），弘农成缙但坐啸”的歌谣。像这样太守赴任，委政于当地门阀的事例还有很多，门阀实际已经成为掌控地方政治的实权人物。魏晋时代的门阀政治以及“郡望”的出现都可以追溯到东汉时代的地方门阀。

东汉中后期的地方政务基本由地方门阀把持，而中央官场则逐渐由经学世家垄断。东汉时期儒学极为兴盛，儒学修养是官员选任的重要依据。而那些累世传经的经学世家由于牢牢掌控经学传袭的主导地位，更容易被朝廷征召为公卿。经学世家在入朝为官的同时，还开设学馆传授弟子，弟子上至皇室官僚，下至州郡士人，人数多达数千人。这些弟子一旦入门受业，就与经师结成师生关系，成为“门生”。经师凭借门生扩大声名，门生则借助经师的威望交际官场，双方互利互惠。而当经师成为三公后，又拥有了征辟权，可以征召士人为吏。如果是做地方州牧郡守，又与下属官员形成领属关系，这些被征召的士人和属吏成为经师的“故吏”。故吏依附、效忠于主官，主官则提携、包庇故吏，双方拉拢援引，结成一种私恩关系。故吏、门生与经学世家的私恩关系十分牢固，当经师去世后，甚至有故吏、门生服丧守孝。现在存留下来的东汉石碑，大多数是故吏、门生纪念经师共同出资树立，著名的《杨震碑》，在碑阴刻有故吏之名134人，足见经师社会关系的广泛。

宋山西王母、历史故事、车骑画像石（东汉，山东嘉祥县宋山村出土）。图分四层，其中第二层为周公辅成王的故事，第三层为春秋时期晋国骊姬谗害太子申生的故事。

随着时间的推移，经学世家与故吏和门生结成牢固的政治联盟，经学世家在故吏、门生的拥护下，牢牢控制着中央官政，累世居朝为公卿。如弘农杨震秉承家学传授欧阳《尚书》，后又官至太尉，朝中遍布故吏、门生。从杨震以后，杨家连续三代位至三公，成为关西最显赫的经学世家。又如世传《易》学的汝南袁氏，四世中居三公的有五人，号称“门生故吏遍天下”。这些经学世家世代垄断朝廷公卿之位，形成稳定的政治集团。东汉末年，朝廷濒临崩溃，这些以经学世家为主导的政治集团迅速脱离朝廷，凭借长年积累的政治影响，在故吏、门生的拥护下，转变为地方割据势力。东汉末年割据河北的袁绍集团和割据淮南的袁术集团，便是由经学世家演变而成的地方割据势力。

第二节 黄巾起义

安帝以后，随着朝廷政治的腐败和地方门阀的兴起，大量平民因官府和豪强的压榨而破产，成为失去土地和家园的流民。这些流民游荡于乡间田野，四处躲避官府的追捕。而山林池泽因为便于隐藏，往往成为流民的聚集地。当流民聚集到一定数量，便会形成对抗官府的强大力量，一旦时机成熟，立刻会演变为武装集团，走上暴力反抗官府的道路。

安帝即位后，接连发生水灾、旱灾、蝗灾，波及范围广大，引发了更大规模的流民潮，流民武装暴动随之出现。永初三年（109），张伯路率领三千流民反抗政府，转战山东沿海，引发九郡流民联合暴动的连锁反应。朝廷派御史中丞王宗调集数万大军，历时三年才将暴乱平定。此后江淮地区成为流民武装叛乱的“重灾区”，会稽郡、九江郡、庐江郡先后爆发了声势浩大的流民起义。顺帝建康元年（144），九江郡的徐凤、马勉起义，自称“黄帝”，建年号，置百官，与东汉王朝分庭抗礼。到了桓帝时期，朝廷政治更为黑暗，社会矛盾加重，流民武装暴动愈演愈烈，出现了以泰山、荆州为中心的两大流民暴乱区域，而在西北、西南地区，还出现了流民暴乱与羌族、蛮族叛乱联动的趋势。这些叛乱大多被东汉王朝武力镇压，但暴乱此起彼伏的态势已让官府应接不暇。到了灵帝熹平年间，全国各地的流民暴乱趋于减少，这让东汉王朝误以为血腥镇压收到了成效，其实一场遍及全国的大规模流民暴动——黄巾起义——正在酝酿之中。

黄巾起义能够波及全国，道教的传播是不可忽视的因素。道教来源于先秦时期诸子百家中的道家。道家学说原本在西汉初年很有影响，为多数上层贵族所尊奉。但是从武帝时期开始，儒家学说逐渐成为国家意识形态，道家从国家上层学术圈中被剔除，不得不转向民间发展。为了能够吸引下层民众，道家融合了民间流行的符咒神诀、鬼魂邪怪、求神成仙等方术，演变为一种包罗万象的民间宗教。到了顺帝时期，有道教徒集合民间流传的道教文献，编成《太平经》作为经典。曾有人试图将《太平经》献入宫廷，重新谋取学官的地位。但朝廷认为《太平经》经义过于怪诞，而拒绝接纳，《太平经》只能继续在民间传播，形成各种流派，其中尤以“太平道”最为流行。

太平道的创始人是巨鹿郡人张角。张角早年得到《太平经》，立刻被教义折服，此后致力推广《太平经》。张角活动于关东，自称“大贤良师”，以行医治病的方式传播教义，广收弟子，还让弟子外出传授《太平经》，进一步扩大道教的影响。张角的弟子遍布八州，仅仅十余年间就发展信徒十余万人，甚至洛阳宫廷中的宦官和宿卫也有人入教。流民聚集的泰山周边地区和江淮地区成为“太平道”的主要流传区。随着信徒的日益增加，张角号令弟子在各地建立教徒组织。张角把全国的信徒按照地域分为三十六方，每方有信徒数千人到数万人，各方有渠帅统领，渠帅多由张角信赖的弟子担任。

太平道的迅速流传和信徒的高度组织化很快引起朝廷的注意。熹平六年(177)，太尉杨赐上书灵帝，请求解散太平道信徒组织，将信徒遣返原籍，将渠帅抓捕。杨赐的建议随即遭到朝廷中信奉太平道官员的反对，没有被灵帝采纳。太平道创始人张角深知，随着太平道影响日益扩大，迟早会引发朝廷的镇压，决定抢先下手，以武装反抗的形式推翻东汉王朝，建立新政权。张角做了两方面的准备，一是调动信徒，在全国范围内进行部署。例如命大方渠帅马元义率领荆、扬二州数万信徒向邺（今河北省磁县）移动，壮大河北地区的太平道力量。二是进行舆论宣传，打出“苍天已死，黄天当立，岁在甲子，天下大吉”的口号。东汉王朝以火德自居，按照五行理论，火生土，而土尚黄，口号中的“黄天当立”即暗示将要改朝换代，而甲子则是指即将到来的中平元年（184），该口号明显提示在即将到来的甲子年，太平道的信徒们要行动起来了。

中平元年，张角派人与宫廷里的太平道信徒宦官封谞、徐奉联络，双方约定在该年三月五日共同起事。计划商定后，张角通知全国三十六方的渠帅于三月五日起兵，同时派信徒在各地官府书写“甲子”二字，作为起事后攻打的目标。就在张角部署起兵事宜之时，太平道内部出现了叛徒。二月，张角弟子唐周向政府告密，将起兵计划全盘托出，还提供了一份各地太平道教徒首领的名单。东汉政府闻讯大惊，立刻命令各地官员抓捕太平道首领，并查禁太平道。太平道重要首领马元义被捕，送到洛阳处以车裂之刑，宫廷和洛阳城中的太平道信徒一千余人被杀。张角获知计划泄露，星夜派人奔赴全国各地，通知各地首领提前起兵。各地信徒在得到消息后，按照事先约定，头裹黄巾作为标帜，起兵攻打官府，轰轰烈烈的黄巾起义就此爆发。

太平道信徒之前已经做了周密的准备，虽然起兵仓促，由于教徒众多，再加

《太平经》(贵州人民出版社出版) 书影

上短时间内全国联动，立刻引发了朝廷震动。史称："旬日之间，天下响应，京师震动。"黄巾军攻城夺邑，焚烧官府，斩杀官吏，以推翻政府为目标，其中以冀州、南阳、颍川三地的黄巾军声势最为浩大。冀州黄巾军由张角亲自统领，张角自称"天公将军"，又任命弟弟张宝为"地公将军"、张梁为"人公将军"。张角率领黄巾军，很快攻占河北地区的许多郡县，还活捉了安平王刘续、甘陵王刘忠。四月，冀州黄巾军北上，与当地黄巾军联合攻取了广阳郡，斩杀了幽州刺史和广阳太守，使冀州、幽州两地的黄巾军根据地连成一片，成为全国最大的黄巾军势力。南阳郡的黄巾军在渠帅张曼成的率领下，攻克宛城，斩杀南阳太守，控制南阳郡全境。四月，汝南郡波才、彭脱率领黄巾军攻占官府，汝南太守逃亡。波才随后率军进入颍川郡，当地黄巾军纷纷加入，兵锋直指洛阳。

经过最初的慌乱，东汉朝廷逐渐镇定下来，开始组织防守，而保证京师安全则是当务之急。灵帝任命外戚何进为大将军，统领京师附近的军队，整修战具，积极备战。同时设置八关都尉，率领重兵驻守洛阳周边的八个关隘，严密控制人员出入，阻止黄巾军渗透进京畿地区。洛阳周围的防卫布置妥当后，灵帝与外戚、宦官、朝臣开始商议向黄巾军反扑。灵帝一方面下诏解除党禁，一方面动员地方门阀组织私人武装参与平叛。除了动员地方势力，灵帝还把朝廷能够调动的军队集结起来，任命皇甫嵩、朱儁、卢植为左、右、北中郎将，组成中央直属的平叛大军。经过分析，朝臣一致认为应当率先剿灭距离洛阳最近的颍川郡黄巾军，解除京师的军事威胁。四月，皇甫嵩、朱儁率四万大军进入颍川郡，与波才统领的黄巾军直接遭遇。黄巾军士气正旺，很快击溃朱儁部，并把皇甫嵩部团团围困于长社。黄巾军首战获胜，出现轻敌骄傲的思想，放松了对官军的防备。富有作战经验的皇甫嵩抓住时机，采取夜袭火攻的办法，突然反击。黄巾军猝不及防，又赶上朱儁、曹操率官军驰援，大败而逃，数万黄巾军战死。长社之战改变了战局，官军乘胜追击，最后在阳翟消灭了黄巾军波才部，颍川郡的黄巾军也在短时间内被朝廷剿灭。

皇甫嵩等人在消灭颍川郡黄巾军后乘胜攻入汝南郡，彭脱、卜已先后战败被杀，汝南郡局势平定。朝廷随后下令，命中央平叛军兵分两路，皇甫嵩率领一部北上，支援董卓平定冀州黄巾军；朱儁率领一部南下，平定南阳郡黄巾军。六月，朱儁率部进入南阳郡，这时南阳郡黄巾军的首领张曼成已经战死，继任者赵弘率领黄巾军主力固守宛城。朱儁与新任南阳太守秦颉率领的南阳郡官军、荆州刺史徐璆率领的南郡官军会合，把宛城团团围住，残酷的宛城围困战拉开了帷幕。东汉官军对宛城展开猛攻，但宛城城池异常坚固，官军围攻了两个月也未能攻下。朝廷急于剿灭南阳郡黄巾军，不断派人督促朱儁。朱儁迫于压力，加大了攻势，黄巾军领袖赵弘战死，余部又推举韩忠继续抵抗。朱儁见强攻不成，改施诡计，假装撤围。守城的黄巾军早已弹尽粮绝，见到官军撤围，纷纷出城突围，结果朱儁率伏兵杀出，黄巾军损失惨重，韩忠战败投降。黄巾军残部又推举孙夏为首领，退回到宛城。但这时的黄巾军已是元气大伤，官军很快攻破宛城，孙夏率残部向南阳郡西部山区转移，最后在精山被官军追上，黄巾军一万余人战死，至此南阳郡的黄巾军也被官军剿灭。

中平元年四月，在皇甫嵩、朱儁围剿颍川郡黄巾军的同时，灵帝命北中郎将卢植率领军队进入河北，围剿张角率领的冀州黄巾军。卢植进入河北地区后，在当地官军的配合下，接连击败黄巾军。张角决定采取固守战术，拖垮官军。张角亲自防守广宗（今河北省威县境），张宝固守下曲阳（今河北省晋县境），互成犄角之势。卢植决定擒贼先擒王，集中兵力攻打广宗，一连围困了三个月也未攻下。灵帝以为卢植作战不力，将其撤换，派董卓指挥作战。董卓又继续攻打了两个月，也未攻下。八月，朝廷调皇甫嵩率军北上支援董卓。这时张角已经病逝，张梁率领黄巾军继续固守广宗。皇甫嵩又围困广宗两个月，直到十月才最终攻陷广宗。官军入城后，展开屠杀，张梁及三万黄巾军被杀，另有五万人投河自尽。皇甫嵩对张角刨棺戮尸，将首级传送洛阳。十一月，皇甫嵩又率军攻破下曲阳，张宝及十万黄巾军阵亡，广宗、下曲阳的陷落，标志着冀州黄巾军已被剿灭。

黄巾军主力自二月起兵到十一月被剿灭，其反抗政府的武装斗争持续了十个月。在消灭冀州黄巾军后，朝廷大臣误以为黄巾之乱已经平定，放松了对地方的控制，又将精力转回到对宫廷权力的争夺。其实黄巾军并未完全消失，他们只是暂时转入地下，特别是太平道仍在顽强地传播。中平五年，全国范围内又爆发了第二次黄巾起义。当年二月，郭太集中了西河郡的太平道信徒武装暴动，再次打出黄巾军的旗号，斩杀地方官吏，队伍迅速发展到十余万人，还攻入周边的太原、河东二郡。五月，益州的太平道信徒也组成黄巾军攻打官府，连克三郡，一度兵临成都城下，益州的板楯蛮也起兵响应。此后，豫州、青州、徐州、扬州地区出现多支黄巾军。中平五年的黄巾起义虽然只是零星发生于各地，没有像中平元年那样形成遍及全国的大规模暴动，但是各支黄巾军持续的时间都很长，一些武装甚至延续到东汉灭亡。

中平年间的黄巾起义主要由道教太平道信徒发起，展现了道教信徒的巨大能量。这也让道教其他派别深受鼓舞，他们也效仿太平道，发动各自信徒起兵反抗官府。顺帝、桓帝时期，巴蜀地区流行道教的另一个派别"五斗米道"，该教派创始人张陵自称"天师"，凡入教者皆缴纳五斗米，"五斗米道"故此得名。中平元年七月，五斗米道教主张修发动信徒起义，由巴蜀地区进入汉中，官军多次围剿均无功而返。中平五年，朝廷任命刘焉为益州刺史，刘焉采取招抚政策将张修部收编，并支持张陵赶走汉中太守苏固，使五斗米道信徒占据汉中郡。此后张陵之孙张鲁杀死张修，在汉中建立了一个政教合一的割据政权。张鲁以道教治民，主张清静无为，废除了严苛的赋役制度，一切行政制度从简。这种颇带有理想主义的宗教政权得到汉中百姓的拥护，维持了近三十年，直到建安二十年曹操占领汉中才宣告结束。

中平年间的黄巾起义展现了下层平民不畏生死，抵抗压迫的斗争精神。黄巾起义严重动摇了东汉王朝的统治基础，地方社会秩序被彻底打破。虽然黄巾军最终失败，但是诸多平民武装应运而生，他们效仿黄巾军以武力反抗的形式坚持与官府的斗争。《资治通鉴》总结："自张角之乱，所在盗贼并起……不可胜数，大者二三万，小者六七千人。"东汉王朝为了镇压黄巾起义，给予地方官吏实权，允许地方官员和门阀豪强组织武装、编练军队，参与围剿黄巾军，这直接导致了地方军阀的兴起。从此以后，地方官员实力越来越雄厚，他们自行征收赋税，役使百姓，朝廷的影响力严重削弱。最终造成地方割据势力各自为政，朝廷无力掌控的局面。现在的史学家们普遍认为黄巾起义的爆发将东汉王朝推向灭亡，这样的说法是很有道理的。

第三节　群雄纷起与汉室流亡

中平元年，朝廷动员一切军事力量剿灭黄巾军，放手让地方官员和豪强组织军队，这项措施造成的直接后果就是州牧权力的膨胀、豪强地主武装的崛起以及大军阀的出现。

州牧的前身是州刺史，刺史本来是朝廷派驻地方监督当地官员的监察官职，并没有太大的实权。东汉中后期，刺史拥有了向朝廷举荐官员的权力。由于朝廷政治的黑暗，刺史大多由在朝权贵派置亲信担任，刺史举荐的人才基本能得到朝廷的任命。这样一来，刺史实际掌握了地方官员的任用权，极易形成地方关系网。中平年间，为了使地方更有效地镇压黄巾军，朝廷把更多的权限下放给刺史，允许刺史自筹经费组建军队，允许刺史调动地方官军平叛，朝廷还采纳刘焉的建议改州刺史为州牧，“牧”寓意为朝廷派驻地方的全权代表。州牧由此掌握了地方的官员任免权、财权和兵权，无异于地方诸侯。州牧治理下的辖区也不再听命于中央，逐渐演变为独立的王国。如刘焉出任益州牧后，专断地方政务，把控地方军队，借口张鲁割据汉中阻断交通，摆脱朝廷控制，独自做起割据西南的土皇帝。袁绍做了冀州牧后，冀州官员全部听命于袁绍，袁绍给官员下达命令竟然称制，已全然不顾中央的存在。中平末年，灵帝想收回州牧的权力，但已大权在握的州牧们岂肯就范，纷纷抵制。不久，灵帝病逝，朝廷政治陷入混乱，无暇顾及地方，只能任由州牧坐大。

在平定黄巾起义的过程中，朝廷还允许地方豪强自行组建军队。早在顺帝、桓帝时期，地方豪强就已经拥有了规模不等的私人武装。在得到朝廷的诏令后，豪强地主们公开招募军队，拉起一支支人马，以军事实力巩固在地方的势力。如乘氏（今山东省菏泽市境）人李典组建了一支颇具规模的武装，其军队后来被曹操收编，成为曹操麾下的一支劲旅。东城（今安徽省定远县境）人鲁肃也组建了一支武装，后来追随孙策渡江，成为孙吴政权的中坚力量。类似这样的地主武装在东汉末年多如牛毛，他们成为各个割据政权拉拢的对象。而地主武装的归附，也决定着各割据政权实力的消长。

为了抵御黄巾军的进攻，朝廷不得不重用武将。中平元年以后，农民起义此起彼伏，武将长年领兵在外，不断扩充军事实力。久而久之，武将与统领的军队之间形成了牢固的从属关系。朝廷越来越难以驾驭武将，更无法将武将从军队调离，很多武将由此演变为割据一方的军阀。大军阀董卓的出现就是典型的例子。董卓是陇西人，年少从军，一直在地方担任武职官员。黄巾起义爆发后，一度被朝廷任命为中郎将，主持征讨冀州黄巾军，因作战不利而免职。中平年间，胡人北宫伯玉及金城郡豪强边章、韩遂率领西北羌胡和汉人流民反抗政府，占据了陇山以西，并进逼关中。朝廷认为董卓是陇西人，熟悉当地情况，让他领兵平定西北叛乱。此后董卓兼并西北地主武装，收编战败归降的起义军和羌胡部落，势力不断坐大，成为左右雍、凉二州局势的大军阀。灵帝见董卓势力壮大，两次以加官为名想把他调离军队。董卓以部将难以约束为名，委婉拒绝，灵帝无可奈何，只能任由董卓专断西北军事。

黄巾起义平定后，朝廷权贵们误以为东汉王朝顺利地度过了政治危机，又开始陷入争夺宫廷大权的政治斗争。当时实际掌握宫廷权力的宦官，对于立有军功的大臣心存猜忌，生怕功臣争夺朝廷大权，不断寻找机会将功臣排挤出权力中枢。皇甫嵩是平定黄巾之乱的头号功臣，对宦官专权多有不满，宦官们将皇甫嵩视为心头大患。中平二年，皇甫嵩受命平定西北的边章、韩遂，出师不利。宦官们借机污蔑皇甫嵩，灵帝遂将皇甫嵩解职，削夺封户，此举令武将们大失所望。很多武将不再入朝，而独断地方军务。

中平六年（189），灵帝突然病逝，生前没有立子嗣。何皇后遂将自己十四岁的儿子刘辩推上帝位，是为少帝。何皇后的哥哥何进早在灵帝末年就以大将军的身份镇抚京师，少帝即位后，何进便以大将军、帝舅的身份居朝辅政。不过，当时真正掌控宫廷的是宦官集团，何进要想掌握实权，必须铲除宦官势力。何进知道，士人和武将皆对宦官专权不满，于是拉拢他们，作消灭宦官的准备。何进将诛灭宦官的计划告知何太后，谁知何太后竟极力反对。何进担心没有太后的支持，仓促发动宫廷政变难以成功，只能先将诛灭宦官的计划搁置起来。袁绍等士人得知何进暂停行动，非常着急，担心计划泄露反而会被宦官抢占先机，不断鼓动何进迅速行动。为了打消何进的顾虑，袁绍建议调集地方军队进京，增强外戚集团的实力。何进遂号令割据西北的董卓和东郡太守桥瑁带兵入京。

对于何进诛灭宦官的计划，宦官们早有耳闻。在获知地方军队即将入京的消息后，宦官们决心做最后的反扑。他们诈称愿向何进请罪，换取从轻发落，使何进放松了警惕。然后假传太后诏令把何进骗进宫，将其斩杀。袁绍等人得知何进被杀，立刻率军入宫，诛杀了宫中的二千余名宦官。宦官张让挟持少帝出城逃亡，在路上被随行的大臣逼迫自杀，随后少帝与领兵赶赴洛阳的董卓相遇，董卓遂护送少帝回宫平定洛阳局势。

外戚与宦官的最后对决以外戚、宦官同归于尽而告终，取而代之的是军阀董卓的专权。董卓入京后，收编了何进的军队，再加上亲率的数万军队，已经成为洛阳的实权人物。董卓以护驾有功为名，牢牢控制住少帝，然后借皇帝的名义，把朝廷中不肯合作的大臣罢免，其余大臣都不敢违抗，董卓由此完全操纵了朝廷大权。董卓担心十四岁的少帝难以驾驭，不顾满朝官员的反对，废掉了少帝，杀掉何太后，改立九岁的刘协为皇帝，是为献帝。董卓还自封太尉、丞相，杀掉违抗自己的朝廷官员。董卓的做法，无疑是想操纵年幼的皇帝，维持权势。

董卓擅立皇帝、杀害太后、独霸朝政的做法招致大臣们的反感，以袁绍、曹操为代表的士人、武将们纷纷潜逃出洛阳，返回家乡，组织人马征讨董卓。初平元年（190）正月，关东州牧郡守在袁绍的带领下联兵十余万，一同向洛阳开进，征讨董卓。董卓见关东联军势头强劲，下令迁都长安，意图退守西北根据地。二月，董卓强迫献帝、百官及洛阳百姓迁都。为了断绝官民东返洛阳的念头，命令部下放火焚烧洛阳的宫殿、官府，还将洛阳周边的帝陵劫掠一空。而关东州牧郡守不敢与董卓决战，只是在虎牢关外虚张声势，观望洛阳形势。初平二年四月，一切布置妥当后，董卓放弃洛阳，西归长安。

董卓返回长安，终日饮酒高会，满足于操纵小皇帝，割据关西，不再理会关东的局势。而被迫迁徙到长安的朝廷大臣则私下筹备铲除董卓的计划。初平三年，司徒王允获知董卓与亲信吕布关系不和，遂派人怂恿吕布将董卓刺死。长安百姓获知董卓死亡的消息，奔走相庆。然而董卓之死并没有使局势安定下来，董卓统领的十余万大军群龙无首，开始内斗。一些董卓旧部找到司徒王允，请求归附，却受到冷遇。董卓旧将李傕、郭汜认为王允终将联合关东豪杰诛杀董卓旧部，于是联合其他将领攻入长安，杀死王允，劫持了献帝。

兴平元年（194），董卓旧部再起内讧，李傕、郭汜相互攻击，年幼的献帝成为双方争抢的目标。最后在其他董卓旧部和朝廷大臣的调停下，双方达成协议，谁也不挟持献帝，让献帝及大臣东返洛阳。兴平二年七月，献帝率领大臣和皇室成员东出长安，开始了漫长的流亡生活。当汉室行走至华阴时，李傕反悔，派兵来追赶，幸得黄巾军白波部和匈奴的阻击，减缓了李傕军队的行军速度，才使献

汉献帝陵

帝逃脱。为了尽快摆脱董卓旧部的追击，献帝不得不放弃直奔洛阳的打算，转而渡黄河前往河东。当汉室来到黄河岸边时，仅有几条船只，大臣和皇室争相抢夺船只，最后只有数十人成功渡河，剩下的人全部被李傕掠走。

献帝一行来到河东郡，得到了河东太守王邑和河内太守张杨的接济，才算安顿下来。献帝暂时停驻在河东，重建朝廷，同时派人与李傕谈判，要求归还被俘掠的皇室和百官。建安元年（196），献帝在河内太守张杨的护送下返回洛阳。此时距离迁都已经过去了六年，洛阳城一片残破，皇帝只能暂住在残存的故宦官赵忠旧宅，皇室、百官无处栖身、无粮果腹，常有饥饿冻死者。这时的东汉王朝已经名存实亡，地方军阀们都不把汉室放在眼里，无人接济皇帝。曾有谋士奉劝袁绍迎接献帝，但袁绍已经割据了冀州，担心献帝到来，会丢掉地盘，所以未予理会。

献帝返回洛阳时，曹操正在汝南郡、颍川郡一带作战，他采纳了荀彧“挟天子以令诸侯”的建议，亲自率军前往洛阳迎接献帝。汉室终于等到了援军，献帝率领百官跟随曹操来到许（今河南省许昌市）。最初献帝对曹操抱有幻想，以为曹操会帮助汉室渡过难关，但随后逐渐意识到，曹操与董卓一样，只是想利用自己实现政治目的，于是萌生铲除曹操的念头。建安四年，献帝下密诏给车骑将军董承，让其伺机诛杀曹操，但计划败露。曹操杀掉董承全家，连董承的女儿董贵人也不放过。曹操领兵入宫时，董贵人已怀有身孕，献帝请求曹操放过董贵人，曹操不听，仍将董贵人杀害。此后，曹操把献帝周边的人全部换成自己的亲信，献帝彻底沦为傀儡。建安十九年，伏皇后的父亲伏完图谋诛杀曹操的旧事被人揭发，曹操又派人入宫诛杀伏皇后，当伏皇后被士兵拖出宫外时，向坐在前殿的献帝求救，献帝却无奈地说：“我尚且性命不保，哪里有能力救你。”只能眼睁睁看着伏皇后被士兵杀掉。建安二十五年（220），曹操死，其子曹丕继任魏王，随后导演了一场隆重的禅让大典。献帝刘协没有任何违抗的可能，只能按照曹丕的安排，把名义上的汉朝江山奉献给曹丕，延续了四百年的刘汉王朝就此灭亡。

附　录

附录一　秦汉大事记

秦始皇二十六年（前 221），秦国统一天下。秦始皇建立皇帝制度，废除封建制，统一文字、度量衡。

秦始皇三十三年（前 214），蒙恬出击匈奴，夺取“河南地”，兴修长城。秦军进占岭南。

秦始皇三十七年（前 210），秦始皇出巡，病逝于沙丘。赵高、李斯拥立胡亥为帝。

秦二世元年（前 209），陈胜、吴广起兵，建立张楚政权。

秦二世三年（前 207），秦军兵败巨鹿，主帅章邯投降。赵高杀胡亥，秦王子婴杀赵高。

汉王元年（前 206），刘邦入关中，子婴投降。项羽焚烧咸阳，分封诸王。刘邦受封汉王。

汉王二年（前 205），项羽杀义帝。刘邦反攻关中。楚汉之争开始。

汉王五年（前 202），项羽兵败垓下。刘邦称帝，定都关中。

高帝十二年（前 195），刘邦病逝，太子刘盈即位。

惠帝七年（前 188），刘盈病逝，吕后称制专权，外戚吕氏势力崛起。

高后八年（前 180），吕后病逝。功臣、刘氏发动政变，诛灭吕氏，迎立代王刘恒为帝。

文帝前元二年（前178），重用贾谊，令列侯就国，瓦解长安功臣集团。

文帝后元七年（前157），刘恒病逝，太子刘启即位。

景帝前元三年（前154），吴楚七国之乱爆发，晁错被杀，周亚夫率军平定叛乱。

景帝后元三年（前141），景帝病逝，太子刘彻即位，窦太后辅政。

元光二年（前133），马邑之谋败露，匈奴与汉朝断绝和亲。

元朔二年（前127），卫青大败匈奴，夺取“河南地”。

元狩二年（前121），霍去病大败匈奴右部，浑邪、休屠两王率部降汉。

元狩四年（前119），推行盐铁官营和“算缗”。卫青、霍去病重创匈奴，单于北逃。

元鼎六年（前111），南越国灭亡。西南夷各部归附。

元封元年（前110），闽越国灭亡。武帝出巡北疆、关东，封禅泰山。

元封三年（前108），朝鲜国灭亡。

太初元年（前104），改正朔，颁行新历法，变革各项政治制度。李广利远征大宛国。

征和二年（前91），巫蛊之祸爆发，卫太子逃亡自杀。

征和四年（前89），武帝颁布“轮台诏”，停止征伐。

后元二年（前87），武帝病逝，立幼子刘弗陵为太子，霍光、金日磾、上官桀受命辅政。

元凤元年（前80），霍光捕杀燕王刘旦、鄂邑长公主、上官桀、桑弘羊，独揽朝政。

元平元年（前74），昭帝病逝，霍光迎立昌邑王刘贺为帝。霍光废刘贺，改立刘询为帝。

地节二年（前68），霍光病逝，宣帝亲政。

地节四年（前66），宣帝诛灭霍氏家族。

神爵二年（前60），赵充国平定羌乱。汉廷设置都护，恢复对西域的管辖。

甘露二年（前52），匈奴呼韩邪单于率部臣属汉朝。

黄龙元年（前49），宣帝病逝，太子刘奭即位，召关东大儒王吉、贡禹入朝辅政。

永光四年（前40），废除郡国祖宗庙、皇室远亲陵寝、陵邑。

竟宁元年（前33），元帝病逝，太子刘骜即位。

阳朔元年（前24），王凤独揽朝政。外戚王氏势力崛起。

绥和二年（前7），成帝病逝，定陶王刘欣即位。外戚傅氏、丁氏崛起，王氏势力衰落。

元寿二年（前1），哀帝病逝，中山王刘衎即位。王莽辅政，王氏势力重新崛起。

元始元年（公元1），王莽自封“安汉公”。

元始五年（公元5），王莽毒杀平帝，立刘婴为帝，王莽自称“假皇帝”。

始建国元年（公元9），王莽称帝，建立新朝，全面改革国家制度。

天凤五年（18），樊崇建立赤眉军、王匡建立绿林军，反抗新朝。匈奴与新朝决裂。

更始元年（23），刘玄建立政权，刘秀于昆阳击溃新朝主力军。王莽被关中起义军斩杀。

更始二年（24），刘玄定都长安，刘秀招抚河北。

建武元年（25），赤眉军攻破长安，杀刘玄。刘秀称帝。

建武二年（26），刘秀定都洛阳，收编赤眉军，进占关中。

建武十二年（36），公孙述政权覆灭，卢芳出逃匈奴，刘秀完成天下统一。

建武二十四年（48），匈奴分裂，南匈奴臣属汉朝。

建武中元二年（57），刘秀病逝，太子刘庄即位。

永平十三年（70），楚王英狱案，朝廷官员数千人牵连获罪。

永平十八年（75），明帝病逝，太子刘炟即位。

建初四年（79），白虎观经学会议召开。

章和二年（88），章帝病逝，太子刘肇即位。外戚窦宪辅政。窦氏势力崛起。

永元四年（92），和帝联合宦官发动政变，诛灭窦氏。

元兴元年（105），和帝病逝，婴儿刘隆即位，数月而亡。

延平元年（106），邓太后立清河王子刘祜为帝。邓太后把持朝政。

永宁二年（121），邓太后去世，安帝联合宦官发动政变，诛灭邓氏。

延光四年（125），安帝病逝，阎太后立济北王子刘懿为帝。刘懿病逝，宦官拥立刘保为帝，诛灭阎氏。

建康元年（144），顺帝病逝，梁太后立刘炳为帝，外戚梁氏势力崛起。

永嘉元年（145），冲帝病逝，梁冀立勃海王子刘缵为帝。

本初元年（146），梁冀毒杀质帝，改立蠡吾侯刘志为帝。梁冀独揽朝权。

延熹二年（159），桓帝联合宦官发动政变，诛灭梁氏。宦官专断朝政。

延熹九年（166），桓帝下令逮捕士人，第一次党锢之禁发生。

永康元年（167），桓帝病逝，窦太后立解渎亭侯刘宏为帝。

建宁元年（168），宦官发动政变，诛灭窦氏，搜捕士人，引发第二次党锢之禁。

中平元年（184），黄巾起义爆发。

中平六年（189），灵帝病逝，皇子刘辩即位。外戚何进辅政，宦官发动政变，诛灭何氏。袁绍屠杀宦官。董卓领兵入京，改立刘协为帝，独霸朝政。

初平元年（190），袁绍组织关东联军讨伐董卓。董卓挟持献帝迁都长安。

初平三年（192），王允、吕布诛杀董卓，汉室流亡。

建安元年（196），曹操收容献帝，汉室结束流亡。

建安二十五年（220），献帝禅位于曹丕，东汉灭亡。

附录二 秦汉皇帝世系表

秦代皇帝世系表				
君主	姓名	在世时间	在位时间	世系
秦始皇	政	前 259 —前 210	前 246 —前 210	庄襄王之子
秦二世	胡亥	前 230 —前 207	前 209 —前 207	始皇帝第十八子
秦王子婴	子婴	？—前 206	前 207 —前 206	扶苏之子

西汉皇帝世系表					
庙号	谥号	姓名	在世时间	在位时间	世系
太祖	高皇帝	刘邦	前 256 —前 195	前 207 —前 202 （汉王） 前 202 —前 195 （皇帝）	
	孝惠皇帝	刘盈	前 210 —前 188	前 195 —前 188	刘邦次子
		刘恭	？—前 184	前 188 —前 184	刘盈长子
		刘弘	前 192 —前 180	前 184 —前 180	刘盈第四子
太宗	孝文皇帝	刘恒	前 202 —前 157	前 180 —前 157	刘邦第四子
	孝景皇帝	刘启	前 188 —前 141	前 157 —前 141	刘恒长子
世宗	孝武皇帝	刘彻	前 156 —前 87	前 141 —前 87	刘启第十子
	孝昭皇帝	刘弗陵	前 94 —前 74	前 87 —前 74	刘彻第六子

		刘贺	前92—前59	前74	刘髆长子（刘彻孙）
中宗	孝宣皇帝	刘询（刘病已）	前91—前49	前74—前49	刘进长子（刘彻曾孙）
高宗（后除庙号）	孝元皇帝	刘奭	前49—前33	前49—前33	刘询长子
统宗（后除庙号）	孝成皇帝	刘骜	前52—前7	前33—前7	刘奭长子
	孝哀皇帝	刘欣	前26—前1	前7—前1	刘康之子（刘奭孙）
元宗（后除庙号）	孝平皇帝	刘衎（刘箕子）	前9—公元5	前1—公元5	刘兴之子（刘奭孙）
		刘婴（孺子婴）	公元5—25	公元6—8	刘显之子（刘询玄孙）

新朝皇帝世系表

庙号	谥号	姓名	在世时间	在位时间	世系
		王莽	前45—公元23	公元9—23	

东汉皇帝世系表

庙号	谥号	姓名	在世时间	在位时间	世系
世祖	光武皇帝	刘秀	前6—公元57	25—57	刘邦九世孙
显宗	孝明皇帝	刘庄	28—75	57—75	刘秀第四子
肃宗	孝章皇帝	刘炟	58—88	75—88	刘庄第五子
穆宗（后除庙号）	孝和皇帝	刘肇	79—105	88—105	刘炟第四子
	孝殇皇帝	刘隆	105—106	105—106	刘礼之子
	孝德皇帝	刘庆			刘寄之子
恭宗（后除庙号）	孝安皇帝	刘祜	94—125	106—125	刘庆之子
	北乡侯	刘懿	？—125	125	刘寿之子（刘炟孙）

敬宗（后除庙号）	孝顺皇帝	刘保	115 — 144	125 — 144	刘祜之子
	孝冲皇帝	刘炳	143 — 145	144 — 145	刘保之子
	孝质皇帝	刘缵	138 — 146	145 — 146	刘炟玄孙
	孝穆皇帝	刘开			刘炟第六子
	孝崇皇帝	刘翼			刘开之子
威宗（后除庙号）	孝桓皇帝	刘志	132 — 167	146 — 167	刘翼之子（刘炟曾孙）
	孝元皇帝	刘淑			刘开之子
	孝仁皇帝	刘苌			刘淑之子
	孝灵皇帝	刘宏	156 — 189	168 — 189	刘苌之子（刘炟玄孙）
	弘农怀王	刘辩	176 — 190	189	刘宏长子
	孝献皇帝 孝愍皇帝（蜀汉昭烈皇帝谥）	刘协	181 — 234	189 — 220	刘宏次子

【注】

1. 在汉敬宗（汉顺帝）之前本来是阎太后（汉安帝太后）拥立的（前）少帝刘懿，刘懿做了半年皇帝即死亡，敬宗即位。现在史书和学者都没有把刘懿归于汉朝皇帝一类，有的则称为北乡侯。

2. 献帝以前是（后）少帝刘辩，当了四个月皇帝，而且还有许多时间都在避难之中。现在史书和学者都没有把刘辩归于汉朝皇帝一类。但董卓毒杀少帝刘辩以后，改谥为弘农怀王，故，世称（后）少帝为“弘农王”。

3. 蜀汉昭烈皇帝所上谥为“孝愍皇帝”，但上谥时刘协并未去世。

附录三　主要参考书目

钱穆：《秦汉史》，三联书店 2004 年版。

林剑鸣：《秦汉史》，上海人民出版社 2003 年版。

[日]西嶋定生著，黄耀能译：《白话秦汉史》，文史哲出版社 1983 年版。

[英]崔瑞德、鲁惟一著，杨品泉等译：《剑桥中国秦汉史》，中国社会科学出版社 1992 年版。

白寿彝主编：《中国通史》（第 5、6 册），上海人民出版社 2006 年版。

田昌五、安作璋：《秦汉史》，人民出版社 2008 年版。

刘庆柱、白玉翔：《中国考古学 · 秦汉卷》，中国社会科学出版社 2010 年版。

苏俊良：《汉朝典章制度》，吉林文史出版社 2001 年版。

林剑鸣：《秦汉社会文明》，西北大学出版社 1985 年版。

阎爱民：《汉晋家族研究》，上海人民出版社 2005 年版。

黄留珠：《秦汉仕进制度》，西北大学出版社 1985 年版。

许抗生：《中国儒学史 · 两汉卷》，北京大学出版社 2011 年版。

李开元：《汉帝国的建立与刘邦集团》，三联书店 2000 年版。

阎步克：《从爵本位到官本位》，三联书店 2009 年版。

柳春藩：《秦汉封国食邑赐爵制》，辽宁人民出版社 1984 年版。

俞伟超：《古史的考古学探索》，文物出版社 2002 年版。

辛德勇：《建元与改元——西汉新莽年号研究》，中华书局 2013 年版。

田余庆：《秦汉魏晋史探微》，中华书局 1984 年版。

顾颉刚：《秦汉的方士与儒生》，上海古籍出版社 2003 年版。

安作璋、熊铁基：《秦汉官制史稿》，齐鲁书社 2007 年版。

葛剑雄：《中国人口史》（第一卷），复旦大学出版社 2002 年版。

周振鹤：《中国地方行政制度史》，上海人民出版社 1992 年版。

严耕望：《中国地方行政制度史（秦汉地方行政制度卷）》，上海古籍出版社 2007 年版。

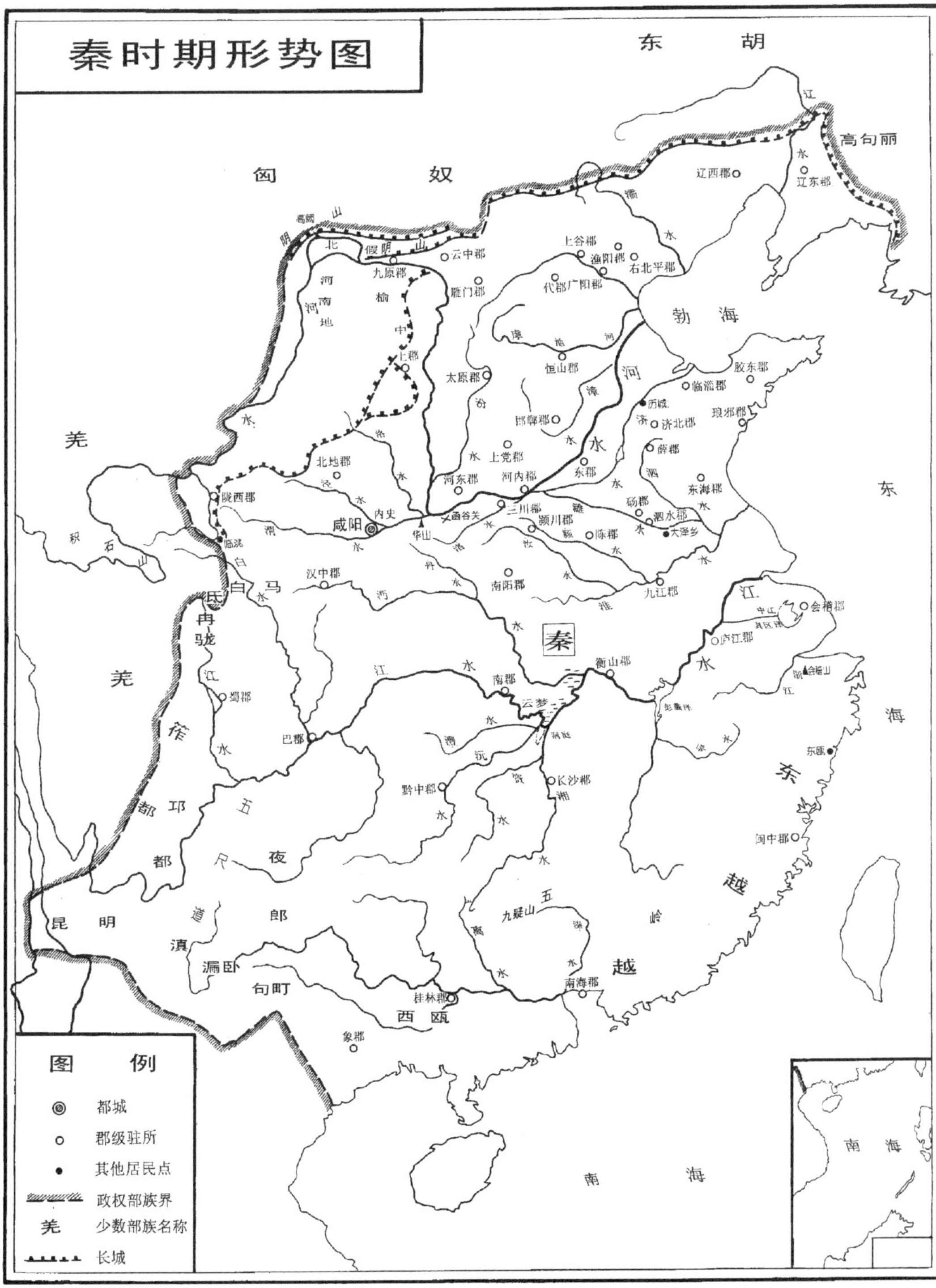

秦时期形势图
东胡
高句丽
辽西郡
辽东郡
匈奴
阴山
高阙
北假
云中郡
九原郡
雁门郡
上谷郡
渔阳郡
右北平郡
代郡
广阳郡
勃海
河南地
上郡
太原郡
恒山郡
胶东郡
临淄郡
历城
济北郡
琅邪郡
邯郸郡
上党郡
薛郡
北地郡
河东郡
河内郡
东郡
东海郡
陇西郡
咸阳
内史
函谷关
三川郡
华山
颍川郡
陈郡
砀郡
泗水郡
大泽乡
临洮
羌
积石山
汉中郡
南阳郡
九江郡
白马
氐
冉駹
秦
会稽郡
庐江郡
衡山郡
南郡
云梦
蜀郡
巴郡
长沙郡
黔中郡
东瓯
闽中郡
筰都
邛都
五尺夜郎
昆明
滇
漏卧
句町
九疑山
五岭
越
南海郡
桂林郡
西瓯
象郡
东海
南海
图例
都城
郡级驻所
其他居民点
政权部族界
少数部族名称
长城

据《中国历史地图集》绘

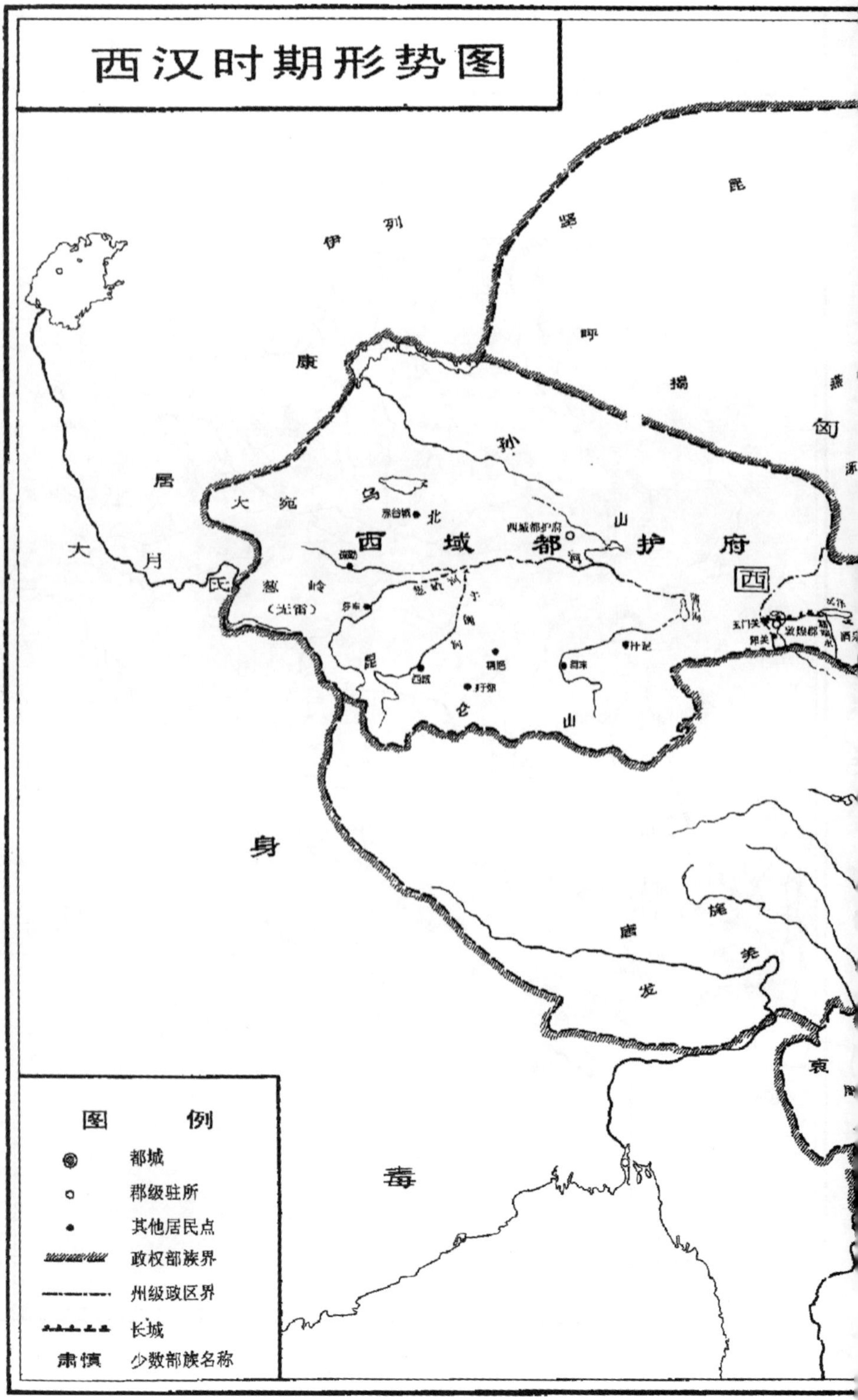
西汉时期形势图
伊列
康
居
大月
氏
大宛
乌
孙
北
山
西域都护府
西域都护府
河
葱岭
昆
仑
山
身
毒
唐
旄
羌
发
敦煌郡
玉门关
阳关
图例
都城
郡级驻所
其他居民点
政权部族界
州级政区界
长城
肃慎
少数部族名称

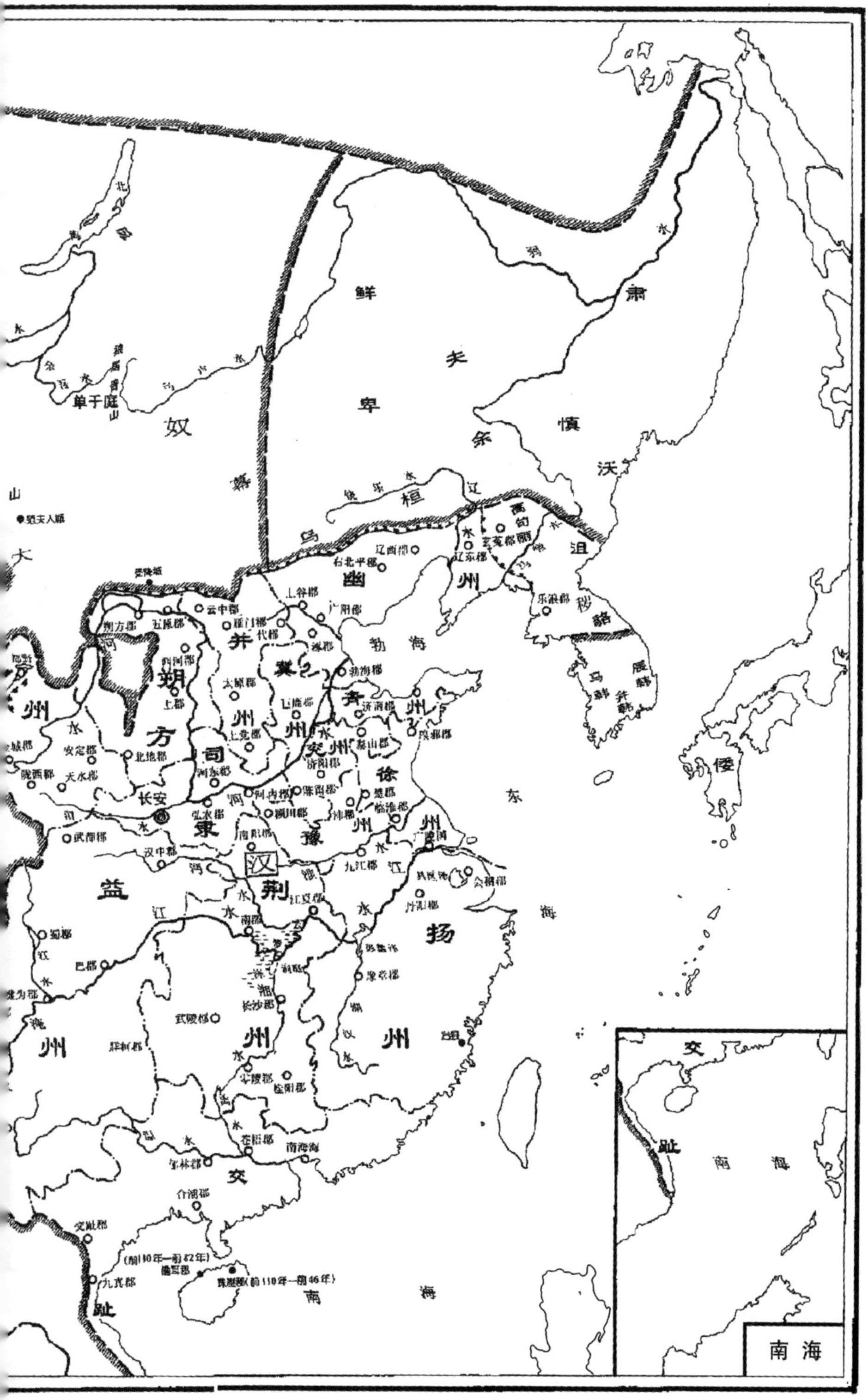

鲜
夫
卑
余
肃
慎
沃
奴
单于庭
乌
桓
高句丽
幽
州
沮
秽
貉
马
辰
韩
弁
韩
倭
渤
海
东
海
并
州
冀
州
青
州
兖州
徐
州
朔
方
司
隶
豫
州
汉
荆
州
益
州
扬
州
交
趾
南
海
长安
南海

据《中国历史地图集》绘

东汉时期形势图

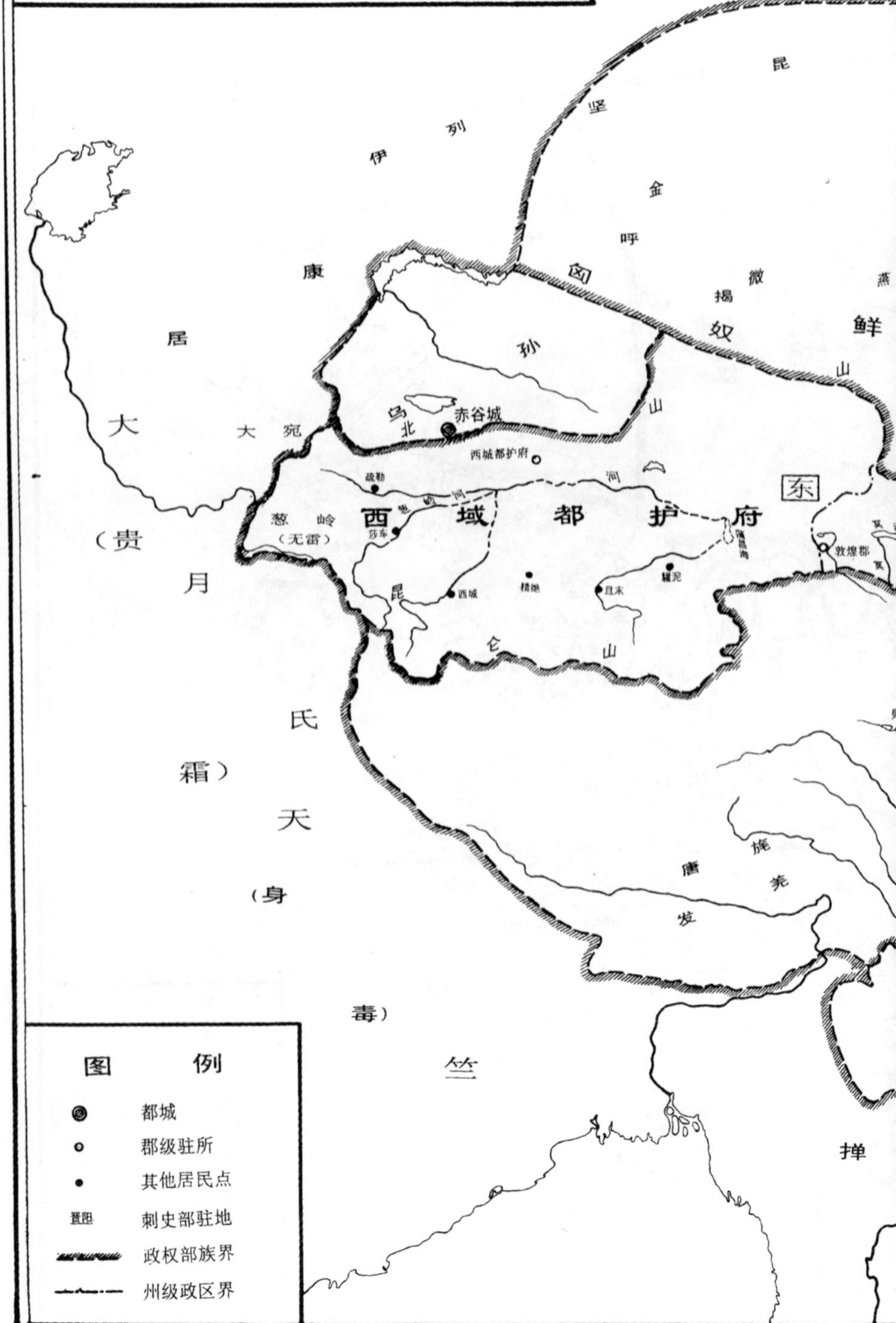
伊 列
坚 昆
金
呼
匈
揭
微
奴
燕
鲜
山
康
居
乌
孙
山
北
赤谷城
大 宛
西域都护府
疏勒
河
东
葱 岭
（无雷）
西 域 都 护 府
莎车
精绝
且末
敦煌郡
昆
仑
山
大
（贵
霜）
月
氏
天
（身
毒）
竺
唐
旄
羌
发
掸
图 例
都城
郡级驻所
其他居民点
刺史部驻地
政权部族界
州级政区界

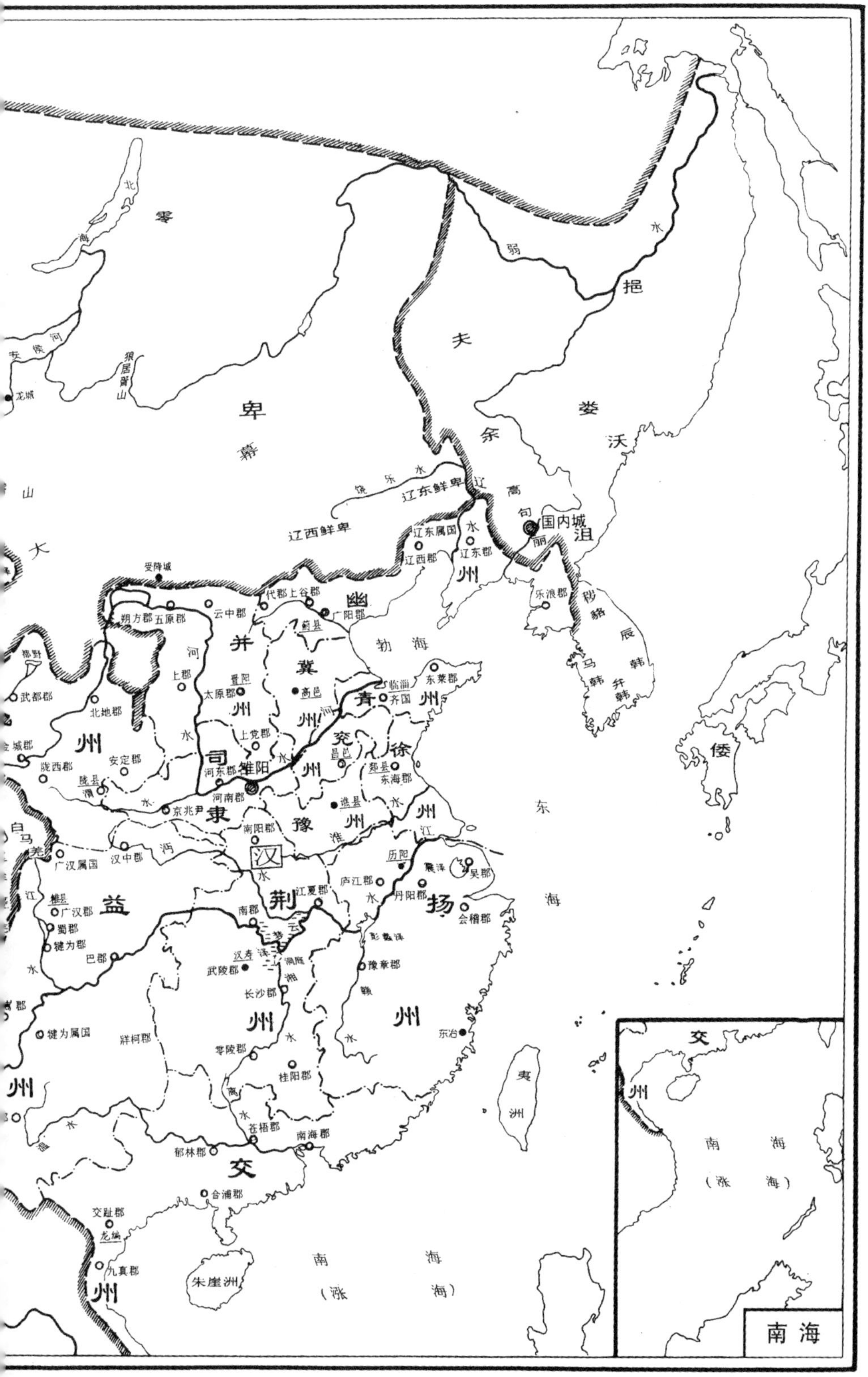
鲜卑
夫余
挹娄
沃沮
高句丽
国内城
辽东鲜卑
辽西鲜卑
乐浪郡
秽貊
辰韩
马韩
弁韩
倭
幽州
并州
冀州
青州
兖州
徐州
司隶
豫州
雒阳
荆州
扬州
益州
交州
渤海
东海
夷洲
朱崖洲
南海
（涨海）
弱水
辽水
饶乐水
北海
受降城
代郡
上谷郡
广阳郡
蓟县
辽东属国
辽西郡
辽东郡
云中郡
朔方郡
五原郡
上郡
北地郡
安定郡
陇西郡
武都郡
金城郡
太原郡
晋阳
上党郡
高邑
临淄
齐国
东莱郡
昌邑
郯县
东海郡
河东郡
河南郡
京兆尹
谯县
南阳郡
汉中郡
广汉属国
广汉郡
雒县
蜀郡
犍为郡
巴郡
犍为属国
牂柯郡
南郡
江夏郡
庐江郡
历阳
丹阳郡
吴郡
震泽
会稽郡
彭蠡泽
豫章郡
汉寿
洞庭
武陵郡
长沙郡
零陵郡
桂阳郡
东冶
苍梧郡
南海郡
郁林郡
合浦郡
交趾郡
龙编
九真郡
汉
河
淮
江
湘
赣水
安侯河
狼居胥山
龙城
乌
羌
南海

据《中国历史地图集》绘

结束语

每个王朝都会有它的兴盛和败亡，秦汉也不例外。而兴盛必有其因，败亡必有其由。中国古代先贤把研究历史归结为“表征盛衰，殷鉴兴废”（《文心雕龙·史传》）八个大字。寻找秦汉之所以兴盛的原因，辨析秦汉之所以衰废的缘由，这是我们读这一段历史的根本目的，这也就是所谓的“以史为鉴”。

历史只能由历史自身来作出解读。

民谣表露着民众的心声，东汉末年，正是“山雨欲来风满楼”的关键时刻，一首民谣广泛地流传了开来，词语是这样的：

发如韭，剪复生；
头如鸡，割复鸣；
吏不必可畏，
小民从来不可轻。
（《太平御览》卷九）

语言是朴素的，明白如话，它的关键词是“小民从来不可轻”七字。这七字，道出了秦汉王朝兴衰存亡的根柢之所在，可以说是写尽了四百四十年间兴亡事。

汉初，平定了“七国之乱”以后，迎来了以文景命名的中国历史上第一次公认的“治世时代”。怎样从政局不稳走向治世？其实也没有多少奥秘，就是“不轻小民”，把小民当回事。汉文汉景亲自耕耘，不让宫中的后妃穿丝织品，这些都是从“小民”那里学来的。汉武帝看到黄河决口，亲自与“小民”一起“负薪”治河，这样做老百姓当然拥戴他。后来东汉光武、明帝、章帝、和帝时期近一个世纪的“天下安平”，也完全得益于“百姓之殷富”。离开了“小民”的安康，一切都是空话。

物盛而衰，物极必反。光武、明、章、和“东汉四朝”以后，东汉王朝一步步走向衰亡。帝王只知享乐，后宫“彩女达五六千人”，一些贵族豪强“家资达三亿七千万”，而“小民”无衣无食，甚至有“河内人妇食夫，河南人夫食妇”（《后汉书·灵帝纪》）的记录。在如此暗无天日的情况下，这个王朝怎么可能不垮？

东汉王朝轰然倒塌以后，中国进入了“合久必分”的三国、两晋、南北朝时期，在这漫长的数百年间，真可谓是“几人称王，几人称孤”，最后“鹿死谁手”，且听《魏晋南北朝史》细讲。

图书在版编目（CIP）数据

秦汉史/马孟龙著.—上海：上海人民出版社，2015
（细讲中国历史丛书/李学勤,郭志坤主编）
ISBN 978-7-208-12630-5

Ⅰ.①秦… Ⅱ.①马… Ⅲ.①中国历史—秦汉时代—通俗读物 Ⅳ.①K232.09

中国版本图书馆 CIP 数据核字(2014)第 252397 号

总 策 划：郭志坤
策　　划：上海文柏文化传播有限公司
监　　制：王兴康 朱锦川
出版统筹：孙 瑜
特约编辑：郭 泳
责任编辑：高笑红
美术编辑：傅惟本
电脑制作：郭剑华
地图绘制：陈伟庆
地图审图号：GS(2014)1228 号

·细讲中国历史丛书·
李学勤 郭志坤 主编
秦 汉 史
马孟龙 著
世纪出版集团
上海人民出版社出版
（200001 上海福建中路 193 号 www.ewen.co）
世纪出版集团发行中心发行
上海中华商务联合印刷有限公司印刷
开本 720×1000 1/16 印张 15.75 插页 5 字数 265,000
2015 年 1 月第 1 版 2015 年 1 月第 1 次印刷
ISBN 978-7-208-12630-5/K·2295
定价 48.00 元